高等院校经济管理类专业本科系列教材

经济学原理

JINGJIXUE YUANLI

主　编　韩俊峰　张秉慧

副主编　杨　伶　苑　敏　李天龙

重庆大学出版社

内容提要

经济学原理是高等院校经济管理类专业的基础课程,并逐渐成为许多院校非经济管理类专业的通识课程。本书试图通过借鉴国内外经济学基本理论,结合我国经济建设领域的具体实践,系统阐释经济发展的环境、组织、制度和环节,揭示经济学的本质特征。全书共12章,每章的开展均以学习目标、思维导图和案例导入等形式导入,在内容介绍中穿插名人有约、生活中的实例等教学栏目,着力培养学习者的经济学思维和经济分析能力。

图书在版编目(CIP)数据

经济学原理/韩俊峰,张秉慧主编. -- 重庆:重庆大学出版社,2022.8

高等院校经济管理类专业本科系列教材

ISBN 978-7-5689-3491-6

Ⅰ.①经… Ⅱ.①韩…②张… Ⅲ.①经济学—高等学校—教材 Ⅳ.①F0

中国版本图书馆 CIP 数据核字(2022)第 140195 号

经济学原理

主 编 韩俊峰 张秉慧
副主编 杨 伶 苑 敏 李天龙
责任编辑:顾丽萍 版式设计:顾丽萍
责任校对:关德强 责任印制:张 策

*

重庆大学出版社出版发行
出版人:饶帮华
社址:重庆市沙坪坝区大学城西路 21 号
邮编:401331
电话:(023) 88617190 88617185(中小学)
传真:(023) 88617186 88617166
网址:http://www.cqup.com.cn
邮箱:fxk@ cqup.com.cn(营销中心)
全国新华书店经销
重庆华林天美印务有限公司印刷

*

开本:787mm×1092mm 1/16 印张:15.75 字数:386 千
2022 年 8 月第 1 版 2022 年 8 月第 1 次印刷
印数:1—2 000
ISBN 978-7-5689-3491-6 定价:45.00 元

前　言

在新时代、新形势下，经济全球化趋势不断加强，技术进步对经济发展格局影响深远，在内外交织的多元因素的作用下，各种经济活动过程、相关关系及其经济现象错综复杂。面对已经存在的和即将发生的一系列经济问题，如何在理论上进行更透彻的理解和把握，如何在实践上进行更科学的解释和解决，是现在和未来的各位经济工作者面临的重要任务。

本书以通俗易懂的语言和丰富活泼的形式阐释经济学的基本理论，对日益庞杂的经济学内容体系删繁就简，以实用为纲，以够用为度，既能让学生得到系统科学的专业训练，又能培养和激发学生的学习兴趣。同时，本书引入最新的时政热点和新闻事件，运用相关经济学理论进行解读和分析，为学生科学理解和有效解决即将面对的现实经济问题奠定基础。

以本书作为基本教材的"经济学基础"课程获批国家一流本科课程，充分说明本书具有理论上的系统性和教学上的实用性，能为高素质、创新型经济类人才培养提供有力支撑。

本书是集体创作的成果，参与编写的人员有：韩俊峰（第一章、第二章）、李天龙（第三章）、徐立丽（第四章）、张秉慧（第五章、第六章）、张国杰（第七章、第八章）、苑敏（第九章、第十章）、杨伶（第十一章、第十二章）。全书由韩俊峰修改定稿，由张秉慧、李天龙、徐立丽校阅统稿。

本书在编写过程中，吸收了经济学领域的许多优秀成果，力争做到有所创新和发展，但由于搜集的资料和编写水平有限，难免存在一些疏漏和错误，恳请各位专家和读者批评指正。重庆大学、西南大学、重庆师范大学的诸位教授在百忙之中审阅了书稿并提出宝贵意见，在此致以衷心的感谢！

《经济学原理》编写组

2022 年 5 月

目 录

第一章

经济学导论

📖 学习目标

了解经济学的研究内容和分析方法;理解经济学的基本假设、研究出发点和定义;掌握经济学的发展脉络;把握学习经济学的意义。

📖 思维导图

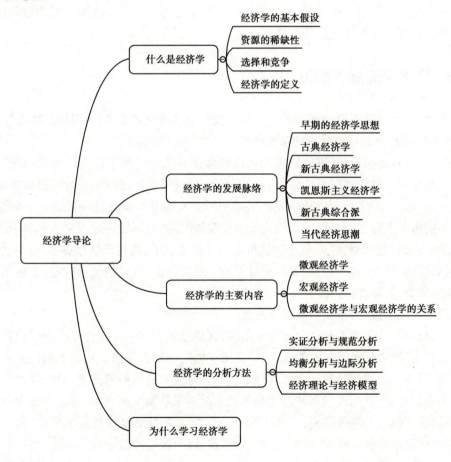

◆案例导入

作为 Facebook 的总裁,扎克伯格身家数百亿美元,却总是穿着固定款式的灰色 T 恤或者灰色运动卫衣。媒体将此归于扎克伯格的个性,直到扎克伯格晒出自己的衣柜并给出具体解释,众人才恍然大悟。扎克伯格的解释是"没时间专门为穿什么做决定,每天的衣服都一样,这样就不用琢磨穿衣服这种小事儿了"。也就是说,扎克伯格只把时间、精力、注意力放在真正重要的事情上,对于一些相对不重要的事就让其标准化。

每个人一天只有 24 小时,你能创造多大的价值关键在于你把这些宝贵的时间用在什么事情上。如果我们都像扎克伯格一样,把时间、精力、注意力投入到对自己真正重要的事情上,相信会有不一样的人生。

思考:1. 扎克伯格的穿衣哲学给我们什么启示?
　　　2. 如何从经济学的角度来考虑生活中的各种决策?

第一节　什么是经济学

经济学是一门科学。科学是从一个或若干个假设、公理出发,按照严密的逻辑推导,构建出一整套由理论及其推论组成的体系。

一、经济学的基本假设

经济学中,所有经济理论都基于一个基本假设:人是自私的。自私假设又称为"经济人"或"理性人"假设,它是经济分析的基本前提。

例如,地上有几张百元钞票,物理学可以解释在有风的情况下钞票会被风吹走,但是物理学没法解释在没风的情况下钞票也会不翼而飞,这就需要用经济学的自私假设来解释。

自私假设是对经济社会中从事经济活动的所有人的基本特征的一般性抽象概括,即经济社会中的每个人都尽可能以最小的代价去获取最大的利益,始终追求个人利益最大化,这就是俗话所说的"趋利避害"。最小的代价等同于最低成本,既包括货币成本,也包括非货币成本,例如时间、精力、尊严等;最大的利益等同于最高收益,既包括货币收益,也包括非货币收益,例如荣誉、表彰、满足等。

在理解自私假设时,需要明确以下两点。

其一,自私不等于损人利己。亚当·斯密在《国富论》中有一段名言:"我们获取的食物并非来自屠夫、酿酒师和面包师的恩惠,而是出于他们的利己思想。我们不用向他们祈求怜悯和爱意,只需唤起他们的利己心理就行了。不必向他们说我们的需求,只需强调他们能够获得的利益。"也就是说,面包师烤制面包主观上是为了获取个人利益,客观上却为他人提供了食物,满足了他人的消费需要,实现了利他。一个人去当面包师是利他利己,去抢劫是损人利己,去乞讨是不损人利己,三种选择比较来看,烤面包是他付出代价最小、收益最高的赚钱方式。可见,自私是利己,但不一定损人,除非损人是达成利己目标的代价最小的方法。但是在大多数时候,要达成利己的目标,代价最小的方法可能就是利他。

其二,理性不等于正确。经济学认为人是自私的、理性的,并不意味着人总是能做出正确无误的选择。自私支配人的行为,人们做任何选择都会进行成本—收益比较,选择他认为成本最小、收益最大的行为,但是最终他可能付出了较大的代价或没有得到最好的结果,这是因为认知上的局限性。人是理性的,但不是无所不知的。"无知"限制了人们的行为和结果,使人们基于自私或理性做出的行为结果不一定符合实际。例如,一个人认为股票将会涨价所以买入股票,他买入股票的行为是自私的、理性的,是基于利益最大化的考虑。但是他买入之后股票却跌价了,这说明他对股票的相关信息掌握得不全面不准确,导致预计错误。

二、资源的稀缺性

人类追求幸福的欲望是无止境的。清人胡澹淹在《解人颐》中有一首打油诗《南柯一梦西》:"终日奔波只为饥,方才一饱便思衣。衣食两般皆俱足,又想娇容美貌妻。娶得美妻生下子,恨无田地少根基。买到田园多广阔,出入无船少马骑。槽头扣了骡和马,叹无官职被人欺。县丞主簿还嫌小,又要朝中挂紫衣。作了皇帝求仙术,更想登天跨鹤飞。若要世人心里足,除是南柯一梦西。"这首诗把人无限的欲望刻画得入木三分。一种欲望满足了,另一种更高程度、更大的欲望又产生了,无穷无尽。

所有欲望的满足都需要耗费一定的物品和服务。这些物品中有极少数无须付出代价即可取得,例如空气、阳光、风等,这些称为"自由物品"。绝大部分物品和服务需要借助自然禀赋、要素投入、技术水平等资源生产出来,这些需要付出代价才能取得的物品称为"经济物品"。

相对于人们无穷无尽的欲望来说,一切物品和服务都是有限的,一切资源都是有限的,这就是稀缺性。稀缺性不是绝对意义上的,而是相对意义上的。稀缺性不是指物品和资源的绝对数量少,而是指相对于人们无限的欲望而言,人们想要的物品和资源总是不够的;或者是说相对于人们的欲望而言,优质物品和资源的供给总是有限的。例如,空气和水从总量上来说是无限的,但是人们总是希望得到更新鲜的空气和更优质的水,相对于人们的欲望而言,新鲜的空气和优质的水总是有限的、稀缺的。可见,只要物品和资源存在质量差别,稀缺性就永远存在。但是随着社会的不断发展和科学技术的不断进步,人们有能力发现更多可利用的资源,生产出更多物品和服务来满足自己的欲望,稀缺性会得到改善。

三、选择和竞争

一方面,经济社会中的资源是稀缺的,人们任何欲望的实现都离不开对物品和资源的耗费;另一方面,人是自私的,人们总想以最小的代价来获取尽可能多的物品和资源。面对既定的资源约束,经济社会中的每个人应该如何配置和利用资源来生产物品,以最大限度地满足自己的欲望呢? 这就产生了选择的问题。

有选择就有竞争。自私的人们争夺稀缺的物品和资源,这就是竞争。只要自私和稀缺存在,竞争就无处不在。

有竞争就要决出胜负,这就需要制定相关准则。为了决出胜负,获得自己想要的东西,人们可以花费时间和精力去排队,先到先得;可以凭借强壮的身体和威武的拳头直接拿走,以强凌弱;可以组织所有人投票,票多者得。这些都是非价格准则。除此之外,还有价格准则,即人们可以通过支付价格来获得想要的东西,价高者得。在所有竞争准则中,只有价格准则不会带来资源的浪费,因为价格准则会引导自私的人去做利他的事情。用价格来决定竞争的胜负,给人们分配稀缺的资源,这就是市场制度。

四、经济学的定义

由于资源的稀缺性,如何配置和利用资源贯穿于人类经济活动的全过程,存在于任何社会。经济学就产生于资源的稀缺性以及由此引起的选择的需要。

这些选择包括以下三方面内容。

①生产什么和生产多少。由于资源有限,用于生产某种物品的资源多一点,用于生产其他物品的资源就会少一点。有限的资源无法满足全部的欲望,人们必须权衡取舍,筛选出最迫切的欲望来优先满足,这就需要选择生产的物品的种类以及每种物品的产量。

②如何生产。任何一种物品的生产都需要在一定技术条件下把多种要素组合在一起共同实现。不同的技术水平、不同的资源组合方式都会影响生产效率。资源的稀缺性要求人们尽可能地选择能节约资源、效率更高的生产方式,以增加物品的有效供给。

③为谁生产。即生产出来的物品在社会成员之间如何分配,谁应该享受更多的物品和服务。由于资源有限,生产出来的物品不可能同时满足全社会每一个人的欲望,这就需要选择合理的分配方式,分配方式直接关系到人们参与生产的积极性。

以上三个问题是人类社会共有的基本经济问题,经济学正是为解决这些问题而产生的。美国经济学家萨缪尔森认为:"经济学解决的是在面临稀缺性时,人们如何有效地配置资源和利用资源。"斯蒂格利茨指出:"经济学研究社会中的个人、企业、政府和其他组织如何进行选择,以及这些选择如何决定社会资源的使用方式。"总的来说,经济学就是一门关于如何进行最优选择的科学,就是研究稀缺资源在各种可供选择的用途之间合理配置和充分利用的科学。

第二节　经济学的发展脉络

经济学分为微观经济学和宏观经济学,这是从物理学照搬过来的分法。物理学的发展先有宏观,后有微观。与物理学不同的是,经济学的发展先有微观,后有宏观。具体来说,经济学经历了以下六个发展阶段。

一、早期的经济学思想

15 世纪到 17 世纪中叶,伴随着自然经济的瓦解和资本主义经济的确立,商业资本创造了新的生产方式,进而引起了社会分工和市场扩大,使商品生产获得了更加迅速的增长。同时,15世纪末16世纪初的一系列地理大发现,极大地扩大了世界市场,促进了西方各国对外贸易的发展,使欧洲成为庞大的世界贸易体系的中心。正是在这个时期,一批早期的经济学家提出了重商主义和重农主义两大经济学思想。

重商主义主要以英国的托马斯·曼、法国的柯尔贝尔等人为代表,主要研究流通领域,其主要观点包括:金银是财富的唯一形式,财富的产生源于流通,对外贸易是获得财富的真正源泉。内部贸易只会改变一国内部的财富分配,而不会增加该国的财富总量。只有在对外贸易中多卖少买,才能给国家带来财富。

重农主义产生于18世纪的法国,经济学家弗朗斯瓦·魁奈是重农学派的创始人,安·罗伯特·雅克·杜尔哥等人进一步发展了重农学派的理论。重农学派主要研究生产领域,其主要观点包括:财富是物质产品,财富的来源不是流通而是生产,财富的生产意味着物质的创造和量的增加,只有农业才是财富的唯一来源和社会一切收入的基础。

二、古典经济学

古典经济学又称古典政治经济学,是西欧资本主义产生时期的资产阶级政治经济学,产生于17世纪中叶,完成于19世纪初,其代表人物有威廉·配第、亚当·斯密、大卫·李嘉图、托马斯·马尔萨斯、约翰·穆勒等人,马克思也属于这一时期。

早在1662年,英国经济学家威廉·配第出版了《赋税论》,提出了劳动价值论和分工理论。1776年,英国经济学家亚当·斯密出版了《国民财富的性质和原因的研究》(简称《国富论》)一书,批判了重商主义和重农主义,继承和发展了威廉·配第的劳动价值论与分工理论,并提出了"看不见的手"的自由竞争的市场机制。《国富论》的出版标志着古典经济学的诞生,使经济学正式成为一门学科,形成了完整的研究方法和理论体系,亚当·斯密也被公认为经济学的开山鼻祖。1817年,英国经济学家大卫·李嘉图出版了《政治经济学及赋税原理》,进一步丰富了以劳动价值论为基础、以分配论为中心的理论体系。

古典经济学的核心思想就是"看不见的手"的理论,即主张自由放任的市场经济,国家不要干预经济,只需充当"守夜人"的角色,维护社会秩序和安全以保证经济正常运行。让经济自由发展,让价格机制自发地起作用,每个人都会自觉地按照价格机制根据自己的利益去做事,市场的自发运作就能把各种社会经济活动安排得恰到好处,这样社会就会发展。

古典经济学时期并没有微观、宏观的术语,但已经有微观、宏观的概念。古典经济学把经济学的研究领域分为两个:资源使用与收入分配,即市场机制如何引导资源使用以进行生产,生产出来的产品销售后得到的收入如何分配给参与生产的各种资源。前者算是微观,后者算是宏观。

◆名人有约

亚当·斯密(1723—1790),英国古典经济学家。他早期曾担任格拉斯哥大学教授,1759年出版了《道德情操论》,获得学术界极高评价。1768年他开始着手著述《国富论》并于1776年出版,由此开创了古典经济学。斯密并不是英国古典经济学说的最早开拓者,他的思想中有许多也并非新颖独特,但是他第一次把之前零碎的经济思想归结为一个完整的理论体系并加以丰富和发展,因此被誉为"古典经济学之父"。

三、新古典经济学

进入 19 世纪,西方经济学经历了一场以边际效用学派的出现为标志的重大变革,即边际革命。边际效用学派的代表人物是英国的杰文斯、奥地利的门格尔和法国的瓦尔拉斯,他们分别建立了英国学派、奥地利学派和洛桑学派。这三个派别的学说并不完全一致,但是它们不约而同地讨论了同一个问题,即价值由什么决定。在价值决定的问题上,它们放弃了斯密和李嘉图的劳动价值论,提出了边际效用价值论。

到了 1890 年,英国剑桥大学教授马歇尔把这三个派别提出的边际效用价值论和当时资产阶级经济学的一些其他理论如供求论、生产费用论、边际生产力论等综合在一起,出版了历史上第一部经济学教科书《经济学原理》,标志着经济学进入新古典时期。此书提出了以"均衡价格论"为核心的微观经济理论框架,至今仍是经济学微观部分的理论基础;在内容上否定劳动价值论,提倡边际效用价值论;在方法上引入边际分析、均衡分析等,用更精确的数学来表述和推导经济理论。马歇尔凭借此书成为经济学发展史上承前启后的关键人物,在经济学的地位仅次于亚当·斯密。

新古典经济学虽然在内容和方法上比古典经济学更合理、更精致,但其核心思想并没有改变,仍然信守自由放任、国家不干预的市场经济。基于此,经济学界一般将古典经济学与新古典经济学合称为传统经济学。

◆名人有约

阿尔弗雷德·马歇尔(1842—1924),近代英国著名经济学家,剑桥大学经济学教授。他是局部均衡分析的创始者,并以此为基础提出了贯穿价值理论和分配理论的供求均衡价格理论体系,替换了古典经济学中供给与需求的概念,构成现代经济学的基础,因此被称为"微观经济学之父"。他的代表作《经济学原理》被认为是继《国富论》之后最伟大的经济学著作。

四、凯恩斯主义经济学

第一次世界大战之后,国家垄断资本主义急剧发展。1929—1933 年,美国股票市场的崩盘引发了席卷西方国家的经济大危机,对资本主义经济造成极大破坏。大萧条反映了资本主义经济实践与传统经济学所宣扬的自由放任的经济理论之间的严重矛盾。按照传统经济学的观点,市场能通过价格的变动来自发调节需求与供给,使供求总相等。然而,大萧条时期却出现了生产过剩、物价持续下跌、大量失业等现象,这些完全超出了传统经济学的解释范围。经济大危机动摇了人们对传统经济学的信心,动摇了对自由放任市场经济的信任。

美国的罗斯福总统在这危难时刻推出了"新政",以政府干预经济的方式带领美国经济走出了大萧条。受到罗斯福新政的启发,英国经济学家凯恩斯于 1936 年出版了《就业、利息和货币通论》(一般简称《通论》),对当时处于正统地位、主张自由放任市场的传统经济学进行了批判,并提出了一套以分析整个国民经济为对象、以政府干预市场为政策建议的理论体系,通常被称为"凯恩斯主义"。

凯恩斯认为,失业和危机不是资本主义制度的必然产物,它只是有效需求不足的结果。市场机制的自发作用不能保证资源的使用达到充分就业的水平,国家必须干预经济生活,创造有效需求以便解决失业和经济周期性波动的问题。凯恩斯主义为西方国家干预经济的政策奠定了理论基础。第二次世界大战后,凯恩斯主义在西方资本主义国家占据了统治地位,西方主要国家普遍依据凯恩斯的理论来制定经济政策,凯恩斯主义盛极一时。

◆名人有约

约翰·梅纳德·凯恩斯(1883—1946),英国著名经济学家。他年轻时曾经师从马歇尔和庇古学习经济学,那时他接受马歇尔的理论体系,并力图把它们用于战后货币问题研究,1923年在剑桥大学执教期间出版了《货币改革论》。第一次世界大战后,英国经济陷于长期萧条和严重失业的困境,促使凯恩斯考虑如何解决经济失调的对策,1926年他发表了《自由放任主义的终结》一文,提出对资本主义经济实行明智管理的必要性。1929年他竭力支持英国自由党领袖大卫·劳合·乔治提出的举办公共工程以减少失业的方案,并力图说明公共工程可以增加就业的作用。1929年世界经济大危机爆发后,凯恩斯担任内阁经济顾问委员会委员,其间提出控制进口、帮助出口、支持公共投资、鼓励私人投资、反对降低工资等应对危机的办法。1936年,他将之前的各种观点汇集成一个系统的理论体系,出版了《就业、利息和货币通论》一书,引起西方经济学界的轰动,被称为"凯恩斯革命",开辟了宏观经济学的研究阵地。

五、新古典综合派

凯恩斯主义的流行使整个西方经济学的理论体系出现了显著漏洞。凯恩斯的雄心壮志本来是想以自己的那套理论完全取代亚当·斯密创立的传统经济学,但是以保罗·萨缪尔森为代表的一批经济学家认为,传统经济学并没有错,只是与凯恩斯主义的适用领域和范围不同。传统经济学主要关注市场上的微观主体(个人和企业)如何在价格的引导下进行消费、生产与交换的活动,凯恩斯主义则主要关注政府如何从国家整体的高度严密地监控国民经济运行的状况,两种理论是相辅相成的,可以被纳入同一体系之中。这些折中调和了传统经济学与凯恩斯主义经济学,称为"新古典综合派"。他们认为,战后经济是一种混合经济,既需要传统经济学的市场机制,也需要凯恩斯主义的国家干预,二者结合起来才能保证经济长期稳定发展。新古典综合派将传统经济学命名为"微观经济学",将凯恩斯主义经济学命名为"宏观经济学"。

在此时期,新古典综合派吸收了垄断理论、序数效用论、一般均衡论、福利经济学等理论成果,进一步补充和完善了微观经济学的理论体系。

尽管列宁早已指出,资本主义已于19世纪末和20世纪初进入垄断阶段,但是传统经济学仍然坚持亚当·斯密的传统,把垄断当作"例外现象",这种理论与现实的背离招致了一些经济学家的批评和质疑。到20世纪30年代,英国的琼·罗宾逊和美国的爱德华·哈斯丁·张伯伦分别出版了《不完全竞争经济学》和《垄断竞争理论》,研究了垄断条件下的厂商行为,填补了传统的垄断例外论的漏洞。

1939 年,希克斯出版了《价值与资本》一书,提出了序数效用论和一般均衡论。其中,序数效用论替代了马歇尔的基数效用论,因为基数效用论使西方学者在理论上处于不利地位。同时,希克斯对瓦尔拉斯的一般均衡论起到了推广和普及的作用,以致一般均衡论成为当今微观经济学的一个必要组成部分。

◆名人有约

保罗·A.萨缪尔森(1915—2009),美国著名经济学家,麻省理工学院经济学教授。他是凯恩斯主义在美国的主要代表人物,并融合了新古典经济学,创立了新古典综合学派。他的研究涉及经济学的诸多领域,例如一般均衡论、福利经济学、国际贸易理论、数理和动态经济理论,并首次将数学分析方法引入经济学,将经济学提高到新的水平。1947 年,他的博士学位论文《经济理论操作的重要性》获哈佛大学威尔斯奖,以此为基础形成的《经济分析基础》为他赢得了诺贝尔经济学奖。1948 年,他所著的《经济学》成为全世界最畅销的经典教科书,以四十多种语言在全球出版,是许多国家和地区制定经济政策的理论依据。1958 年,与 R.索洛和 R.多夫曼合著的《线性规划与经济分析》一书,为经济学界新诞生的经济计量学做出了贡献。1970 年,55 岁的萨缪尔森获得诺贝尔经济学奖。

六、当代经济思潮

新古典综合派的理论体系在第二次世界大战以后一直居于正统地位,并且在西方经济学界享有威信。进入 20 世纪 70 年代,西方各国政府长期服用凯恩斯开出的药方的后遗症终于爆发出来,即出现了失业与通货膨胀并存的滞胀,这是古典综合派宏观理论(凯恩斯主义)所无法解释的现象。按照凯恩斯的理论,失业(经济活动小于充分就业)与通货膨胀不可能同时出现。当经济活动处于充分就业状态时,通货膨胀率应该为零;如果经济活动小于充分就业,价格水平应该会下降;只有当经济活动大于充分就业时,才会出现通货膨胀的现象。

西方国家滞胀的事实给了古典综合派沉重的打击。该派不但无法解释滞胀的存在,而且也提不出解决这一问题的对策。按照它的宏观理论,在失业问题存在的条件下,政府应该增加预算支出和赤字,以便扩大有效需求,从而增加就业数量;而当通货膨胀出现时,政府必须减少预算支出和取得预算盈余,以便降低有效需求,从而消除通货膨胀。这种政策建议在失业问题和通货膨胀同时并存时便会带来自相矛盾的后果。如果西方国家采用增加预算支出和赤字的政策来解决失业问题,那么有效需求的扩大必将使通货膨胀恶化;如果它通过减少预算支出和取得预算盈余来制止通货膨胀,那么有效需求的减少必将降低消费和投资的支出,使失业问题更加严重。简言之,医治一种疾病成为加重另一种疾病的手段。在失业问题和通货膨胀同时并存的条件下,政策的选择只能处于进退两难的境地。这便是近年来特别是在 1973—1975 年爆发的世界性经济危机之后主要西方国家所面临的困难局面。对于这种困难局面,以萨缪尔森为首的新古典综合派早已承认无能为力。

理论的困境和政策的无能严重地动摇了新古典综合派宏观理论的正确性。许多西方经济学中的其他派别纷纷对该学派进行抨击和责难,企图以自己的理论在整体或部分上取代新古典综合派的宏观理论,并且按照自己的理论提出政策建议。参与抨击和责难的派别包括以米尔顿·弗里德曼为代表的货币学派、以乔治·卢卡斯为代表的理性预期学派、以罗伯特·蒙代尔为代表的供给学派、以琼·罗宾逊为代表的新剑桥学派、以冯·哈耶克为代表的新奥地利学派等。其中货币学派与理性预期学派反对政府过多干预,主张回归自由放任的经济,对凯恩斯主义形成了强有力的挑战,其理论被称为新古典宏观经济学。而斯坦利·费希尔、约翰·泰勒等一批经济学家在坚持凯恩斯主义核心思想的基础上吸收了理性预期学派的一些观点,形成了新凯恩斯主义经济学。自20世纪80年代以来,新古典宏观经济学与新凯恩斯主义经济学并立发展,长期论战。

◆名人有约

米尔顿·弗里德曼(1912—2006),美国著名经济学家,芝加哥大学教授,芝加哥经济学派领军人物,货币学派的代表人物。1941—1943年,他出任美国财政部顾问,曾支持凯恩斯主义。后来他对于经济政策的看法逐渐转变,开始挑战凯恩斯主义的观点,1962年出版《资本主义与自由》,1963年出版《美国货币史》,强调自由市场经济的优点,强调货币的作用,反对政府过多干预。他的理论对美国里根政府以及许多其他国家的经济政策有极大影响。1976年获得诺贝尔经济学奖。

目前,宏观经济学和微观经济学的综合已经成为西方学者的共识,从而综合的字样便失去了它存在的意义,因而以萨缪尔森为代表的新古典综合派已经放弃原有的名称,把自己称为现代经济学或现代主流经济学。在宏观部分,他们除了维持原有的基本观点外,还尽量吸收和容纳其他派别的论点,特别是货币学派和理性预期学派的观点。在微观部分,他们容忍对基本假设的质疑,虽然对基本假设的质疑有损于理想社会的说法,但是他们深信,微观经济政策至少可以使经济社会接近理想状态。现代经济学和过去的新古典综合派无论在形式上还是在实质性内容上都是基本相同的。

第三节　经济学的主要内容

如上所述,经济学根据研究对象、研究内容和研究方法,分为微观经济学和宏观经济学。微观经济学主要研究稀缺资源的合理配置问题,宏观经济学主要研究稀缺资源的充分利用问题。

一、微观经济学

微观经济学以单个经济单位为考察对象,研究单个经济单位的经济行为以及单个市场的经济活动规律,核心是说明价格机制如何实现社会资源的合理配置。因此,微观经济学通常又称为个量经济学或价格理论。

(一)微观经济学的研究对象

微观经济学的研究对象是单个经济单位,包括单个消费者、单个生产者、单个市场等。微观经济学对个体经济单位的考察,是在三个逐步深入的层次上进行的。

第一个层次:分析单个消费者和单个生产者的经济行为。它分析单个消费者如何进行最优的消费决策以获得最大的效用,单个生产者如何进行最优的生产决策以获取最大的利润。

第二个层次:分析单个市场的均衡价格的决定。这种单个市场均衡价格的决定,是作为单个市场中所有的消费者和所有的生产者最优经济行为的相互作用的结果而出现的。

第三个层次:分析所有单个市场均衡价格的同时决定。这种决定是作为所有单个市场相互作用的结果而出现的,或者说,是作为由经济社会中全部市场上的全部消费者和全部生产者的最优经济行为的相互作用的结果而出现的。

(二)微观经济学的理论框架

如图 1-1 所示,左、右两个方框分别表示居民和企业,居民指消费者,企业指厂商;上、下两个圆圈分别表示产品市场和生产要素市场;实线表示实物流程,虚线表示价值流程。

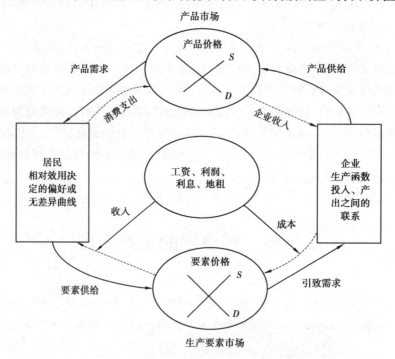

图 1-1　产品市场与生产要素市场的循环流动图

每个消费者和每个厂商都具有双重身份:在产品市场上,单个消费者和单个厂商分别是产品的需求者和产品的供给者;在生产要素市场上,他们又分别是生产要素的供给者和生产要素的需求者。消费者和厂商的经济活动通过产品市场和生产要素市场的供求关系联系起来。

从居民方面看,出于对自身经济利益的追求,消费者首先在生产要素市场上提供生产要素,如劳动、土地、资本、企业家才能等,以获得工资、地租、利息、利润等收入,然后用这些收入在产品市场上购买所需的商品,如咖啡、茶叶等,进而在消费中得到最大效用满足。从企业方面看,出于对自身经济利益的追求,厂商首先在生产要素市场上购买生产所需的生产要素,如雇用一定数量的工人,租用一定数量的土地等,然后把这些生产要素投入生产过程进行生产,如生产出一定数量的咖啡、茶叶等,进而通过商品的出售获得最大利润。

从实物流程看,产品通过产品市场由企业流向居民,要素通过要素市场由居民流向企业;从价值流程看,产品市场上的居民消费支出转化为企业产品收入,由居民流向企业,要素市场上的企业成本转化为居民收入,由企业流向居民。

在产品市场,消费者对产品的需求和厂商对产品的供给决定了每一种产品市场的均衡价格和均衡数量。在完全竞争产品市场的长期均衡条件下,厂商的超额利润为零,产品市场的均衡价格会降至长期平均成本的最低水平,即厂商以最低价格出售产品。在生产要素市场,消费者对生产要素的供给和厂商对生产要素的引致需求决定了每一种生产要素市场的均衡价格和均衡数量。厂商购买生产要素所支付的总成本等于工资、地租、利息和利润的总和,它们分别构成消费者提供劳动、土地、资本和企业家才能的报酬收入。

在完全竞争的产品市场和生产要素市场,单个消费者和单个厂商的经济活动都表现为在市场机制的作用下各自追求自身经济利益最大化的过程,在这一过程中,每个产品市场和每个生产要素市场都实现了供求相等的均衡状态。在这种完全竞争的长期均衡状态中,每种产品都以最低的成本被生产出来,每种产品都以最低的价格在市场上出售,消费者获得最大效用,厂商获得最大利润,生产要素的提供者根据各自对生产的贡献得到了相应的报酬。

在此基础上,一般均衡理论进一步证明完全竞争条件下所有单个市场同时均衡的状态是可以存在的。福利经济学则以一般均衡理论为出发点,论述一般均衡状态符合"帕累托最优"。这样,整个经济就实现了有效率的资源配置。这就是微观经济学所要论证的核心思想"看不见的手"。然而现实的经济无法满足一般均衡的全部假设条件,因此市场机制无法自发地引导资源配置达到帕累托最优状态,这就需要政府采取一定的微观经济政策来克服"市场失灵",使现实的经济运行尽可能地接近帕累托最优状态。

(三)微观经济学的研究内容

微观经济学的研究内容主要包括以下七个方面。

1. 供求均衡理论

该理论主要研究在完全竞争的产品市场上产品价格是如何决定的,以及价格机制如何调节整个经济的运行。

2. 消费者行为理论

该理论主要研究单个消费者如何把既定的收入用于购买各种产品进行消费以实现效用最大化。

3. 生产与成本理论

该理论主要研究在不考虑要素和产品价格的情况下,厂商生产过程中要素投入与产品产量之间的物质技术关系。

4.市场理论

该理论主要研究不同市场结构中厂商如何处理成本与收益的关系以实现利润最大化。

5.分配理论

该理论主要研究厂商对要素的需求和消费者对要素的供给，以及要素均衡价格的决定。

6.一般均衡与经济效率

该理论主要研究完全竞争条件下所有市场同时达到均衡的一般均衡状态，以及一般均衡如何实现帕累托最优。

7.市场失灵与政府干预

该理论主要研究市场失灵的四种类型及其对效率的影响，以及政府干预的方法和措施。

二、宏观经济学

宏观经济学以整个国民经济为考察对象，研究社会总体经济问题以及相应的总体经济变量如何决定和变化的规律，以国民收入为中心来说明社会资源如何才能得到充分利用。因此，宏观经济学通常又称为总量经济学或国民收入决定理论。

（一）宏观经济学的研究对象

宏观经济学的研究对象是整个国民经济，包括总体经济问题和总体经济变量。总体经济问题具体包括经济波动、经济增长、失业、通货膨胀、财政赤字、进出口贸易顺差和逆差等。总体经济变量包括 GDP、总就业量、总物价水平、总消费、总储蓄、总投资、利率和汇率等。

（二）宏观经济学的理论框架

对三大经济部门在三大类市场的交互作用的研究，构成了宏观经济学的基本理论框架。

宏观经济学不考虑个体经济的差异，只把经济划分为家庭、企业和政府三大部门并研究它们之间的关系。在研究家庭消费和投资行为时，把所有家庭作为一个完整的经济部门；在研究企业行为时，把所有企业当作一个完整的经济部门；在研究政府行为时，把所有政府当作一个完整的经济部门。

宏观经济学把各种市场归结为三大类：产品市场、货币市场和劳动市场。在产品市场上，无数有形和无形的产品形成需求、供给和交易价格、交易数量；在货币市场上，所有金融资产（银行存贷款、证券、保险、信托等）形成需求、供给和交易价格、交易数量；在劳动市场上，作为劳动供给方的家庭、作为劳动需求方的企业和政府进行交易并形成劳动价格和就业量。

仅研究产品市场供求关系决定国民收入的理论模型，称为简单国民收入决定模型或国民收入决定的收入-支出模型；在收入-支出模型中加入货币市场供求关系共同决定国民收入的理论模型，称为国民收入决定的 IS-LM 模型；在 IS-LM 模型中加入劳动市场供求关系共同决定国民收入的理论模型，称为国民收入决定的总需求-总供给模型或 AD-AS 模型。其中，收入-支出模型和 IS-LM 模型主要研究总需求如何决定国民收入，而 AD-AS 模型研究总需求和总供给如何一起决定国民收入。

（三）宏观经济学的研究内容

宏观经济学的研究内容主要包括以下四个方面。

1. 国民收入核算

该理论主要研究国民收入的衡量指标及其相互关系,以及国民收入核算的基本原则、基本方法及恒等关系。

2. 国民收入决定

该理论主要研究国民收入决定的三种模型,分析国民收入的决定因素及其变化规律。

3. 失业与通货膨胀

该理论主要研究失业和通货膨胀的类型、成因、影响和治理对策,以及失业与通货膨胀之间的关系。

4. 宏观经济政策

该理论主要研究国家干预经济的基本政策和基本工具,以及达到的政策效果。

三、微观经济学与宏观经济学的关系

微观经济学的主体是新古典经济学,宏观经济学是从凯恩斯主义经济学开始的,因此,二者在假设前提、研究对象、研究内容等方面都存在着明显区别,都有相对独立完整的理论体系。此外,很多在微观经济学中正确的理论在宏观经济学中不一定正确。例如,在微观经济学中,节约对每个消费者或生产者来说都是正确的选择,但是在宏观经济学中,从总需求的角度来讲,节约可能不利于经济发展。

尽管有很大区别,但是微观经济学与宏观经济学之间也存在着密切联系,二者相辅相成。第一,微观经济学与宏观经济学相互补充。为了实现社会福利最大化,社会资源既要达到最优配置,又要得到充分利用。微观经济学是在假定资源已得到充分利用的前提下分析资源的最优配置问题,宏观经济学是在假定资源已达到最优配置的前提下分析资源的充分利用问题。它们从不同的角度研究社会经济问题,共同构成经济学的理论体系。第二,微观经济学是宏观经济学的基础。整体经济是单个经济单位的总和,宏观经济学的总量分析以一定的微观经济学的个量分析为基础。

第四节　经济学的分析方法

经济学家在研究经济现象和经济问题时一般会采用独特的分析方法和工具。经济学的分析方法有很多,本节仅介绍常用的一些分析方法。

一、实证分析与规范分析

实证分析又称为实证经济学,只研究经济现象及其内在规律"是什么""为什么"的问题,并根据这些规律来预测人们的经济行为及后果。实证分析一般遵循经济现象本身的客观规律和内在逻辑,分析经济变量之间的关系,因此得出的结果具有客观性,可以根据事实来进行检验,不以人们的意志为转移。

规范分析又称为规范经济学,是以实证分析为基础加上价值判断,研究经济现象及其变化"好不好""应不应该"的问题。规范分析一般要说明经济现象本身是好是坏,是否符合某种价值判断或者对社会有什么意义。价值判断具有强烈的主观性和阶级性,处于不同阶级地位、具有不同价值观的人对同一经济现象的好坏会做出不同的判断和评价,谁是谁非没有绝对标准,也就无法进行检验。

例如关于收入差距问题,如果分析收入差距的现状、收入差距扩大的原因和变化趋势等,这就是实证分析;如果分析收入差距扩大好不好、是否公平等,这就是规范分析。

二、均衡分析与边际分析

均衡是经济学向物理学借用的一个概念,本意是指方向相反、大小相等的两个力使物体处于一种相对静止的状态,经济学中是指两个经济变量在一定条件的相互作用下达到一种相对静止的状态。在这种状态下,经济主体不再调整自己的行为,因为他们的行为已经达到了最优。因此,经济学中的均衡也就意味着一定条件下经济主体的最优选择行为。

均衡分析就是在假定某些经济变量既定的条件下,研究经济主体或经济体系实现均衡的状态及其所需要的条件。例如消费者用既定的收入购买一定量的商品用于消费以实现效用最大化,这就是消费者均衡;厂商用既定的成本购买一定量的生产要素,生产出来的产品在市场上出售以实现利润最大化,这就是生产者均衡;当某种商品(要素)的市场需求量与市场供给量相等时,该商品(要素)的数量和价格就处于相对静止的状态,这就是市场均衡。

均衡分析一般分为局部均衡分析和一般均衡分析。局部均衡分析是在假定其他商品(要素)价格不变的条件下,考察单个商品(要素)市场上需求和供给相等时的状态。局部均衡分析由马歇尔首创,主要针对单个市场。一般均衡分析是在各市场相互影响的条件下,考察整个经济体系所有市场上需求和供给相等时的状态。一般均衡分析由瓦尔拉斯首创,主要针对多个市场。

均衡分析研究经济主体的最优选择行为,如何达到最优,这就需要用到微积分中求极值的方法,即边际分析法。边际的本义是指自变量的变化所引起的因变量的变化。边际分析就是在假定各种经济变量存在函数关系的前提下,研究自变量变化一个单位所引起的因变量的变化量,即增量带来的增量。边际分析在经济学中应用很广,涉及边际效用、边际替代率、边际产量、边际技术替代率、边际成本、边际收益、边际生产力等一系列的概念和理论。

三、经济理论与经济模型

经济理论是在对现实经济事物的主要特征和内在联系进行概括和抽象的基础上,对现实经济事物的系统描述。经济学家认为,由于现实的经济事物是错综复杂的,因此在研究每个经济事物时,往往要舍弃一些非基本的因素,只就经济事物的基本因素及其相互之间的联系进行研究,从而使经济理论能够说明经济事物的主要特征和相关基本因素之间的因果关系。

经济模型是指用来描述所研究的经济事物的有关经济变量之间相互关系的理论结构。简单地说,把经济理论用经济变量之间的函数关系表示出来就是经济模型。经济模型可以用文字语言(叙述法)或数学方程式(代数法)或几何图形(几何法)来表示。

例如,决定一种商品市场价格的因素是极其复杂的,气候、消费者的爱好、生产者的效率,甚至社会事件都是决定因素。经济学家在研究这一问题时,在众多的因素中精简得只剩下商品的需求、供给和价格三个基本因素,以此为基础可以建立均衡价格决定模型。

(1)商品的市场需求量和市场供给量相等时决定商品的均衡价格,这是用文字语言表示的均衡价格决定模型。

(2)用数学方程式表示的均衡价格决定模型:$Q_d = \alpha - \beta P$,$Q_s = -\delta + \gamma P$,$Q_d = Q_s$。其中 Q_d 表示某种商品的市场需求量,Q_s 表示该商品的市场供给量,P 表示该商品的均衡价格,α、β、δ、γ 均为常数,且均大于零。

(3)用几何图形表示的均衡价格决定模型如图 1-2 所示,市场需求曲线 D 和市场供给曲线 S 的交点 E 对应的价格 P_0 就是均衡价格。

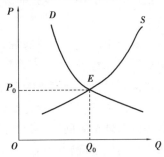

图 1-2 均衡价格决定模型

第五节 为什么学习经济学

经济学是经世致用之学,它应人类社会经济发展的需要而产生,因对社会经济发展的巨大影响而被誉为"社会科学皇冠上的明珠"。在现代市场经济中,经济学的基本原理、基本规律既是政府调控经济活动的基本理论依据,又是社会大众进行经济活动的潜在行为准则。

美国经济学家保罗·萨缪尔森曾说过:"为什么要学习经济学的一条最重要的理由是,在你的一生中——从摇篮到坟墓——你都会碰到无情的经济学真理。作为一个选民,你要对政府赤字、税收、自由贸易、通货膨胀以及失业等问题做出判断,而对这些问题只有在你掌握了经济学基本原理之后,才能够得以理解。"

首先,学习经济学可以帮助我们正确认识经济现象。例如,为什么粮食大丰收了农民的收入反而减少了? 为什么在机场吃一碗牛肉面比在街头吃一碗牛肉面贵很多? 为什么疫情期间物价上涨了失业的人数也增加了……只有经济学能为我们做出正确的回答。

其次,学习经济学可以帮助我们正确解读经济信息和经济政策。每当我们打开电视、手机、报纸、杂志等各种媒介,大量经济信息扑面而来。学习经济学能让我们深刻理解这些经济信息,正确判断各种经济政策的影响,为自己的经济决策提供参考依据。

再次,学习经济学可以帮助我们理性做出经济决策。在日常生活和工作中,我们需要经常做出经济决策。例如一位在校大学生,在每月生活费既定的情况下如何进行消费决策才能兼顾学习和生活? 大学毕业后是找工作还是继续深造? 工作后每月收入多少用于消费、多少用于储蓄？有了积蓄后是先买房还是先买车？学习经济学可以让我们深入地思考这些问题，理性地做出经济决策。

最后，学习经济学可以帮助我们建立一种思维方式，让我们"像经济学家那样思考"。

◆本章小结

经济学的所有理论都基于一个基本假设：人是自私的。同时，经济社会中的一切资源都是稀缺的。自私的人争夺稀缺的资源，就产生了选择和竞争。经济学就是一门关于如何进行最优选择的科学，就是研究稀缺资源在各种可供选择的用途之间合理配置和充分利用的科学。

经济学的产生与发展经历了六个阶段：早期的经济学思想、古典经济学、新古典经济学、凯恩斯主义经济学、新古典综合派、当代经济思潮。在发展过程中，先有微观，后有宏观，最后将微观经济学与宏观经济学综合在一起形成了完整的理论体系。

经济学的主要内容包括微观经济学和宏观经济学两个部分。微观经济学主要研究稀缺资源的合理配置问题，宏观经济学主要研究稀缺资源的充分利用问题。它们从不同的角度研究社会经济问题，内容上相互补充。

经济学家在研究经济现象和经济问题时一般会采用独特的分析方法和工具。常用的经济学分析方法主要包括实证分析与规范分析、均衡分析与边际分析、经济理论与经济模型等。

第二章

供求理论

📖 **学习目标**

　　掌握需求、供给、均衡价格、需求价格弹性等基本概念;掌握需求定理、供给定理、供求定理并能用来分析现实经济现象;掌握价格政策和弹性理论并能用来分析现实经济问题。

📖 **思维导图**

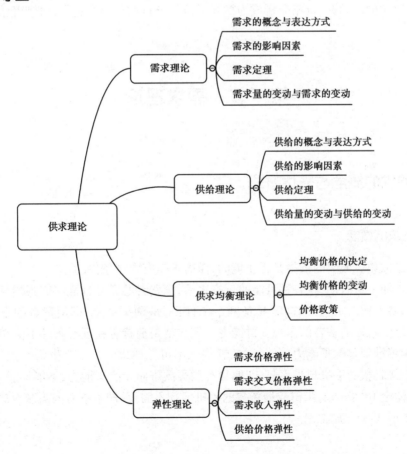

◆案例导入

2021 年俄罗斯出口石油 2.3 亿吨,仅次于沙特阿拉伯,位居世界第二。2022 年 2 月 24 日,俄乌战争爆发,随后以美国为首的西方国家宣布对俄罗斯进行全面制裁,导致国际原油价格一路攀升。4 月初,俄乌局势有所缓和,加之各国陆续释放油量,导致国际原油市场价格下跌。随后,俄乌谈判受阻,局势严峻,欧美加大了制裁和物流限制,阻碍了俄罗斯的贸易,致使俄罗斯原油出口下降,石油市场受到严重冲击,价格出现回升。

原油价格上涨,直接影响了消费者的衣食住行成本。衣服无论是材质还是配件都需要原油产出的原材料;粮食的种植少不了农药、化肥,而这些产品也都是原油产出来的;房子无论是建材还是室内家具都是由原油提供的原材料,如保温层、防水涂料;车子的加油费用随着油价上涨而攀升。除此之外,原油价格的上涨,也会影响各行各业的成本,例如运输费用提高之后,物流、快递都受到影响,果蔬、肉类运输也必然涨价,蔬菜、水果、肉类等作为消费的必需品,成本上涨也是必然。

思考:1. 影响原油价格上涨的因素有哪些?

2. 原油价格上涨对我们的生活有哪些影响?

西方流行一句谚语:学会说供给与需求,鹦鹉也能变成一个经济学家。可见供给与需求在经济学中占有极其重要的位置。在市场经济中,任何商品的价格都是由需求与供给这两个因素共同决定的。因此,价格分析成为微观经济学分析的核心和起点,微观经济学也被称为价格理论。

第一节　需求理论

一、需求的概念与表达方式

(一)需求的概念

需求不是欲望。人类的欲望是无止境的,而需求是有限制条件的。

需求是指在一定时期,在各种可能的价格水平,消费者愿意并且能够购买的某种商品的数量。可见,要形成需求,必须同时具备两个条件:一是购买欲望,即消费者的主观消费意愿;二是购买能力,即消费者的客观支付能力。需求就是消费者在现有条件下能够实现的购买欲望,是购买欲望与购买能力的统一,二者缺一不可。如果一个大学生每月生活费 3 000 元,想要买个最新款的手机却买不起,即他只有购买欲望而无购买能力,不能形成有效需求;爷爷每月退休金 10 000 元,买得起最新款的手机但却不需要,即爷爷有购买能力却没有购买欲望,也不能形成有效需求。

(二)需求的表达方式

需求有三种表达方式:需求函数、需求表和需求曲线。

1. 需求函数

需求函数是表示一种商品的需求数量和影响该需求数量的各种因素之间的相互关系。在需求函数中,影响需求数量的各种因素是自变量,需求数量是因变量,即某种商品的需求数量是所有影响这种商品需求数量的各种因素的函数。影响某种商品需求数量的因素有很多,例如该商品自身的价格、相关商品的价格、消费者收入水平、消费者偏好、消费者对该商品的价格预期、政府的政策、广告宣传、突发事件等,其中该商品自身的价格是最主要的影响因素。需求函数通常表示为:

$$Q_d = f(P, P_r, I, T, E, G, \cdots)$$

式中,Q_d 表示商品的需求数量;P 表示该商品自身的价格;P_r 表示相关商品的价格;I 表示消费者的收入水平;T 表示消费者的偏好;E 表示消费者对该商品的价格预期;G 表示政府的政策。

同时分析多种因素对某种商品需求数量的影响比较复杂,为了简化分析,我们通常假定其他因素保持不变,只专注于分析商品自身的价格对该商品需求数量的影响,于是,需求函数就可以表示为:

$$Q_d = f(P)$$

式中,商品自身的价格 P 是自变量;商品的需求数量 Q_d 是因变量。

2. 需求表

商品的需求表是把某种商品的需求数量与该商品自身的价格之间的一一对应关系用数字序列表表示出来,见表2-1。

表2-1 某商品的需求表

价格-数量组合	A	B	C	D	E	F	G
价格(元)	1	2	3	4	5	6	7
需求量(单位数)	7	6	5	4	3	2	1

从表2-1中可以清楚地看出商品自身的价格与需求量之间呈反方向变动关系。当价格较低时,需求量较多;当价格较高时,需求量较少。随着价格提高,需求量逐渐减少;随着价格下降,需求量逐渐增加。

3. 需求曲线

商品的需求曲线是把某种商品的需求数量与该商品自身的价格之间的一一对应关系在平面坐标图上表示出来。

根据表2-1中商品的价格-需求量组合,在平面坐标图中描绘相应的点 A、B、C、D、E、F、G,然后顺次连接这些点,便得到图2-1中的直线型的需求曲线 $Q_d = f(P)$。实际上,需求曲线可以是直线型的,也可以是曲线型的。当需求函数为线性函数时,相应的需求曲线是一条直线,如图2-1所示。线性需求函数的通常形式为:$Q_d = \alpha - \beta P$,其中 α、β 为常数,且 α、$\beta > 0$。当需求函数为非线性函数时,相应的需求曲线是一条曲线,如图2-2所示。

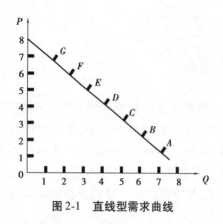

图 2-1　直线型需求曲线

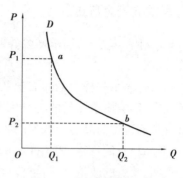

图 2-2　曲线型需求曲线

无论需求曲线是直线型还是曲线型,它都表示在不同价格水平下消费者愿意而且能够购买的商品数量。所以,需求曲线是以几何图形来表示商品自身的价格和需求量之间的函数关系。这里需要注意的是,与数学上的习惯相反,在经济学中分析需求曲线和供给曲线时,通常以纵轴表示自变量 P,以横轴表示因变量 Q。

图 2-1 和图 2-2 中的需求曲线都有一个明显特征,即向右下方倾斜,斜率为负,这表示商品自身的价格与需求量之间呈反方向变动关系。

二、需求的影响因素

影响一种商品需求数量的因素有很多,主要包括该商品自身的价格、相关商品的价格、消费者收入水平、消费者偏好、消费者对该商品的价格预期等。

(一)商品自身的价格

商品自身的价格是影响商品需求数量最主要、最基本的因素。一般来说,一种商品自身的价格越高,该商品的需求量就越小;商品自身的价格越低,该商品的需求量就越大。对于绝大多数商品来说,商品自身的价格与需求量之间呈反方向变动关系。例如汽油涨价了,人们就会少开汽车,少用汽油,即对汽油的需求数量减少。

(二)相关商品的价格

当一种商品自身的价格保持不变时,与它相关的其他商品价格发生变化也会影响该商品的需求数量。相关商品包括两种:替代品和互补品。替代品是指两种商品可以相互替代来满足消费者的某种需求,例如猪肉和牛肉,牛奶和豆浆等。互补品是指两种商品必须相互补充共同满足消费者的某种需求,例如汽车和汽油,眼镜的镜框和镜片等。两种替代品之间价格与需求数量呈同方向变动关系,例如猪肉价格下降,人们对猪肉的需求数量增加,对牛肉的需求数量就会减少。两种互补品之间价格与需求数量呈反方向变动关系,例如汽油价格上涨,人们对汽油的需求数量减少,对汽车的需求数量会随之减少。

(三)消费者收入水平

大多数商品的需求数量与消费者收入水平呈正方向变动关系,我们把这种需求数量随着消费者收入的增加而增加的商品称为正常商品,如手机、电脑、汽车等。当消费者的收入水平提高时,会增加对正常商品的需求数量;当消费者的收入水平下降时,会减少对正常商品的需求数量。也有少数商品的需求数量与消费者收入水平呈反方向变动关系,我们把这种需求数量随着消费者收入的增加而减少的商品称为低档商品,如自行车、肥肉、绿皮火车等。这里特别需要注意的是,低档商品并不是质量不好的商品,只是特指人们在收入水平提高到一定程度后越来越不愿意消费的商品。随着社会的发展,一些正常商品可能会慢慢成为低档商品。例如,自行车以前是正常商品,现在随着汽车的普及却变成低档商品。

(四)消费者偏好

一般来说,商品的需求数量与消费者偏好呈正方向变动关系。当消费者对某种商品的偏好程度增强时,就会增加该商品的需求数量;当消费者对某种商品的偏好程度减弱时,就会减少该商品的需求数量。消费者偏好与消费者的成长背景、消费习惯等有关,也会受到时尚潮流、广告宣传等因素的影响。例如,近几年年轻女性流行穿舒适的小白鞋,对高跟鞋的需求数量就减少了。

(五)消费者对商品的价格预期

一般来说,商品的需求数量与消费者对该商品的价格预期呈正方向变动关系。当消费者预期某种商品的价格在未来时期会上升时,就会增加对该商品的现期需求量;当消费者预期某商品的价格在未来时期会下降时,就会减少对该商品的现期需求量。例如,车主预期汽油价格未来会继续上涨,每次加油时都会加满整个油箱。

除此之外,商品的需求数量还会受到政府的政策、广告宣传、人口规模、自然环境、天气状况、突发事件等因素的影响。例如,2019 年突然发生新型冠状病毒感染疫情,人们对口罩的需求数量猛增。

三、需求定理

从需求表和需求曲线中可以看出,假定其他因素不变时,一种商品自身的价格与需求量之间呈反方向变动关系,这就是需求定理。

理解需求定理时,特别要注意以下三点。

第一,商品自身的价格是自变量,商品的需求量是因变量。是商品价格的变化引起需求量的变化,而不是需求量的变化引起价格的变化。

第二,只有假定其他因素不变时,需求定理才成立。需求定理只研究商品自身的价格与需求量之间的关系,不能分析除商品自身价格以外的其他因素变化所引起的商品需求数量的变化。离开了这个假定,需求定理就不成立。

第三,需求定理适用于绝大多数商品,并不是全部商品,即需求定理有例外。其一是炫耀性商品,例如珠宝、文物、名车、名表、名包等,这类商品的价格越高,越能显示拥有者的身份地位,其需求量越大,即需求量与价格呈同方向变化。其二是吉芬商品。1845 年爱尔兰发生大饥荒时,出现了一件奇怪的事,马铃薯的价格提高了,其需求量没有减少反而增加。英国经济学家罗伯特·吉芬发现了这一现象,就把这种需求量与价格呈同方向变化的特殊低档商品称为吉芬商品。

◆名人有约

罗伯特·吉芬(1837—1910),英国著名统计学家和经济学家。曾任英国统计大臣秘书助理、英国主计长、英国政府统计顾问委员会主席、皇家统计学会会长,并获得英国皇家学会最高金奖——盖伊奖。出版有《经济调查学》《资本增长论》《投资发展》《财政评论》等书。罗伯特·吉芬研究了爱尔兰的马铃薯问题,提出了著名的"吉芬商品"理论。马歇尔的需求和价格理论也来自吉芬的经济理论。

四、需求量的变动与需求的变动

在进行需求分析时,需求的影响因素不同会导致商品需求数量的变化表现出不同的形式和特征,为此,我们把需求数量变化区分为需求量的变动与需求的变动。

需求的影响因素有很多,一般来说可以分为两类:商品自身的价格和其他因素。相关商品的价格、消费者收入水平、消费者偏好、消费者对该商品的价格预期等都属于其他因素。

需求量的变动是指其他因素不变时,商品自身价格的变化引起该商品需求数量的变化,表现为同一条需求曲线上点的滑动。如图 2-3 所示,当某商品的价格从 P_0 下降到 P_1 时,在需求曲线 D 上表现为由 a 点滑动到 b 点,需求量从 Q_0 增加到 Q_1。

需求的变动是指商品自身价格不变时,其他因素的变化引起该商品需求数量的变化,表现为需求曲线的整体平移。如图 2-4 所示,当某种其他因素引起需求减少时,需求曲线从 D_0 向左平移到 D_1;反之,当某种其他因素引起需求增加时,需求曲线从 D_0 向右平移到 D_2。

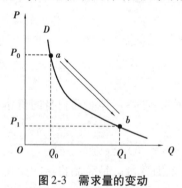

图 2-3　需求量的变动

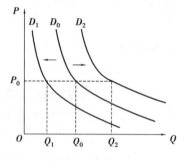

图 2-4　需求的变动

◆探索与思考

1. N95 口罩平时大约 5 元/只。2019 年新型冠状病毒感染疫情暴发后,国内网上的 N95 口罩一度涨到 10~30 元/只,更有药店卖到 85 元/只,美国甚至涨到 150 元/只。但是买口罩的人仍络绎不绝,市场上一罩难求。这种现象违背了需求定理吗?

2. 街边平时卖的雨伞是 10 元一把。有一天突然天降大雨,老板把伞的价格涨到 20 元一把,然而那天买伞的人比平时还更多了。这种情况违背了需求定理吗?

3.我们经常听到股票市场上有一句叫"追涨杀跌"的行话,就是股价不断上涨时人们追着买,股价不断下跌时人们赶紧卖。这种越贵越买、越便宜越卖的现象违背了需求定理吗?

第二节 供给理论

一、供给的概念与表达方式

(一)供给的概念

供给是指在一定时期,在各种可能的价格水平,厂商愿意并且能够提供出售的某种商品的数量。可见,要形成供给,也必须同时具备两个条件:一是供给愿望,即厂商出售商品的主观意愿;二是供给能力,即厂商提供商品的客观能力。供给就是厂商供给愿望与供给能力的统一,二者缺一不可。如果一个厂商生产了某款手机,堆放在仓库里并不想出售,不能算作有效供给;如果该厂商想要出售某款手机,但因为缺少芯片没法生产出来,也不能形成有效供给。

(二)供给的表达方式

供给有三种表达方式:供给函数、供给表和供给曲线。

1.供给函数

供给函数是表示一种商品的供给数量和影响该供给数量的各种因素之间的相互关系。在供给函数中,影响供给数量的各种因素是自变量,供给数量是因变量,即某种商品的供给数量是所有影响这种商品供给数量的各种因素的函数。影响某种商品供给数量的因素有很多,例如该商品自身的价格、相关商品的价格、生产成本、生产技术水平、生产者对该商品的价格预期、政府的政策等,其中该商品自身的价格是最主要的影响因素。供给函数通常表示为:

$$Q_s = f(P, P_r, C, T, E, G, \cdots)$$

式中,Q_s 表示商品的供给数量;P 表示该商品自身的价格;P_r 表示相关商品的价格;C 表示生产成本;T 表示生产技术水平;E 表示厂商对该商品的价格预期;G 表示政府的政策。

同时分析多种因素对某种商品供给数量的影响比较复杂,为了简化分析,我们通常假定其他因素保持不变,只专注于分析商品自身的价格对该商品供给数量的影响,于是,供给函数就可以表示为:

$$Q_s = f(P)$$

式中,商品自身的价格 P 是自变量;商品的供给数量 Q_s 是因变量。

2.供给表

商品的供给表是把某种商品的供给数量与该商品自身的价格之间的一一对应关系用数字序列表表示出来,见表2-2。

从表2-2中可以清楚地看出商品自身的价格与供给量之间呈同方向变动关系。当价格较低时,供给量较少;当价格较高时,供给量较多。随着价格提高,供给量逐渐增加;随着价格下降,供给量逐渐减少。

表 2-2   某商品的供给表

价格-数量组合	A	B	C	D	E
价格(元)	2	3	4	5	6
供给量(单位数)	0	200	400	600	800

3. 供给曲线

商品的供给曲线是把某种商品的供给数量与该商品自身的价格之间的一一对应关系在平面坐标图上表示出来。

根据表2-2中商品的价格-供给量组合,在平面坐标图中描绘相应的点然后顺次连接,便得到图2-5中的直线型的供给曲线 $Q_s = f(P)$。供给曲线可以是直线型的,也可以是曲线型的。当供给函数为线性函数时,相应的供给曲线是一条直线,如图2-5所示。线性供给函数的通常形式为:$Q_s = -\delta + \gamma P$,其中 δ、γ 为常数,且 δ、$\gamma > 0$。当供给函数为非线性函数时,相应的供给曲线是一条曲线,如图2-6所示。

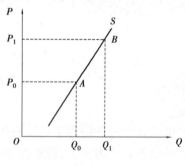

图 2-5   直线型供给曲线

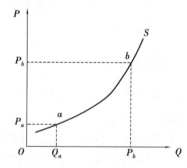

图 2-6   曲线型供给曲线

供给曲线表示在不同价格水平下厂商愿意而且能够提供出售的商品数量。所以,供给曲线是以几何图形来表示商品自身的价格和供给量之间的函数关系。图2-5和图2-6中的供给曲线都有一个明显特征,即向右上方倾斜,斜率为正,这表示商品自身的价格与供给量之间呈同方向变动关系。

二、供给的影响因素

影响一种商品供给数量的因素有很多,主要包括该商品自身的价格、相关商品的价格、生产成本、生产技术水平、厂商对商品的价格预期等。

(一)商品自身的价格

商品自身的价格是影响商品供给数量最主要、最基本的因素。一般来说,当商品价格上涨时,厂商就会增加该商品的供给量,以获取更多利润;当商品价格下降时,厂商就会减少该商品的供给量,以避免或减少损失。商品自身的价格与供给量之间呈同方向变动关系。例如口罩涨价了,生产口罩的厂家就会通过增加工人、加班等措施来增加口罩的产量。

(二)相关商品的价格

当一种商品自身的价格保持不变时,与它相关的其他商品价格发生变化也会影响该商品的供给数量。一般来说,两种替代品之间价格与供给数量呈反方向变动关系,例如普通汽车价格下降,厂商对普通汽车的供给数量减少,对电动汽车的供给数量就会增加。两种互补品之间价格与供给数量呈同方向变动关系,例如汽车价格下降,厂商对汽车的供给数量减少,汽油的供给数量也会随之减少。

(三)生产成本

生产成本主要是由生产要素的价格决定的。在其他条件不变的情况下,生产某种商品的要素价格上升,生产成本增加,利润减少,厂商就会减少该商品的供给;反之,要素价格下降,生产成本下降,利润增加,厂商就会增加该商品的供给。例如,2022年2月爆发的俄乌冲突导致德国能源价格一路飙升,电力成本不断提高,德国莱赫钢铁厂不得不宣布停产。

(四)生产技术水平

技术进步可以促进生产效率的提高,降低厂商的生产成本,增加利润空间,使供给数量增加。例如,电子信息技术的飞速发展,使电脑和手机的生产成本逐步下降,电脑和手机的供给数量大幅增加。

(五)厂商对商品的价格预期

一般来说,商品的供给数量与厂商对该商品的价格预期呈反方向变动关系。当厂商预期某商品即将涨价,就会囤积这种商品待价而沽,减少该商品的现期供给量;当厂商预期某商品在未来会降价,就会大量抛售该商品,增加该商品的现期供给量。

除此之外,商品的供给数量还会受到政府的经济政策、自然环境、气候状况、突发事件等因素的影响。例如,2022年2月突然爆发的俄乌冲突,导致欧洲国家石油和天然气的供给数量大幅减少。

三、供给定理

从供给表和供给曲线中可以看出,假定其他因素不变时,一种商品自身的价格与供给量之间呈同方向变动关系,这就是供给定理。

理解供给定理时,特别要注意以下两点。

第一,商品自身的价格是自变量,商品的供给量是因变量。是商品价格的变化引起供给量的变化,而不是供给量的变化引起价格的变化。

第二,只有假定其他因素不变时,供给定理才成立。供给定理只研究商品自身的价格与供给量之间的关系,不能分析除商品自身价格以外的其他因素变化所引起的商品供给数量的变化。离开了这个假定,供给定理就不成立。

四、供给量的变动与供给的变动

在进行供给分析时,供给的影响因素不同会导致商品供给数量的变化表现出不同的形式和特征,为此,我们把供给数量变化区分为供给量的变动与供给的变动。

供给的影响因素有很多,也可以分为两类:商品自身的价格和其他因素。相关商品的价格、生产成本、生产技术水平、厂商对该商品的价格预期等都属于其他因素。

供给量的变动是指其他因素不变时,商品自身价格的变化引起该商品供给数量的变化,表现为同一条供给曲线上点的滑动。如图 2-7 所示,当某商品的价格从 P_0 上升到 P_1 时,在供给曲线 S 上表现为由 a 点滑动到 b 点,供给量从 Q_0 增加到 Q_1。

供给的变动是指商品自身价格不变时,其他因素的变化引起该商品供给数量的变化,表现为供给曲线的整体平移。如图 2-8 所示,当某种其他因素引起供给减少时,供给曲线从 S_0 向左平移到 S_1;反之,当某种其他因素引起供给增加时,供给曲线从 S_0 向右平移到 S_2。

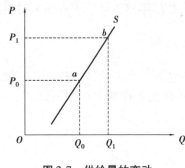
图 2-7　供给量的变动

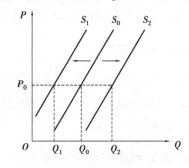
图 2-8　供给的变动

◆探索与思考

经济学家认为,降低价格使供给量下降是一条规律,可是 1990 年计算器每个卖 150 元,到 1995 年只卖 50 元销售量却增加了 3 倍。可见,降低价格不一定会使供给量下降。这句话正确吗? 为什么?

第三节　供求均衡理论

商品的价格是如何决定的? 经济学中商品的价格是指均衡价格。

均衡本来是物理学中的一个概念,指方向相反、大小相等的两个力使物体处于一种相对静止的状态。经济学借用了物理学中均衡的概念,指两个经济变量在一定条件的相互作用下达到一种相对静止的状态。在这种状态下,经济主体不再调整自己的行为,因为他们的行为已经达到了最优。因此,经济学中的均衡也就意味着一定条件下经济主体的最优选择行为。

当某种商品的市场需求量与市场供给量相等时,该商品的数量和价格就处于相对静止的状态,这就是市场均衡。市场均衡可以分为局部均衡和一般均衡。局部均衡是在其他商品价格不变的条件下,考察单个市场上需求和供给相等时的状态。一般均衡是在各市场相互影响的条件下,考察整个经济体系所有市场上需求和供给相等时的状态。本节主要分析单个市场上需求和供给相等时的状态,即局部均衡。

一、均衡价格的决定

商品的均衡价格就是商品的市场需求量等于市场供给量时的价格。均衡价格水平上相等的供求数量就是均衡数量。如表 2-3 所示,当商品价格为 4 元时,需求量与供给量都是400 单位,这就是一种均衡状态。当价格低于 4 元时,需求量大于供给量;当价格高于 4 元时,供给量大于需求量。

表 2-3　某商品的供求表

价格-数量组合	A	B	C	D	E
价格(元)	2	3	4	5	6
需求量(单位)	600	500	400	300	200
供给量(单位)	0	200	400	600	800

用几何图形来表示,一种商品的市场均衡出现在该商品的市场需求曲线和市场供给曲线的交点上,该交点被称为均衡点。均衡点上的价格和数量分别被称为均衡价格和均衡数量。如图 2-9 所示,D 表示某种商品的市场需求曲线,S 表示该商品的市场供给曲线。需求曲线 D 和供给曲线 S 相交于 E 点,E 点为均衡点。E 点对应的 P_0 为均衡价格,Q_0 为均衡数量。市场上需求量和供给量相等的状态,也被称为市场出清的状态。

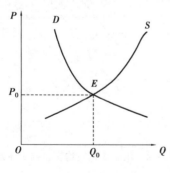

图 2-9　均衡价格与均衡数量

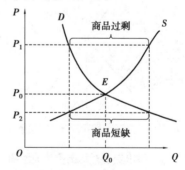

图 2-10　均衡价格的形成

商品的均衡价格是在市场供求力量的自发调节下形成的,是商品的市场需求和市场供给这两种相反力量相互作用的结果。当实际价格偏离均衡价格时,市场上会出现需求量和供给量不相等的非均衡状态,作为需求方的消费者和作为供给方的厂商会各自调整自己的策略,最终实际价格会自动恢复到均衡价格水平。

如图2-10所示，E点对应的P_0为均衡价格，Q_0为均衡数量。如果实际价格$P_1>P_0$，商品的供给量大于需求量，市场上会出现商品过剩，一方面，这会引起厂商之间的竞争，厂商会竞相降价以吸引消费者购买并逐步减少商品的供给量；另一方面，消费者也会讨价还价，尽可能地压低商品价格并逐步增加商品的购买量。双方的调整会使实际价格不断下降，需求量与供给量逐步趋于一致，最终达到均衡价格和均衡数量。如果实际价格$P_2<P_0$，商品的需求量大于供给量，市场上会出现商品短缺，一方面，这会引起消费者之间的竞争，消费者会竞相加价抢购并逐步减少商品的购买量；另一方面，厂商也会因为价格上升而增加商品的供给量。双方的调整会使实际价格不断上升，需求量与供给量逐步趋于一致，最终达到均衡价格和均衡数量。

所以，当实际价格偏离均衡价格时，在市场机制的作用下，最终会达到市场均衡。

二、均衡价格的变动

商品的均衡价格和均衡数量是由市场需求和市场供给共同决定的，当市场需求或供给发生变动时，必然会引起均衡价格和均衡数量的变动。

（一）需求变动，供给不变

需求的变动是指商品自身价格不变时，其他因素的变化引起该商品需求数量的变化，表现为需求曲线的整体平移。如图2-11所示，假定供给不变的情况下，在初始状态供给曲线S与需求曲线D_1相交于E_1点，现在某种因素使需求减少，导致需求曲线D_1向左平移到D_2，需求曲线D_2与供给曲线S相交于E_2点，均衡点E_1到E_2的变动使均衡价格从P_1下降到P_2，均衡数量从Q_1减少到Q_2；如果某种因素使需求增加，导致需求曲线D_1向右平移到D_3，需求曲线D_3与供给曲线S相交于E_3点，均衡点E_1到E_3的变动使均衡价格从P_1上升到P_3，均衡数量从Q_1增加到Q_3。由此可见，需求的变动会引起均衡价格和均衡数量同方向的变动。

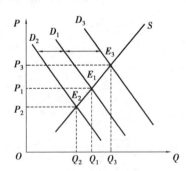

图2-11　需求变动对均衡价格的影响

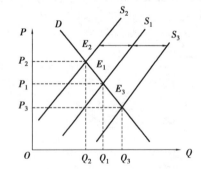

图2-12　供给变动对均衡价格的影响

（二）供给变动，需求不变

供给的变动是指商品自身价格不变时，其他因素的变化引起该商品供给数量的变化，表现为供给曲线的整体平移。如图2-12所示，假定需求不变的情况下，在初始状态需求曲线D与供给曲线S_1相交于E_1点，现在某种因素使供给减少，导致供给曲线S_1向左平移到S_2，供

给曲线 S_2 与需求曲线 D 相交于 E_2 点,均衡点 E_1 到 E_2 的变动使均衡价格从 P_1 上升到 P_2,均衡数量从 Q_1 减少到 Q_2;如果某种因素使供给增加,导致供给曲线 S_1 向右平移到 S_3,供给曲线 S_3 与需求曲线 D 相交于 E_3 点,均衡点 E_1 到 E_3 的变动使均衡价格从 P_1 下降到 P_3,均衡数量从 Q_1 增加到 Q_3。由此可见,供给的变动会引起均衡价格反方向的变动和均衡数量同方向的变动。

综合需求变动和供给变动对均衡价格的影响,可以得到供求定理:在其他条件不变的情况下,需求变动分别引起均衡价格和均衡数量同方向的变动;供给变动引起均衡价格反方向的变动,引起均衡数量同方向的变动。

综合应用供求定理、需求定理或供给定理,有以下四个分析步骤。

第一,确定关键因素影响的是需求还是供给。

第二,确定影响的方向是增加还是减少。

第三,通过供求图形来分析均衡价格的变动。

第四,分析均衡价格的变动对需求量或供给量的影响。

以上分析的是需求或供给单方面的变动对均衡价格和均衡数量的影响。如果需求和供给同时变动会怎样呢?也可以从两个方面来分析。

(三)需求和供给同时同方向变动

如图 2-13 所示,在初始状态,需求曲线 D_1 与供给曲线 S 的交点决定了均衡价格为 P_1,均衡数量 Q_1。现在某些因素使需求和供给同时增加,如果需求曲线 D_1 向右平移到 D_2,供给曲线 S 向右平移到 S_1,均衡点的变动使均衡价格从 P_1 上升到 P_2,均衡数量从 Q_1 增加到 Q_2;如果需求曲线 D_1 向右平移到 D_3,供给曲线 S 向右平移到 S_1,均衡点的变动使均衡价格从 P_1 下降到 P_3,均衡数量从 Q_1 增加到 Q_3。由此可见,需求和供给同时增加一定会引起均衡数量增加,但是

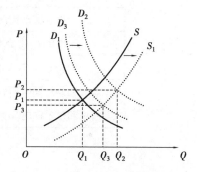

图 2-13　需求和供给同时同方向变动

均衡价格可能上升、可能下降也可能不变。这是因为需求增加会导致均衡价格上升,均衡数量增加;而供给增加会导致均衡价格下降,均衡数量增加。当需求和供给同时增加时,一定会引起均衡数量增加,而引起均衡价格一升一降,相互抵消后最终均衡价格的变化取决于需求和供给增加的幅度。当需求增加的幅度大于供给增加的幅度时,均衡价格上升;当需求增加的幅度小于供给增加的幅度时,均衡价格下降;当需求增加的幅度等于供给增加的幅度时,均衡价格不变。由此可见,需求和供给同时同方向变动一定会引起均衡数量同方向的变动,但是引起均衡价格的变动方向不能确定。

(四)需求和供给同时反方向变动

如图 2-14 所示,在初始状态,需求曲线 D_1 与供给曲线 S_1 的交点决定了均衡价格为 P_1,均衡数量为 Q_1。现在由于某些因素使需求减少和供给增加,如果需求曲线 D_1 向左平移到 D_2,供给曲线 S_1 向右平移到 S_2,均衡点的变动使均衡价格从 P_1 下降到 P_2,均衡数量从 Q_1 减少到 Q_2;如果需求曲线 D_1 向左平移到 D_2,供给曲线 S_1 向右平移到 S_3,均衡点的变动使均衡

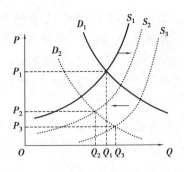

图 2-14　需求和供给同时反方向变动

价格从 P_1 下降到 P_3,均衡数量从 Q_1 增加到 Q_3。由此可见,需求减少和供给增加一定会引起均衡价格下降,但是均衡数量可能增加、可能减少也可能不变。这是因为需求减少会导致均衡价格下降,均衡数量减少;而供给增加会导致均衡价格下降,均衡数量增加。当需求减少和供给增加同时发生时,一定会引起均衡价格下降,而引起均衡数量一增一减,相互抵消后最终均衡数量的变化取决于需求和供给变化的幅度。当需求减少的幅度大于供给增加的幅度时,均衡数量减少;当需求减少的幅度小于供给增加的幅度时,均衡数量增加;当需求减少的幅度等于供给增加的幅度时,均衡数量不变。由此可见,需求和供给同时反方向变动一定会引起均衡价格与需求同方向的变动,但是引起均衡数量的变动方向不能确定。

综合以上几种情况,需求、供给的变动对均衡价格和均衡数量的影响可归纳为表 2-4 所示的情况。

表 2-4　供求变动对均衡价格和均衡数量的影响

供求变动情况	均衡价格	均衡数量
需求变动,供给不变	同方向	同方向
供给变动,需求不变	反方向	同方向
需求和供给同时同方向变动	不确定	同方向
需求和供给同时反方向变动	与需求同方向	不确定

三、价格政策

商品的均衡价格是在市场供求力量的自发调节下形成的,但是这种调节具有一定的盲目性,其结果不一定符合社会的整体和长远利益,因此,政府在特定情形下会制定一些价格政策来控制某些商品的价格。常见的价格政策主要包括限制价格和支持价格。

(一)限制价格

限制价格又称最高限价或价格管制,是指政府为了限制某些必需品价格上涨而将其价格规定在市场均衡价格之下。其目的是稳定生活必需品的价格,帮助低收入群体,保证社会公平,维护社会稳定。例如知名医院的专家号、经济适用房等,都实行限制价格。如图 2-15 所示,某商品由市场需求曲线 D 和供给曲线 S 共同决定的均衡价格为 P_0,均衡数量为 Q_0。现在政府将其价格规定为

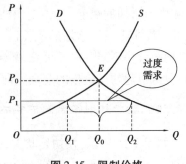

图 2-15　限制价格

均衡价格 P_0 以下的 P_1,此时需求量 Q_2 大于供给量 Q_1,市场上供不应求,商品短缺。由于消

费者的需求得不到满足,可能会出现排队抢购或黑市交易的现象,同时在需求的刺激下,厂商可能会粗制滥造,生产假冒伪劣的商品。为了控制过度需求,政府一般对商品采取配给制,发放购物券,消费者只能凭票购买。

◆ 生活中的实例

1. 2020 年 1 月 23 日,北京市丰台区市场监管局根据举报,对北京市济民康泰大药房丰台区第五十五分店大幅抬高 N95 型口罩销售价格的行为进行检查。经查,当事人借口罩等防疫用品需求激增之机,将进价为 200 元/盒的口罩(十只装),大幅提价到 850 元/盒对外销售。依据相关法律法规,丰台区市场监管局已向该药店送达《行政处罚听证告知书》,拟对其做出罚款 300 万元的行政处罚。

2. 钱女士的宝宝九个月大,得了肺炎,她决定去医院挂个小儿肺炎的专家号。她以为自己凌晨三点到医院一定能排到前面,没想到远远就看见挂号处已经站满了人。真是可怜天下父母心啊! 才凌晨三点,就有这么多家长为了孩子一直守在那个地方,真的很难想象第一个人来得有多早。

(二)支持价格

支持价格又称最低限价或价格下限,是指政府为了扶植某些行业发展而将其价格规定在市场均衡价格之上。例如许多国家实行的农产品最低收购价和最低工资制度,都属于支持价格。如图 2-16 所示,某商品由市场需求曲线 D 和供给曲线 S 共同决定的均衡价格为 P_0,均衡数量为 Q_0。现在政府将其价格规定为均衡价格 P_0 以上的 P_1,此时供给量 Q_2 大于需求量 Q_1,市场上

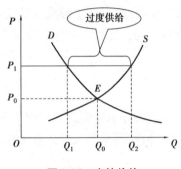

图 2-16 支持价格

供大于求,商品过剩。为了维持支持价格,政府一般会购买过剩的商品用于储备或出口,或者对厂商采取补贴限产的政策,但是这样会加重政府的财政负担。

◆ 生活中的实例

1. 农业是一个接近于完全竞争模式的部门,农产品价格变动频繁,带来了农业生产收入过低且不稳定等问题。20 世纪 30 年代,美国政府开始实行农产品价格支持政策,之后每年用于农产品价格支持的费用相当庞大,是美国财政赤字居高不下的原因之一。近几十年来,为了摆脱财政赤字,美国政府先是降低农产品价格支持水平,后又限制农民种植面积,但是农民用尽各种办法增加单位面积产量,美国政府最后被迫限制"政府收购价"的收购数量。

2. 据环球网 2019 年 7 月 19 日报道,美国众议院通过《提高工资法》,最低工资将被提高至每小时 15 美元,这也是十年来美国首次提高联邦最低工资。据美国国会预算局报告预测,该法案将使 100 多万人摆脱贫困。但该预算局的另外一份报告却警告称,该法案也可能会使 100 万～300 万人失业,并进一步增加失业率。有研究结果表明:最低工资上升 10%,将导致年轻人就业率下降 1%～3%。

◆探索与思考

1. 中美贸易战中,美国对中国进口商品征收高额关税,对美国消费者有利还是不利?

2. 法国香槟酒行业举行了一次成功的推销活动,管理者们为香槟酒的价格狂涨而兴奋,同时又担心这种价格急剧上升会引起需求减少,而需求减少又使价格下跌。

第四节 弹性理论

需求定理、供给定理和供求定理从定性的角度分析了商品的需求或供给与各种影响因素之间的关系,弹性理论将对商品的需求或供给与各种影响因素之间的关系做进一步的量化分析。

弹性原本也是一个物理术语,是指物体对外部力量的反应程度。经济学借用了物理学中弹性的概念,指一个经济变量变动1%所引起另一个经济变量变动的百分比。一般说来,只要两个经济变量之间存在着函数关系,我们就可用弹性来表示因变量对自变量变化的反应程度。

$$弹性系数 = \frac{因变量的变动比例}{自变量的变动比例}$$

本节将分别分析需求方面的弹性和供给方面的弹性。其中需求方面的弹性主要包括需求价格弹性、需求交叉价格弹性和需求收入弹性,供给方面的弹性主要是供给价格弹性。

一、需求价格弹性

需求价格弹性表示一定时期内一种商品的需求量变动对该商品价格变动的反应程度,或者表示一定时期内一种商品价格变化1%所引起的该商品需求量变化的百分比。需求价格弹性通常简称为需求弹性。

假定需求函数为 $Q=f(P)$,ΔQ 和 ΔP 分别表示需求量的变动量和价格的变动量,以 e_d 表示需求价格弹性系数,则需求价格弹性的计算公式为:

$$e_d = -\frac{\frac{\Delta Q}{Q}}{\frac{\Delta P}{P}} = -\frac{\Delta Q}{\Delta P} \cdot \frac{P}{Q}$$

例如:一种冰激凌的价格下降10%后,它的销售量增加20%,那么冰激凌的需求价格弹性 $e_d = \frac{20\%}{10\%} = 2$。

这里需要注意几点:其一,弹性是一个比值,与自变量和因变量的度量单位无关;其二,绝大多数商品遵循需求定理,商品的需求量和价格呈反方向变动,因此,e_d 为负值。为了便于比较需求价格弹性的大小,在上述公式中添加了负号,即需求价格弹性计算时取其绝对值。一般来说,e_d 越大,表示商品需求量的变动对价格变动的反应越敏感。

需求价格弹性可以分为弧弹性和点弹性。

(一)需求价格弧弹性

需求价格弧弹性表示某商品需求曲线上两点之间的需求量变动对价格变动的反应程度,表示需求曲线上两点之间的弹性。其计算公式为:

$$e_d = -\frac{\frac{\Delta Q}{Q}}{\frac{\Delta P}{P}} = -\frac{\Delta Q}{\Delta P} \cdot \frac{P}{Q}$$

在上述公式中,P、Q 分别指变动起点的价格和需求量,这意味着需求价格弧弹性具有方向性。

如图 2-17 所示,当价格下降时,P、Q 取 A 点对应的价格 P_1 和需求量 Q_1;当价格上升时,P、Q 取 B 点对应的价格 P_2 和需求量 Q_2。当没有明确价格下降或上升时,P、Q 可以取 A 和 B 的中点 C 对应的价格和需求量,即需求价格弧弹性的中点公式为:

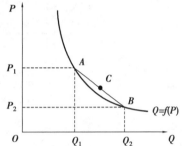

图 2-17 需求价格弧弹性

$$e_d = -\frac{\frac{\Delta Q}{Q}}{\frac{\Delta P}{P}} = -\frac{\Delta Q}{\Delta P} \cdot \frac{P}{Q} = -\frac{\Delta Q}{\Delta P} \cdot \frac{\frac{P_1+P_2}{2}}{\frac{Q_1+Q_2}{2}}$$

例如:当某商品价格由 20 元/件下降为 15 元/件,需求量由 20 件增加到 40 件时,该商品的需求价格弹性 $e_d = \frac{20}{5} \cdot \frac{20}{20} = 4$;当某商品价格由 15 元/件上升为 20 元/件,需求量由 40 件减少到 20 件时,该商品的需求价格弹性 $e_d = \frac{20}{5} \cdot \frac{15}{40} = 1.5$;如果用中点公式,该商品的需求价格弹性 $e_d = \frac{20}{5} \cdot \frac{15+20}{40+20} = 2.3$。

需求价格弧弹性具体分为五种类型。

①$e_d > 1$,表示商品需求量的变化率大于价格的变化率,即需求富有弹性,在几何图形上表现为需求曲线向右下方倾斜且相对比较平坦,如图 2-18(a)所示。例如汽车、珠宝、名表等奢侈品属于这种情况。

②$e_d < 1$,表示商品需求量的变化率小于价格的变化率,即需求缺乏弹性,在几何图形上表现为需求曲线向右下方倾斜且相对比较陡峭,如图 2-18(b)所示。例如粮食、蔬菜等生活必需品属于这种情况。

③$e_d = 1$,表示商品需求量的变化率等于价格的变化率,即需求单位弹性,在几何图形上表现为需求曲线为一条正双曲线,如图 2-18(c)所示。例如白酒、礼品等商品属于这种情况。

④$e_d = \infty$,表示既定价格水平上商品需求量的变化是无限的,即需求完全弹性,在几何图形上表现为需求曲线为一条水平线,如图 2-18(d)所示。例如银行以固定价格收购黄金属于这种情况。

⑤$e_d = 0$，表示无论价格如何变化，商品需求量都不会变化，即需求完全无弹性，在几何图形上表现为需求曲线为一条垂直线，如图 2-18（e）所示。例如糖尿病人对胰岛素的需求属于这种情况。

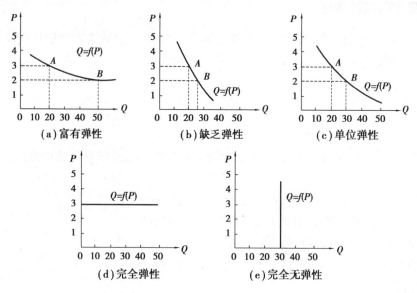

图 2-18　需求价格弧弹性的五种类型

（二）需求价格点弹性

需求价格点弹性表示某商品需求曲线上某一点上需求量的变动对价格变动的反应程度，表示需求曲线上某一点的弹性。其计算公式为：

$$e_d = \lim_{\Delta P \to 0} -\frac{\dfrac{\Delta Q}{Q}}{\dfrac{\Delta P}{P}} = -\frac{\dfrac{dQ}{Q}}{\dfrac{dP}{P}} = -\frac{dQ}{dP} \cdot \frac{P}{Q}$$

例如：已知需求函数为 $Q = 120 - 20P$，当 $P = 2$ 时，需求价格点弹性 $e_d = 20 \cdot \dfrac{2}{80} = 0.5$。

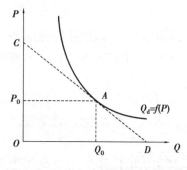

图 2-19　曲线型需求曲线上的点弹性

当需求曲线上两点之间的变化量趋于无穷小时，需求价格弧弹性就变成了点弹性，由此可见，需求价格弧弹性和点弹性在本质上是相同的。

如果需求曲线为曲线型，如图 2-19 所示，在需求曲线上任一点 A 作一条切线，分别与纵坐标和横坐标相交于 C、D 两点，则需求曲线上 A 点的弹性可以表示为：

$$e_d = \frac{AD}{AC}$$

如果需求曲线为直线型且向右下方倾斜，如图 2-20 所示，直线型需求曲线分别与纵坐标和横坐标相交于 A、B 两点，令 C 点为该需求曲线上任意一点。根据点弹性的定义，C 点的需求价格弹性可以表示为：

$$e_d = -\frac{dQ}{dP} \cdot \frac{P}{Q} = \frac{GB}{CG} \cdot \frac{CG}{OG} = \frac{GB}{OG} = \frac{CB}{AC} = \frac{FO}{AF}$$

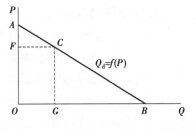

图 2-20　直线型需求曲线上的点弹性

由此可见,向右下方倾斜的直线型需求曲线上每一点的弹性都不相同。点的位置越高,相应的点弹性系数值就越大;点的位置越低,相应的点弹性系数值就越小。如图 2-21(a)所示,向右下方倾斜的直线型需求曲线上的点弹性也可以具体分为五种类型。

①在中点 C 有 $e_d = 1$。

②在中点以上任意一点如 D 点有 $e_d > 1$。

③在中点以下任意一点如 B 点有 $e_d < 1$。

④在与纵坐标的交点 E 有 $e_d = \infty$。

⑤在与横坐标的交点 A 有 $e_d = 0$。

这里需要注意的是,向右下方倾斜的直线型需求曲线的斜率与点弹性是两个不同的概念。第一,斜率有度量单位,如每一分钱价格的变动所造成的面粉需求量的改变和每一元钱价格的变动所造成的面粉需求量的改变存在着很大的差别。而点弹性是一个比值,没有度量单位。第二,向右下方倾斜的直线型需求曲线上每点的斜率是相等的,但每点的点弹性值是不相等的。

除此之外,还有特殊形状的直线型需求曲线。如图 2-21(b)、(c)所示,如果需求曲线为一条水平线,那么该需求曲线上每一点的弹性都是无穷大,即 $e_d = \infty$;如果需求曲线为一条垂直线,那么该需求曲线上每一点的弹性都是 0,即 $e_d = 0$。

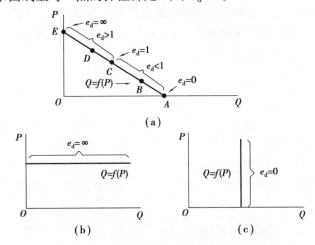

图 2-21　直线型需求曲线上点弹性的五种类型

(三)需求价格弹性与总收益之间的关系

实际生活中我们经常听说"薄利多销",但是叶圣陶的短篇小说《多收了三五斗》中却描述了旧社会粮食大丰收,粮价下跌导致农民更加穷困,即"谷贱伤农"。为什么会发生这两种相反的情况呢?这意味着降价促销并不适用所有商品,需要用商品的需求价格弹性与厂商的总收益之间的关系来解释。

总收益（TR）是指厂商销售一定量的产品所得到的收入总和，它等于商品的价格乘以商品的销售量，即 TR=PQ。在此假定厂商的商品销售量等于市场上对其商品的需求量，因此厂商的总收益就等于消费者的购买支出。

根据需求定理，当一种商品的价格 P 发生变化时，该商品的需求量 Q 必然发生变化，厂商的总收益 TR=PQ 也会随之发生变化，这种变化情况主要取决于该商品需求价格弹性的大小。

商品的需求价格弹性与厂商的总收益之间的关系可归纳为以下三种情况。

第一种情况：对于 $e_d>1$ 富有弹性的商品，如图 2-22 所示，需求曲线相对比较平坦，当商品价格从 P_1 下降到 P_2 时，厂商的总收益从 B+C 变为 A+C，由于 A>B，因此总收益增加；反之，当商品价格上升时，厂商的总收益减少。由此可见，对于 $e_d>1$ 富有弹性的商品，降价会增加总收益，涨价会减少总收益，即商品价格与厂商的总收益呈反方向变动。现在我们可以用此来解释生活中的"薄利多销"现象。对于家电、日用品等富有弹性的商品，降价才可以增加厂商的总收益，因此薄利多销只适用于富有弹性的商品。

第二种情况：对于 $e_d<1$ 缺乏弹性的商品，如图 2-23 所示，需求曲线相对比较陡峭，当商品价格从 P_1 下降到 P_2 时，厂商的总收益从 B+C 变为 A+C，由于 A<B，因此总收益减少；反之，当商品价格上升时，厂商的总收益增加。由此可见，对于 $e_d<1$ 缺乏弹性的商品，降价会减少总收益，涨价会增加总收益，即商品价格与厂商的总收益呈同方向变动。现在我们可以用此来解释生活中的"谷贱伤农"现象。对于粮食、蔬菜等缺乏弹性的商品，丰收会使总供给增加，在总需求不变的情况下价格会下降，导致农民总收益减少，伤害农民种粮种菜的积极性。因此对于粮食、蔬菜等缺乏弹性的农产品，政府一般会制定价格支持政策来增加农民的总收益，保护农民生产的积极性。

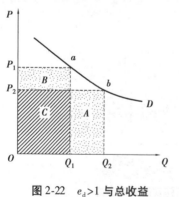

图 2-22　$e_d>1$ 与总收益

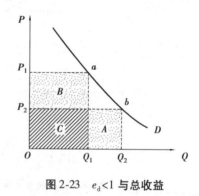

图 2-23　$e_d<1$ 与总收益

第三种情况：对于 $e_d=1$ 单位弹性的商品，降低价格或提高价格对厂商的总收益都没有影响。

同时，也可以根据商品价格变化所引起的厂商总收益的变化来判断商品需求价格弹性的大小。如果某商品价格变化引起厂商总收益反方向的变化，则该商品是富有弹性的；如果某商品价格变化引起厂商总收益同方向的变化，则该商品是缺乏弹性的；如果厂商的总收益不随商品价格的变化而变化，则该商品是单位弹性的。

二、需求交叉价格弹性

一种商品的需求数量会受到多种因素的影响,相关商品的价格就是其中的一个重要因素。假定其他因素都不变,仅研究一种商品的价格变化与它相关商品需求量变化之间的关系,需要运用需求交叉价格弹性的概念。

需求交叉价格弹性表示一定时期内一种商品的需求量变动对相关商品价格变动的反应程度,或者表示一定时期内一种商品价格变动 1% 所引起的另一种商品需求量变动的百分比。需求交叉价格弹性简称为需求交叉弹性。

假定商品 X 的需求量 Q_X 是它相关商品 Y 的价格 P_Y 的函数,即 $Q_X = f(P_Y)$,则商品 X 的需求交叉价格弧弹性计算公式为:

$$e_{XY} = \frac{\frac{\Delta Q_X}{Q_X}}{\frac{\Delta P_Y}{P_Y}} = \frac{\Delta Q_X}{\Delta P_Y} \cdot \frac{P_Y}{Q_X}$$

式中,ΔQ_X 为商品 X 的需求量的变化量;ΔP_Y 为相关商品 Y 的价格的变化量;e_{XY} 为当商品 Y 的价格发生变化时商品 X 的需求交叉价格弹性系数。

当商品 X 的需求量的变化量 ΔQ_X 和相关商品的价格的变化量 ΔP_Y 均为无穷小时,则商品 X 的需求交叉价格点弹性计算公式为:

$$e_{XY} = \lim_{\Delta P_Y \to 0} \frac{\frac{\Delta Q_X}{Q_X}}{\frac{\Delta P_Y}{P_Y}} = \frac{dQ_X}{dP_Y} \cdot \frac{P_Y}{Q_X}$$

若两种商品之间存在替代关系,则一种商品的价格与它的替代品的需求量之间呈同方向变动,e_{XY} 为正值。例如当猪肉涨价时,人们会少买猪肉,对猪肉的替代品牛肉的需求量就会增加;当猪肉降价时,人们会多买猪肉,对牛肉的需求量就会减少。

若两种商品之间存在互补关系,则一种商品的价格与它的互补品的需求量之间呈反方向变动,e_{XY} 为负值。例如当汽油涨价时,人们会减少对汽油的需求量,作为汽油的互补品,汽车的需求量也会减少;当汽油降价时,人们会增加汽油的需求量,从而汽车的需求量也会增加。

若两种商品之间不相关,则一种商品的价格变动对另一种商品的需求量的变动没有任何影响,e_{XY} 为零。

反过来,需求交叉价格弹性也可以用来判断两种商品之间的关系。

①$e_{XY} > 0$,两种商品为替代品。一般来说,当 $e_{XY} > 0$ 时,e_{XY} 越大,两种商品之间替代性越强;e_{XY} 越小,两种商品之间的替代性越差。

②$e_{XY} < 0$,两种商品为互补品。一般来说,当 $e_{XY} < 0$ 时,e_{XY} 的绝对值越大,两种商品之间互补性越强;e_{XY} 的绝对值越小,两种商品之间的互补性越差。

③$e_{XY} = 0$,两种商品不相关。

三、需求收入弹性

需求收入弹性表示一定时期内消费者对某种商品的需求量变动对消费者收入变动的反应程度,或者表示一定时期内消费者收入变动1%所引起的商品需求量变动的百分比。

假定某商品的需求量 Q 是消费者收入水平 M 的函数,即 $Q=f(M)$,则该商品的需求收入弧弹性计算公式为:

$$e_M = \frac{\frac{\Delta Q}{Q}}{\frac{\Delta M}{M}} = \frac{\Delta Q}{\Delta M} \cdot \frac{M}{Q}$$

式中,ΔQ 为某商品需求量的变化量;ΔM 为消费者收入的变化量;e_M 为当消费者收入发生变化时商品的需求收入弹性系数。

当商品需求量的变化量 ΔQ 和消费者收入的变化量 ΔM 均为无穷小时,则该商品的需求收入点弹性计算公式为:

$$e_M = \lim_{\Delta M \to 0} \frac{\frac{\Delta Q}{Q}}{\frac{\Delta M}{M}} = \frac{dQ}{dM} \cdot \frac{M}{Q}$$

商品的需求收入弹性可以作为商品分类的依据。

①$e_M > 0$ 的商品为正常品。正常品并不是指质量好的商品,而是指需求量随着消费者收入的增加而增加的商品。例如电脑、手机、汽车等。正常品可以进一步区分为必需品和奢侈品。$0 < e_M < 1$ 的商品为必需品,收入弹性小,即消费者收入增加对必需品需求的增加是有限的。例如粮食、蔬菜、食盐等。$e_M > 1$ 的商品为奢侈品,收入弹性大,即消费者收入增加对奢侈品需求的增加是较多的。例如珠宝、名表、高档服装、高档汽车等。

②$e_M < 0$ 的商品为低档品。低档品并不是指质量不好的商品,而是指需求量随着消费者收入的增加而减少的商品。例如肥肉、绿皮火车、自行车等。

当然,正常品与低档品、必需品与奢侈品的区分都是相对的,会随着社会的发展和人们收入水平的变化而发生变化。例如,自行车在我国 20 世纪六七十年代算是奢侈品,到八九十年代变成了必需品,近年来又变成了低档品。

在需求收入弹性的基础上,具体研究食物支出的收入弹性,可以得到恩格尔系数,表示消费者食物支出变动对收入变动的反应程度。为了简化计算,恩格尔系数一般直接表示为食物支出总额占个人消费支出总额的比例。恩格尔系数可以反映一个家庭或国家的富裕程度和生活水平。

19 世纪,德国统计学家恩格尔根据某些地区的消费统计资料,对这些地区消费结构的变化进行研究后得出一个规律——恩格尔定律:在一个家庭或国家中,食物支出在总收入(总支出)中所占的比例随着收入的增加而减少。即对于一个家庭或国家来说,富裕程度和生活水平越高,恩格尔系数越小;富裕程度和生活水平越低,恩格尔系数越大。

国际上通常用恩格尔系数来衡量一个国家或地区人民生活水平的状况。根据联合国粮农组织提出的标准,恩格尔系数在59%以上为贫困,50%~59%为温饱,40%~50%为小康,30%~40%为富裕,低于30%为极其富裕。

◆名人有约

恩斯特·恩格尔(1821—1896),19世纪德国统计学家和经济学家。他早年与法国社会学家弗雷德里克·勒普莱交往甚密,勒普莱对家庭问题很感兴趣,这促使恩格尔开展了对家庭的调查研究,并根据调查所得的开支数据确立了定量的函数关系,提出了恩格尔定律。1860—1882年恩格尔在柏林任普鲁士统计局局长期间,以普鲁士统计局的名义为发展和加强官方统计学做了大量工作。他对官方统计学的影响远不仅限于德国,1885年他参与创立了国际统计学会。

四、供给价格弹性

供给价格弹性表示一定时期内一种商品的供给量变动对该商品价格变动的反应程度,或者表示一定时期内一种商品价格变动1%时所引起的该商品供给量变动的百分比。供给价格弹性通常简称为供给弹性。

供给价格弹性也分为弧弹性和点弹性。

(一)供给价格弧弹性

供给价格弧弹性表示某商品供给曲线上两点之间的弹性。

假定供给函数为$Q=f(P)$,以e_s表示供给价格弹性系数,则供给价格弧弹性的计算公式为:

$$e_s = \frac{\frac{\Delta Q}{Q}}{\frac{\Delta P}{P}} = \frac{\Delta Q}{\Delta P} \cdot \frac{P}{Q}$$

在上述公式中,P、Q分别指变动起点的价格和供给量,这意味着供给价格弧弹性也具有方向性。

为了消除方向性的影响,计算中经常运用供给价格弧弹性的中点公式:

$$e_s = \frac{\Delta Q}{\Delta P} \cdot \frac{\frac{P_1+P_2}{2}}{\frac{Q_1+Q_2}{2}}$$

根据供给定理,商品的供给量和商品的价格呈同方向变动,因此供给弹性系数一般为正值。

供给价格弧弹性具体也分为五种类型。

①$e_s>1$表示供给富有弹性,即供给量变动的百分比大于价格变动的百分比,在几何图形上表现为供给曲线向右上方倾斜且相对比较平坦。例如生产周期较短的某些工业产品的供给属于这种情况。

②e_s<1 表示供给缺乏弹性,即供给量变动的百分比小于价格变动的百分比,在几何图形上表现为供给曲线向右上方倾斜且相对比较陡峭。例如生产周期较长的某些农产品的供给属于这种情况。

③e_s=1 表示供给单位弹性,即供给量变动的百分比等于价格变动的百分比,在几何图形上表现为供给曲线从原点出发与横轴呈 45°角且向右上方倾斜。例如某些机械产品的供给属于这种情况。

④e_s=∞ 表示供给完全弹性,即价格既定的情况下供给量是无限的,在几何图形上表现为供给曲线是一条水平线。例如在劳动力严重过剩的情况下,即使工资没有变化,劳动力的供给也会不断增加。

⑤e_s=0 表示供给完全无弹性,即无论价格如何变动,供给量始终不变,在几何图形上表现为供给曲线是一条垂直线。例如土地、古董文物、某些珍贵艺术品的供给属于这种情况。

(二)供给价格点弹性

供给价格点弹性表示某商品供给曲线上某一点的弹性。其计算公式为:

$$e_s = \frac{\dfrac{\mathrm{d}Q}{Q}}{\dfrac{\mathrm{d}P}{P}} = \frac{\mathrm{d}Q}{\mathrm{d}P} \cdot \frac{P}{Q}$$

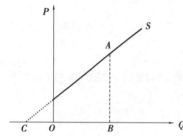

图 2-24　直线型供给曲线上的点弹性

如果供给曲线为向右上方倾斜的直线,如图 2-24 所示,直线型供给曲线的延长线与横坐标相交于 C 点,令 A 点为该供给曲线上任意一点。根据点弹性的定义,A 点的供给价格弹性可以表示为:

$$e_s = \frac{\mathrm{d}Q}{\mathrm{d}P} \cdot \frac{P}{Q} = \frac{CB}{AB} \cdot \frac{AB}{OB} = \frac{CB}{OB}$$

根据直线型供给曲线上点弹性的几何意义,直线型供给曲线上的点弹性也可以具体分为五种类型。

①如图 2-25(a)所示,向右上方倾斜的直线型供给曲线的延长线与横轴相交于坐标原点的左边,则该供给曲线上任何一点的弹性不同,但都有 e_s>1。

②如图 2-25(b)所示,向右上方倾斜的直线型供给曲线的延长线与横轴相交于坐标原点的右边,则该供给曲线上任何一点的弹性不同,但都有 e_s<1。

③如图 2-25(c)所示,向右上方倾斜的直线型供给曲线的延长线恰好与坐标原点相交,则该供给曲线上任何一点的弹性相同,都有 e_s=1。

④如图 2-25(d)所示,直线型供给曲线为一条水平线,则该供给曲线上任何一点的弹性相同,都有 e_s=∞。

⑤如图 2-25(e)所示,直线型供给曲线为一条垂直线,则该供给曲线上任何一点的弹性相同,都有 e_s=0。

如果供给曲线为向右上方倾斜的曲线,也可以根据曲线型供给曲线上所求点的切线与横轴的交点是位于坐标原点的左边、还是位于坐标原点的右边或者恰好就是坐标原点,来分别判断该点的供给是富有弹性的、缺乏弹性的或者单位弹性的。

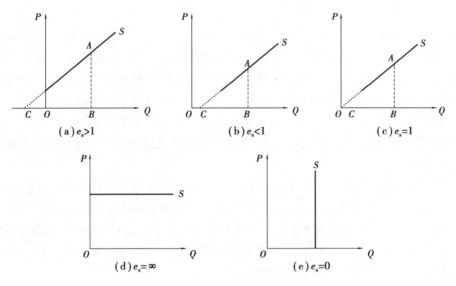

图 2-25　直线型供给曲线上点弹性的五种类型

(三)供给价格弹性的应用

取消价格管制能否促进产量迅速提高,这主要取决于商品的供给价格弹性。对于供给富有价格弹性的商品,取消价格管制可以大幅度地增产,从而收到良好结果;对于供给缺乏价格弹性的商品,未必能够通过放开价格实现产量的大幅度增长,尤其是一些短期内供给缺乏价格弹性的商品,放开价格只会引发价格飞涨。

◆本章小结

需求定理是指假定其他因素不变时,一种商品自身的价格与需求量之间呈反方向变动关系。需求的影响因素不同会导致商品需求数量的变化表现出不同的形式和特征,区分为需求量的变动与需求的变动,需求量的变动表现为同一条需求曲线上点的滑动,需求的变动表现为需求曲线的整体平移。

供给定理是指假定其他因素不变时,一种商品自身的价格与供给量之间呈同方向变动关系。供给的影响因素不同也会导致商品供给数量的变化表现出不同的形式和特征,区分为供给量的变动与供给的变动,供给量的变动表现为同一条供给曲线上点的滑动,供给的变动表现为供给曲线的整体平移。

当某种商品的市场需求量与市场供给量相等时,该商品的数量和价格就处于相对静止的状态,这就是市场均衡。当实际价格偏离均衡价格时,市场上出现需求量和供给量不相等的非均衡状态,作为需求方的消费者和作为供给方的厂商各自调整自己的策略,最终实际价格会自动恢复到均衡价格水平。

在其他条件不变的情况下,需求变动分别引起均衡价格和均衡数量同方向的变动;供给变动引起均衡价格反方向的变动,引起均衡数量同方向的变动。需求和供给同时同方向变动一定会引起均衡数量同方向的变动,但是引起均衡价格的变动方向不能确定。需求和供给同时反方向变动一定会引起均衡价格与需求同方向的变动,但是引起均衡数量的变动方向不能确定。

商品的均衡价格是在市场供求力量的自发调节下形成的,但是这种调节具有一定的盲目性,其结果不一定符合社会的整体和长远利益,因此,政府在特定情形下会制定一些价格政策来控制某些商品的价格。常见的价格政策主要包括限制价格和支持价格。价格政策各有利弊,在解决某些问题的同时也会带来其他问题,因此政府需审慎采用。

弹性理论是对商品的需求或供给与各种影响因素之间的关系做进一步的量化分析。需求方面的弹性主要包括需求价格弹性、需求交叉价格弹性和需求收入弹性,供给方面的弹性主要是供给价格弹性。

需求价格弹性可以分为弧弹性和点弹性。无论是需求价格弧弹性还是点弹性都可以具体分为五种类型:$e_d > 1$,富有弹性;$e_d < 1$,缺乏弹性;$e_d = 1$,单位弹性;$e_d = \infty$,完全弹性;$e_d = 0$,完全无弹性。对于$e_d > 1$富有弹性的商品,商品价格与厂商的总收益呈反方向变动;对于$e_d < 1$缺乏弹性的商品,商品价格与厂商的总收益呈同方向变动;对于$e_d = 1$单位弹性的商品,商品价格变动对厂商的总收益没有影响。

需求交叉价格弹性可以用来判断两种商品之间的关系。$e_{XY} > 0$,两种商品为替代品;$e_{XY} < 0$,两种商品为互补品;$e_{XY} = 0$,两种商品不相关。

需求收入弹性可以作为商品分类的依据。$e_M > 0$的商品为正常品;$e_M < 0$的商品为低档品。正常品可以进一步区分为必需品和奢侈品:$0 < e_M < 1$的商品为必需品;$e_M > 1$的商品为奢侈品。在需求收入弹性的基础上,具体研究食物支出的收入弹性,可以得到恩格尔系数,用来反映一个家庭或国家的富裕程度和生活水平。

供给价格弹性也可以分为弧弹性和点弹性。无论是供给价格弧弹性还是点弹性都可以具体分为五种类型:$e_s > 1$,富有弹性;$e_s < 1$,缺乏弹性;$e_s = 1$,单位弹性;$e_s = \infty$,完全弹性;$e_s = 0$,完全无弹性。

第三章

消费者行为理论

📖学习目标

    了解效用、消费者均衡、消费者剩余、预算线等基本概念;理解需求曲线向右下方倾斜的原因和消费者实现效用最大化的最优选择行为;掌握边际效用分析方法和无差异曲线分析方法。

📖思维导图

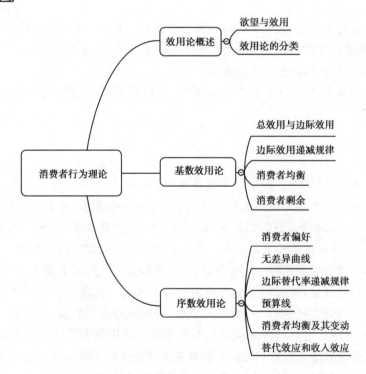

◆案例导入

    对于"幸福是什么"这个问题的答案有许多种。小孩子认为吃到了糖果就是幸福,而老年人却常说,身体健康就是幸福。20 世纪 60 年代时,人们认为能吃饱饭就是幸福。而现在的人们却认为营养全面均衡才是幸福。不同状态的人对于幸福的定义似乎是不同的。

幸福是什么是经济学、社会学、心理学研究的重点内容,许多不同领域的学者对这个问题进行了探索。美国经济学家萨缪尔森曾提出了一个幸福方程式——幸福=效用/欲望,来研究消费者的幸福问题。

思考:1. 幸福取决于什么? 为什么人们对同一事物会有不同的评价?

2. 人们对事物是如何评价的呢?

第一节　效用论概述

一、欲望与效用

在现实生活中,我们时常面临权衡取舍。例如,去食堂吃饭,是吃米饭还是馒头? 体能时间,是练习 400 米障碍跑还是 3 千米负重跑? 自由活动时间,是学习经济学原理还是听音乐放松一下? 而在这些选择的背后,隐含着人们的欲望与商品的效用。那么,什么是欲望,什么是效用呢?

欲望是一个人想要但还没有得到的一种心理感觉。例如,身体感觉到饥饿,想要去吃饭,这是欲望。想要强壮的身体,于是花费时间去锻炼身体,甚至为场地或者专业的指导进行付费,这种想要强壮身体的想法也是欲望。

通常认为欲望来源于人的生理或心理需求,马斯洛的需求层次理论很好地阐释了这一点。

◆名人有约

亚伯拉罕·马斯洛(1908—1970),美国著名社会心理学家,提出了人本主义心理学及马斯洛需求层次理论。马斯洛需求层次理论认为,人作为一个整体,有多种动机和需要,可将需要按照层次分为生理需要、安全需要、归属与爱的需要、自尊需要、自我实现需要。当低层次的需要满足后,才能满足高层次的需要。其研究为超个人心理学的应用开辟了道路。

效用指的是对欲望的满足程度。去食堂,用货币购买了米饭或者馒头并吃了下去,此时通过交换使欲望得到满足,米饭和馒头的效用得到了体现。去健身房锻炼或者通过专业的指导服务,使自己的体能得到提升,身体更加强壮,此时欲望也得到满足,健身房提供的锻炼场所、专业化的指导服务对消费者来说都是有效用的。效用其实是消费者对商品或者服务的主观评价。商品或者服务具有可以满足消费者某些欲望的功能而导致了交换行为。而消费者面对权衡取舍的时候,比较的是不同商品或者服务的效用。

二、效用论的分类

既然消费者面对权衡取舍的时候,比较的是不同商品或者服务的效用。那么在效用的比较中,就涉及大小的问题。效用大,即满足程度高,效用小,即满足程度低。那么如何对效用大小进行衡量呢? 在这一衡量的过程中,西方经济学家提出了两种效用比较理论:基数效用论与序数效用论。

基数效用论认为效用是可以直接度量的,存在绝对的效用量的大小。例如吃一个馒头的效用是 5 个单位,看一场电影的效用是 20 个单位。那么看一场电影的效用就大于吃一个馒头的效用。同时基数效用论者认为效用可以相加,通过绝对效用量的加总来确定消费者获得的全部效用。

序数效用论认为效用不可以直接度量,效用是人们心中欲望满足程度的度量,不同的人对同一商品或服务涉及主观评价,效用评价结果往往不同,很难确定一个效用的具体数值。同时用效用的排序更符合人们面对权衡取舍时的心理状态。例如,对于某个人,在非饥饿状态下,看一场电影比吃一个馒头的效用要大。此时,消费者更愿意花钱去看电影,而不是去购买馒头。这样,效用的比较通过先后顺序得到了体现。

第二节　基数效用论

一、总效用与边际效用

基数效用论者运用边际效用分析法分析消费者行为,涉及总效用与边际效用的概念。

总效用指的是消费者在一段时间内,消费商品或服务而获得的效用量的总和。而边际效用指的是消费者在一段时间内,增加一单位商品或服务消费而获得的效用量。

这里用一个例子来说明总效用与边际效用之间的关系。小李每天都会喝牛奶,但是每多喝 1 盒牛奶所增加的效用是不同的。表 3-1 是小李某天喝下不同数量牛奶时所获得的总效用与边际效用。例如,当喝下第 1 盒牛奶时,他获得的总效用为 10,边际效用为 10。因为此时的总效用与之前的总效用之差为 10−0＝10。当喝下 5 盒牛奶时,他获得的总效用达到最大值 30,而第 5 盒牛奶的边际效用为 2。因为此时的总效用与之前的总效用之差为 30−28 ＝2。

表 3-1　小李消费牛奶的总效用与边际效用

牛奶消费量	总效用	边际效用
0	0	
1	10	10

续表

牛奶消费量	总效用	边际效用
2	18	8
3	24	6
4	28	4
5	30	2
6	30	0
7	28	-2

对于这样的关系,我们用更一般的函数来表示:

$$TU = U(Q) \tag{3-1}$$

式(3-1)表示总效用(Total Utility)与消费量之间的函数关系。

$$MU = \frac{\Delta TU(Q)}{\Delta Q} \tag{3-2}$$

式(3-2)表示边际效用(Marginal Utility)等于每增加一单位消费量所带来的总效用的增加量。严格来说,边际效用是通过消费量的微小改变来定义的。

当消费量的增加量趋于无穷小,即 $\Delta Q \to 0$ 时有:

$$MU = \lim_{\Delta Q \to 0} \frac{\Delta TU(Q)}{\Delta Q} = \frac{dTU(Q)}{dQ} \tag{3-3}$$

根据数学关系及分析,我们可得以下结论:

①$MU = TU' = U'(Q)$。 $\tag{3-4}$

②每一单位商品的边际效用之和等于这些商品的总效用。

二、边际效用递减规律

对表3-1观察可以发现,随着小李牛奶消费量的增加,其获得的总效用先增加后减少,但是边际效用是递减的。为什么会产生这种现象呢?

我们可以以这种方式去解释:最开始小李处于饥饿的状态,很希望能饮用到牛奶。当饮用第一盒牛奶时,其欲望得到了很大的满足,效用增加很多。当饮用第二盒牛奶时,小李有了一定的饱腹感,第二盒牛奶满足小李欲望的程度显然不如第一盒牛奶(因为已经饮用了一盒牛奶)。所以其总效用是增加的,但是第二盒牛奶的边际效用却没有第一盒牛奶的边际效用大。当饮用了6盒牛奶后,小李已经很饱了,此时小李不再想饮用任何牛奶,所以当饮用第七盒牛奶时,边际效用为负。

此时,我们可以对边际效用递减规律进行总结。

边际效用递减规律指的是:在其他商品或服务的消费量保持不变的前提下,一定时间内,随着消费者对某种商品或服务的消费量的增加,消费者从该商品或服务每增加的单位消费中所得到的效用增加量是递减的。

通过图示我们可以更直观地理解这一点。将表3-1中小李饮用牛奶的例子的数据描绘在以牛奶消费量为横轴、以总效用和边际效用为纵轴的平面坐标系中,如图3-1所示。

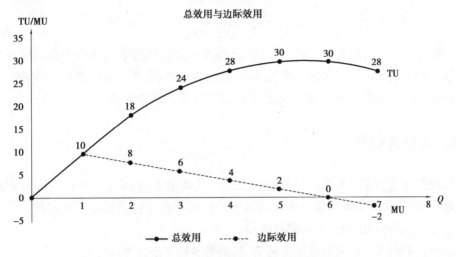

图 3-1 总效用与边际效用示意图

三、消费者均衡

消费者在面临权衡取舍时一定是基于理性人假设的,即在既定的预算前提下,实现其最大化效用。当效用最大时,各商品或服务的单位价格边际效用应该相等;否则,消费者会购买单位价格边际效用大的商品或服务,以提高其获得的效用。

也可以说,消费者在既定收入条件下,会把有限的货币收入分配到不同数量的商品或服务中,使其在不同商品或服务中的边际效用相等。

此时,消费者实现了最大效用。消费者达到不想调整任何商品或服务的购买数量的状态,此时,我们称消费者处于均衡状态,简称消费者均衡。

对上述行为进行数学抽象。

消费者用既定的收入 I 购买 n 种商品。$P_1, P_2, \cdots, P_n$ 分别为 n 种商品的既定价格,λ 为不变的货币的边际效用。$X_1, X_2, \cdots, X_n$ 分别表示 n 种商品的数量,$MU_1, MU_2, \cdots, MU_n$ 分别表示 n 种商品的边际效用,则上述的消费者效用最大化的均衡条件可以用公式表示为:

$$P_1X_1 + P_2X_2 + \cdots + P_nX_n = I \tag{3-5}$$

$$\frac{MU_1}{P_1} = \frac{MU_2}{P_2} = \cdots = \frac{MU_n}{P_n} \tag{3-6}$$

那么消费者在进行权衡取舍时,会如何决策呢? 此时应将货币的效用考虑进来。

继续以小李同学消费牛奶为例。假设货币的边际效用保持不变,比如 $\lambda = 2$,小李需要用 3 元购买一盒牛奶,当购买第一盒牛奶时,小李的效用为 10 个效用单位。此时小李的单位货币效用是 10/3 大于 2,此时若购买牛奶,小李的收益大于代价,根据理性人假设,小李会购买第一盒牛奶。当购买第二盒牛奶时,可以获得 8 个单位的效用,小李的单位货币效用是 8/3 大于 2,根据理性人假设,小李继续购买牛奶。直至决策是否购买第四盒牛奶时,此时的单位货币效用为 4/3 小于 2,则小李不会购买第四盒牛奶了。因此,在牛奶价格为 3 元时,小李在理性人假设的前提下会购买三盒牛奶。

则式(3-6)可进一步表示为:

$$\frac{MU_1}{P_1} = \frac{MU_2}{P_2} = \cdots = \frac{MU_n}{P_n} = \lambda \tag{3-7}$$

λ 为单位货币的边际效用。式(3-7)表示收入一定的条件下消费者实现效用最大化的均衡条件。即消费者应选择最优的商品组合,通过这种选择,可以使自己花费在各种商品或服务上的最后一元钱所带来的边际效用相等,且等于货币的边际效用。

四、消费者剩余

商品或服务的需求价格取决于其边际效用。具体地说,如果某一单位的某种商品的边际效用越大,则消费者为购买这一单位的该种商品所愿意支付的最高价格就越高。根据这一结论,我们可以推导出消费者的需求曲线。

考虑消费者购买一种商品或服务的情况,消费者均衡条件可以写为:

$$\frac{MU}{P} = \lambda \tag{3-8}$$

由于单位商品或服务的价格占消费者总收入量很小的一部分,当消费者购买某种商品或者服务的数量发生较小变化时,支出的货币的边际效用变化很小,因此我们假定货币的边际效用不变。那么在此前提下,由于存在边际效用递减规律,商品的需求价格 P 必然随着边际效用 MU 的减少而减少。

于是,根据货币的边际效用 λ 和商品的边际效用 MU,我们便可以找到价格 P 与购买数量 Q 之间的关系。以小李消费牛奶为例,我们对此进行统计,见表3-2。

表3-2　小李对牛奶的需求

牛奶消费量	总效用(TU)	边际效用(MU)	牛奶的价格(P)	货币的边际效用(λ)
0	0	—	6	2
1	10	10	5	2
2	18	8	4	2
3	24	6	3	2
4	28	4	2	2
5	30	2	1	2
6	30	0	0	2
7	28	−2	—	2

对表3-2我们还可进行如下解释。

假定货币的边际效用 $\lambda = 2$,为了实现 $\frac{MU}{P} = \lambda$ 的均衡条件,当小李的消费量为 1 盒时,边际效用为 10 个效用单位,则小李为购买第一盒牛奶所愿意支付的最高价格为 5 元(即 $10 \div 2 = 5$)。当小李的消费量增加为 2 盒时,边际效用递减为 8 个效用单位,则小李为购买第二单位的商品所愿意支付的最高价格降为 4 元(即 8÷2＝4),以此类推,直至牛奶的消费量增加为 5 盒时,边际效用减为 2 个效用单位,小李为购买第五盒牛奶愿意支付的最高价格为 1 元(即 2 ÷2＝1)。到第六盒时,边际效用为 0 效用单位,小李不再购买。

对此我们可以用图 3-2 画出小李对牛奶的需求曲线。

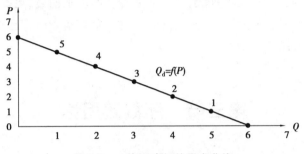

图 3-2 小李对牛奶的需求曲线

图 3-2 中的横轴表示小李购买牛奶的数量,纵轴表示小李愿意支付的最高价格。通过观察可知,需求曲线 $Q_d=f(P)$ 是向右下方倾斜的,这符合边际效用递减规律。概括来说,需求曲线表示:商品或服务的需求量随商品或服务的价格的下降而增加、上升而减少,即商品或服务的需求量与价格呈反方向变动关系。

消费者愿意支付的最高价格与消费者实际支付的价格是不一样的。以小李为例,例如市场上牛奶的价格为 3 元,而小李为购买第一盒牛奶愿意支付的最高价格为 5 元,实际支付 3 元,存在 2 元的差额,他会感到物有所值。为购买第二盒牛奶愿意支付的最高价格为 4 元,实际支付 3 元,存在 1 元的差额,会继续购买。为购买第三盒牛奶愿意支付的最高价格为 3 元,与市场价格相等,购买停止。此时,小李一共购买三盒牛奶,获得的总差额为 3 元(2+1＝3)。这个总差额 3 元即为小李购买三盒牛奶的消费者剩余。

一般来说,市场价格对消费者而言是给定的,所以在消费者愿意支付的最高价格和市场价格之间存在一定的差额,这个差额可以理解为"心理预期"。即消费者在购买一定数量的商品或服务时愿意支付的最高总价格和实际支付的总价格之间的差额,我们称为消费者剩余(Consumer Surplus,CS)。

推广到更一般的情况,需求曲线为连续的,此时消费者剩余为市场价格水平线与需求曲线之间的面积,如图 3-3 所示。

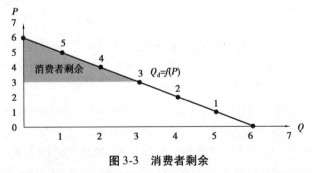

图 3-3 消费者剩余

消费者剩余可以通过面积求得,运用微积分的知识,用数学表达式可表示为:

$$CS = \int_0^{Q_0} f(Q)\,dQ - P_0 Q_0 \tag{3-9}$$

式中,CS 为消费者剩余的英文简写;P_0 为市场价格,即消费者实际支付价格;Q_0 为消费者的需求量,即消费者的实际购买量。

通过小李购买牛奶的例子我们得到了单个消费者的需求曲线,可以将其推广至全体消费者,即整个市场的情况。因为对于任一价格,市场上总有消费者存在支付意愿,以符合其效用最大化的均衡条件。

第三节　序数效用论

一、消费者偏好

消费者对商品或服务进行权衡取舍时,是基于偏好的假定。消费者偏好指的是消费者对商品或服务组合进行选择时,具有一定的倾向性,正是因为这种倾向性,使消费者对不同商品或服务的效用水平评价不同。西方经济学对于偏好的假定构成了效用比较的前提。关于偏好的假定如下。

①消费者可以对任一商品或服务的组合进行排序。假设给定 A、B 两种商品的组合方案,消费者可以对 A 和 B 做出偏好选择。可能的情况包括三种:消费者更偏好 A;消费者更偏好 B;消费者认为 A 和 B 无差异。

②消费者的偏好具有传递性,对于任何三种商品或服务的组合 A、B 和 C,如果消费者对 A 的偏好大于对 B 的偏好,同时对 B 的偏好又大于对 C 的偏好,那么,在 A、C 这两种组合中,消费者必定对 A 的偏好大于对 C 的偏好。

③消费者总是偏好含有这种商品数量较多的那个商品组合。

④消费者偏好更具有多样性的商品组合。

二、无差异曲线

消费者对商品或服务的偏好可以用无差异曲线来表示。为方便起见,假设消费者只消费两种商品。我们可以用无差异曲线表示能够给消费者带来相同的效用水平或满足程度的两种商品或服务的所有组合。

以小李锻炼体能为例,小李使用两种健身器材锻炼:跑步机与跳绳。每天都用两种器材各自锻炼 30 分钟。可是有一天,跑步机只用了 10 分钟就出现了故障,他只好利用跳绳完成剩下的锻炼。但是他觉得跳绳锻炼的效率不如跑步机,为达到相同的锻炼效果,他跳绳多用 40 分钟,也就是使用跳绳锻炼 70 分钟,加上使用跑步机锻炼 10 分钟,他一共锻炼了 80 分钟。那么,跑步机锻炼 30 分钟、跳绳锻炼 30 分钟和跳绳锻炼 70 分钟、跑步机锻炼 10 分钟这两种方案对小李来说是无差异的,如图 3-4 所示。

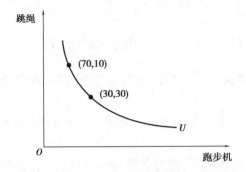

图 3-4　小李使用跑步机与跳绳的无差异曲线

根据我们对偏好的假定,在两种商品构成的二维平面图中,平面任意一点所表示的效用应在一条无差异曲线上,如图 3-5 所示,并且我们可以得到以下性质。

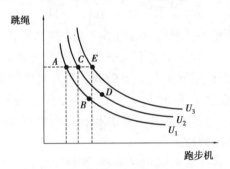

图 3-5　无差异曲线

①在同一坐标平面上可以有无数条无差异曲线,离原点越远的无差异曲线代表的效用水平越高,离原点越近的无差异曲线代表效用的水平越低。

②在同一坐标平面上,任意两条无差异曲线不会相交。如果相交,根据无差异曲线的定义,两条无差异曲线的效用水平应该相同,此时任取这两条曲线上除交点外的一点,都存在商品数量高低的情况。这与有关消费者偏好的基本假定相矛盾。

③无差异曲线是向右下方倾斜的。由于无差异曲线上任意点的效用水平相同,因此随着一种商品数量的增加,此种商品获得的效用水平提升,另一种商品的数量必须减少才能保持不变的效用水平。

④无差异曲线是凸向原点的。凸向原点代表着斜率的绝对值递减,意味着随着一种商品数量的增加,另一种商品减少的数量越来越少。经济学中,将此称为商品的边际替代率递减规律。

三、边际替代率递减规律

在学习边际替代率递减规律之前,我们首先看一看什么是边际替代率。

回到小李使用跑步机与跳绳锻炼身体的例子。当小李用跳绳代替跑步机时,减少了 20 分钟跑步时长,为保持效用水平不变,增加了 40 分钟跳绳锻炼时长。此时在小李看来,20 分钟的跑步时长和 40 分钟的跳绳时长就有了一定的替代作用。那么我们规定,用跳绳对跑步机的边际替代率表示二者之间的替代作用,则跳绳对跑步机的边际替代率 MRS(Marginal

Rate of Substitution）为：

$$MRS_{12} = -\frac{\Delta X_2}{\Delta X_1} = -\frac{-20}{40} = 0.5 \tag{3-10}$$

式中，ΔX_1 和 ΔX_2 分别为跳绳和跑步机使用时长的变化量，我们规定边际替代率只能是正数，所以在公式中加了一个负号。

由于商品数量调整存在边际替代的前提是效用水平不变，因此归纳边际替代率的概念如下：

在维持效用水平不变的前提下，消费者增加一单位某种商品的消费数量时所需要放弃的另一种商品的消费数量，被称为商品的边际替代率。

当商品数量的变化趋于无穷小时，则商品的边际替代率公式取极限，公式变为：

$$MRS_{12} = \lim_{\Delta X_1 \to 0} -\frac{\Delta X_2}{\Delta X_1} = -\frac{dX_2}{dX_1} \tag{3-11}$$

此时，无差异曲线在该点的斜率的绝对值等于此点的边际替代率。

商品的边际替代率表示了效用水平不变的前提下，消费者为增加 1 单位一种商品的消费不得不放弃另外一种商品的消费数量。但随着一种商品的消费数量的连续增加，消费者想要获得这种商品的愿望就会减少，他为了多获得一单位的这种商品而愿意放弃的另一种商品的数量就会越来越少。所以在两种商品的替代过程中，存在边际替代率越来越小的现象，我们称为边际替代率递减规律。

具体地说，商品的边际替代率递减规律是指：在保持效用水平不变的前提下，随着一种商品的消费数量的增加，消费者为增加一单位的这种商品的消费所愿意放弃的另一种商品的消费数量是逐渐减少的。

前面所说，无差异曲线在该点的斜率的绝对值等于此点的边际替代率。由于边际替代率递减，因此无差异曲线的斜率绝对值递减。在坐标平面内，可体现为无差异曲线是凸向原点的。

四、预算线

无差异曲线描述的是消费者对于不同商品或服务组合的偏好，但消费者产生购买行为时，不仅与自身的偏好有关，还与自身的收入和商品或服务在市场上的价格有关。我们用预算线来表示这种预算约束。

消费者的预算线又称为预算约束线，表示在消费者的收入和商品或服务的价格给定的条件下，消费者的全部收入所能购买到的各种商品或服务的不同数量组合。

为了简化分析，我们以两种商品为例。假定消费者的收入为 I，全部收入用来购买商品 1 和商品 2。其中，商品 1 的市场价格为 P_1，商品 2 的市场价格为 P_2，则存在以下收入约束：

$$P_1 Q_1 + P_2 Q_2 = I \tag{3-12}$$

以 Q_1、Q_2 消费数量为横纵坐标，预算线如图 3-6 所示。

可以用 $\frac{I}{P_1}$ 和 $\frac{I}{P_2}$ 分别来表示全部收入仅用来购买商品 1 或商品 2 的数量，分别为预算线的横、纵截距。

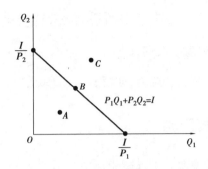

图3-6 消费者的预算约束线

预算线的斜率为两种商品的价格之比的相反数,即$-\dfrac{P_1}{P_2}$,因此,预算线的表达式又可以写为:

$$Q_2 = -\frac{P_1}{P_2}Q_1 + \frac{I}{P_2} \tag{3-13}$$

消费者的预算约束线可以把可供选择的两种商品组合(Q_1,Q_2)划分为三个区域:分别是预算线内、预算线上、预算线外。预算线内任意一点例如A,表示消费者的全部收入在购买该点的商品组合以后还有剩余。预算线上任意一点例如B,表示消费者的全部收入刚好用于购买该商品组合,此时没有剩余。预算线外任意一点例如C,表示消费者的全部收入不能购买到该商品组合。因此,预算约束线是消费者在既定收入下可以购买到的两种商品的最大组合数。

根据式(3-12)可知,当商品的价格或者消费者的收入发生变动时,消费者的预算约束线会发生变动,具体可分为以下三种情况。

情况1:消费者的收入I发生变动,两种商品的价格P_1、P_2保持不变,在这种情况下,预算线的斜率不会变,只会导致横纵轴截距发生变化。在图形上表现为预算线的平行移动,如图3-7(a)所示。

情况2:任一商品的价格P发生变化,而收入I不变。若商品1的价格P_1发生变化,导致商品1所在坐标轴的截距发生变化,商品2所在坐标轴的截距不变。在图形上表现为预算线绕着商品2所在坐标轴的$\dfrac{I}{P_2}$点旋转,如图3-7(b)所示;反之,预算线绕着商品1所在坐标轴的$\dfrac{I}{P_1}$点旋转。

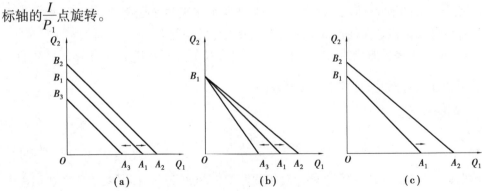

图3-7 预算线的变动

情况 3:消费者的收入 I 发生变动,商品价格 P 也发生变动。若消费者的收入 I 与两种商品的价格 P_1 和 P_2 都同比例发生变动,由于 $-\dfrac{P_1}{P_2}$、$\dfrac{I}{P_2}$ 不变,此时预算线不发生变化。若非同比例发生变动,预算线既会平移又会旋转,如图 3-7(c)所示。

五、消费者均衡及其变动

根据理性人假设,理性的消费者会在既定收入下寻求最大化的效用,那么,则可以将消费者的无差异曲线和预算线结合在一起,分析消费者在预算约束下,满足最大化效用的购买行为。

消费者的最优购买行为须满足两个条件:第一,最优的商品购买组合必须是能够给消费者带来最大效用的商品组合;第二,最优的商品购买组合必须位于给定的预算线上,如图 3-8 所示。

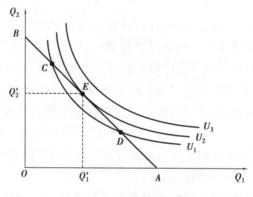

图 3-8　消费者均衡

面对图 3-8 中的一条预算线和三条无差异曲线,我们说,只有预算线和无差异曲线 U_2 的切点 E,才是消费者在给定的预算约束下能够获得最大效用的均衡点。在均衡点 E 处,相应的最优购买组合为 (Q_1', Q_2')。

为什么 E 点才是消费者效用最大化的均衡点呢?对于无差异曲线 U_3 来说,虽然 U_3 的效用水平高于 U_2,但其与既定的预算线相离。相离代表消费者的收入无论如何分配给不同商品的组合,都无法达到无差异曲线 U_3 的效用水平。对于无差异曲线 U_1 来说,虽然它与既定的预算线相交于 C、D 两点,但是,这两点的效用水平低于无差异曲线 U_2。因此,唯有预算线与无差异曲线相切的点才是使消费者达到效用最大化的均衡点。

我们已经知道,无差异曲线的斜率的绝对值就是商品的边际替代率 MRS_{12},预算线的斜率的绝对值可以用两种商品的价格之比 $\dfrac{P_1}{P_2}$ 来表示。

由此,在均衡点 E 有

$$\mathrm{MRS}_{12} = \frac{P_1}{P_2} \tag{3-14}$$

此为消费者效用最大化的均衡条件。对于均衡条件,也可以这样理解:消费者在均衡点上,愿意用一单位的某种商品去交换另一种商品的数量(即 MRS_{12}),应该等于该消费者能够在市场上用一单位这种商品去交换得到的另一种商品的数量即 $\dfrac{P_1}{P_2}$。

六、替代效应和收入效应

一种商品的价格变动会引起该商品需求量的变动,但是在实际生活中,应考虑多种商品相对价格的变动和相对收入的变动。在这些影响下,消费者对商品需求量的变动情况需要具体分析。我们将一种商品的价格变动会引起该商品需求量的变动因素分解为替代效应和收入效应两部分进行分析。

如果一种商品的价格上升,使这种商品相对于其他价格不变的商品来说,较以前更贵了。商品相对价格的这种变化,会使消费者减少对这种商品的购买,而增加其他价格不变商品的购买以保持不变的效用水平,这是替代效应。

当一种商品的价格上升时,而消费者的货币收入不变,表示现有的货币收入的购买力降低了,也就是说实际收入水平下降了,此时消费者会减少几乎所有商品(包括价格上升的商品)的购买量,这是收入效应。

以上的例子中,一种商品价格上升,在替代效应和收入效应的影响下,都会减少对该商品的需求量。那么是不是所有商品替代效应和收入效应的影响结果都是同方向的呢?

我们将商品分为正常物品和低档物品两类。二者之间的区别主要体现在:正常物品的需求量随着消费者收入水平的提高而增加,随着消费者收入水平的下降而减少。低档物品的需求量随着消费者收入水平的提高而减少,随着消费者收入水平的下降而增加。

一正常物品价格上升,导致消费者实际收入水平下降,消费者减少对该正常物品的需求量;反之则增加。也就是说,在收入效应的作用下,正常物品的需求量与价格呈反方向变动。一低档物品价格上升,导致消费者实际收入水平下降,消费者会增加对该低档物品的需求量;反之则减少。也就是说,在收入效应的作用下,低档物品的需求量与价格呈同方向变动。

当一正常物品价格上升时,消费者会减少对该商品的购买量,转而购买其他商品。也就是说,在替代效应的作用下,正常物品的需求量与价格呈反方向变动。当一低档物品价格上升时,消费者会减少对该商品的购买量,转而购买其他商品。也就是说,在替代效应的作用下,低档物品的需求量与价格呈反方向变动。

我们看到,对于正常物品,收入效应和替代效用具有相同的作用方向。对于低档物品,收入效应和替代效应具有相反的作用方向。在替代效应的影响下,需求量与价格呈反方向变动;在收入效应的影响下,需求量与价格呈同方向变动。

在大多数的情况下,收入效应的作用小于替代效应的作用,从而需求量与价格呈反方向变动,相应地需求曲线向右下方倾斜。但在少数情况下,某些低档物品的收入效应的作用会大于替代效应的作用,就会出现违反需求曲线向右下方倾斜的现象,例如吉芬物品。

◆生活中的实例

1845 年爱尔兰发生灾荒,土豆价格上升,英国人吉芬发现土豆需求量反而增加了。这一现象在当时被称为"吉芬难题"。这类需求量与价格呈同方向变动的特殊商品以后也因此被称作吉芬物品。

对于吉芬物品的解释是：收入效应的作用超过了替代效应的作用，从而使需求量与价格呈同方向的变动，从而导致吉芬物品的需求曲线呈现出向右上方倾斜的现象。

正常物品、低档物品和吉芬物品的替代效应和收入效应所得到的结论见表3-3。

表3-3　商品价格变化所引起的替代效应和收入效应

商品类别		替代效应需求量与价格的关系	收入效应需求量与价格的关系	总效应需求量与价格的关系	需求曲线的形状
正常物品		反方向变化	反方向变化	反方向变化	向右下方倾斜
低档物品	普通低档品	反方向变化	同方向变化	反方向变化	向右下方倾斜
	吉芬物品	反方向变化	同方向变化	同方向变化	向右上方倾斜

◆本章小结

消费者选择理论分为基数效用论和序数效用论。基数效用论者运用边际效用分析，序数效用论者运用无差异曲线分析，其中后者居于主流地位。

边际效用递减规律指的是：在其他商品或服务的消费量保持不变的前提下，一定时间内，随着消费者对某种商品或服务的消费量的增加，消费者从该商品或服务每增加的单位消费中所得到的效用增加量是递减的。

以边际效用递减规律为基础，消费者效用最大化的均衡条件是：通过选择，可以使自己花费在各种商品或服务上的最后一元钱所带来的边际效用相等，且等于货币的边际效用。

序数效用论运用无差异曲线分析消费者行为。在消费者效用最大化的均衡点上，两种商品的边际替代率等于两种商品的价格之比，无差异曲线的斜率和预算线的斜率相等。

需求曲线上与每一个价格水平相联系的商品需求量，都是可以给消费者带来最大效用的最优消费量，由一个商品市场上所有消费者的需求曲线水平加总，可以得到该商品市场的需求曲线。

消费者剩余是消费者在购买一定数量的某种商品或服务时愿意支付的最高总价格和实际支付的总价格之间的差额。

物品可以分为正常物品与低档物品，吉芬物品是低档物品的一种。对其区分的依据是物品价格变化所带来的替代效应和收入效应以及总效应的变化情况。商品的总效应等于替代效应加收入效应。

第四章

生产与成本理论

📖 学习目标

　　了解厂商生产过程中短期与长期的含义及区分标准;理解厂商短期生产理论、边际报酬递减规律,长期生产理论、规模报酬变化规律,短期成本理论,长期成本理论。

📖 思维导图

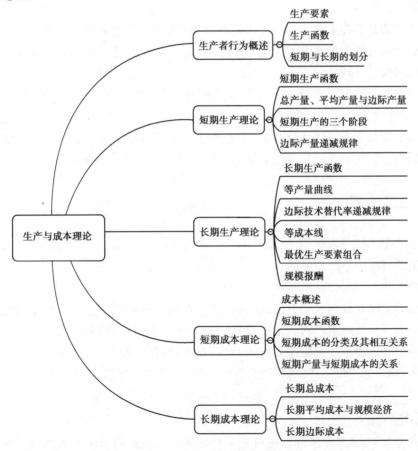

◆案例导入

经济学家马尔萨斯在其《人口论》中得出了一个著名的论断,随着人口的膨胀,需要越来越多的劳动耕种土地。地球上有限的土地将无法提供足够的食物,最终会产生大的饥荒。幸运的是,历史证明马尔萨斯的观点并没有成为现实。20世纪以来,科学技术在农业生产领域广泛应用,极大地改变了许多国家的食物生产方式。

思考:1.马尔萨斯为什么会做出这样的论断呢?
2.科学技术的发展又是怎样影响马尔萨斯的结论呢?

第一节　生产者行为概述

一、生产要素

为了便于研究和分析,经济学中一般把各种不同类型的生产要素划分为劳动、土地、资本和企业家才能四种类型。

劳动是指劳动者在生产过程中提供的体力上和脑力上的各种服务的总和。

土地指的不仅仅是狭义上的土地本身,广义上还指地上地下一切自然资源,包括矿藏、石油、森林、河流、海洋等。

资本指的是生产过程中投入的物品和货币资金等,如厂房、机器设备、动力燃料、原材料、流动资金等。

企业家才能是指建立、组织和经营企业的企业家所表现出来的发现市场机会并组织各种投入的能力。企业家通过对生产要素的运用向消费者提供产品或服务。

二、生产函数

在特定的生产技术条件下,厂商把生产要素组合在一起运用,生产出有形产品或无形产品。那么生产过程中生产要素的投入量和产品的产出量就存在一定的关系,我们用生产函数表示这种关系。

生产函数表示在技术水平不变的情况下,厂商在一定时期的生产过程中所使用的各种生产要素的数量与所能生产的最大产量之间的关系。值得注意的是,任何生产函数都以一定时期内的生产技术水平不变作为前提条件,在此条件下得到最大产量。一旦生产技术水平发生变化,原有的生产函数就会发生变化。新的产量可能更大,也可能更小。

◆生活中的实例

在生产过程中,厂商会尽可能使用有效的技术。新产品的发明可以看作技术进步的一种形式。在汽车的生产过程中，劳动和原材料提供情况不变，但通过技术进步，例如使用机械手臂代替人工安装可以增加汽车的产量。

假定一个厂商在生产过程中投入的劳动、资本、土地、企业家才能等生产要素的数量分别是：L、K、N、E。Q 表示所能生产的最大产量，则生产函数可以写成以下形式：

$$Q=f(L,K,N,E) \tag{4-1}$$

在经济学中，为了简化分析，通常假定生产中只使用劳动和资本这两种生产要素。所以，生产函数常写成以下形式：

$$Q=f(L,K) \tag{4-2}$$

值得注意的是，生产函数表示在生产过程中，投入量和产出量之间的关系。这种关系广泛存在于各种厂商中。

三、短期与长期的划分

生产要素的投入过程与时间是有关的。例如厂房、机器设备，一旦投入，就会在一段时间内持续利用。而资金、原材料等，厂商可以随时调整其数量，因此，在生产理论中，可以分为短期生产理论和长期生产理论。

短期指生产者来不及调整全部生产要素的数量，至少有一种生产要素的数量是固定不变的时间周期。

长期指生产者可以调整全部生产要素的数量的时间周期。

生产要素投入可以分为不变投入和可变投入。不变投入指的是不能或来不及调整的生产要素，如厂房、机器设备等。可变投入指的是可以调整的生产要素，如原材料、劳动等。在短期内，生产要素可能调整，也可能不能或来不及调整，所以生产要素可能是不变投入，也可能是可变投入。而在长期内，生产者可以调整全部的要素投入，所以均为可变投入。

这里需要说明的是，尽管短期与长期的划分与时间有关，但是在经济学的分析过程中，并没有一个严格的时间范围划分短期与长期。短期与长期划分的依据取决于厂商能否对全部生产要素投入的数量进行调整。不同厂商生产的短期和长期，往往是不同的。

微观经济学中，短期生产理论通常以厂商的一种可变生产要素的生产函数进行分析，长期生产理论以厂商的两种可变生产要素的生产函数进行分析。

第二节　短期生产理论

一、短期生产函数

假定厂商在短期生产中，可以根据生产的需要，随时调整劳动投入的数量，而无法调整资本投入的数量，那么劳动此时是可变要素投入，资本的投入量保持不变，则生产函数可

写为:

$$Q=f(L,\bar{K}) \tag{4-3}$$

资本投入量用 $\bar{K}$ 表示,$\bar{K}$ 是固定的;劳动投入量用 L 表示,L 是可变的。

二、总产量、平均产量与边际产量

短期生产函数式(4-3)表示在资本投入量固定时,劳动投入量与最大产量之间的关系。在此基础上,我们可定义三个重要的产出概念:总产量(Total Product,TP)、平均产量(Average Product,AP)和边际产量(Marginal Product,MP)。以劳动为例,当劳动作为可变要素时:

劳动的总产量 TP_L 指一定的劳动投入量可以生产出的最大产量。它的定义公式为:

$$TP_L=f(L,\bar{K}) \tag{4-4}$$

劳动的平均产量 AP_L 指每单位的劳动投入量所能生产的产量。它的定义公式为:

$$AP_L=\frac{TP_L(L,\bar{K})}{L} \tag{4-5}$$

劳动的边际产量 MP_L 指增加一单位劳动投入量所能增加的产量。它的定义公式为:

$$MP_L=\frac{\Delta TP_L(L,\bar{K})}{\Delta L} \tag{4-6}$$

当然,如果根据生产的需要,随时调整资本投入的数量,而无法调整劳动投入的数量,相应地,短期生产函数为:

$$Q=f(\bar{L},K) \tag{4-7}$$

资本的总产量 TP_K 为:

$$TP_K=f(\bar{L},K) \tag{4-8}$$

资本的平均产量 AP_K 为:

$$AP_K=\frac{TP_K(\bar{L},K)}{K} \tag{4-9}$$

资本的边际产量 MP_K 为:

$$MP_K=\frac{\Delta TP_K(\bar{L},K)}{\Delta K} \tag{4-10}$$

三、短期生产的三个阶段

我们考察一工厂生产迷彩服的情形。该工厂有一般的生产技术,拥有一定量的资本。表4-1给出该工厂劳动投入量与迷彩服产出量之间的关系。

表 4-1 工厂的生产函数

劳动投入量(人)	迷彩服总产量(件)	边际产量(件)	平均产量(件)
0	0		
1	500	500	500.0
2	1 250	750	625.0
3	1 750	500	583.3
4	2 150	400	537.5
5	2 350	200	470.0
6	2 400	50	400.0
7	2 400	0	342.9
8	2 350	−50	293.8

将工厂的生产函数描绘在以劳动投入量为横轴、产量为纵轴的坐标系中,如图 4-1 所示,并根据短期生产的总产量曲线、平均产量曲线和边际产量曲线之间的关系将短期生产划分为三个阶段。

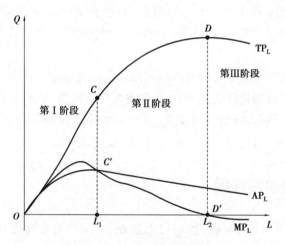

图 4-1 短期生产函数的三个阶段

在第 I 阶段,即劳动投入量从零增加到 L_1 的区间,生产函数曲线的特征表现为以下四方面。

①劳动的总产量一直是增加的。

②劳动的边际产量先是上升,到达最大值后,开始下降。

③劳动的平均产量一直是上升的,直到达到最大值。

④劳动的边际产量大于劳动的平均产量。

在第 I 阶段,生产函数这一特征可以解释为:厂商只要增加可变要素劳动的投入量,就可以较大幅度地增加总产量。考虑短期生产函数可知,不变要素资本的投入量相对是过剩的,厂商增加可变要素劳动的投入量是有利的。所以,任何理性的厂商都会增加可变要素劳动的投入量,以增加总产量。

在第Ⅲ阶段,即劳动投入量从 L_2 开始继续增加的区间,生产函数曲线的特征表现为以下四方面。

①劳动的总产量是下降的。

②劳动的边际产量下降,且为负值。

③劳动的平均产量继续下降。

④劳动的边际产量小于劳动的平均产量。

在第Ⅲ阶段,生产函数这一特征可以解释为:可变要素劳动的投入量相对过多,减少可变要素劳动的投入量对厂商是有利的。所以,理性的厂商会减少劳动投入量,退回到第Ⅱ阶段,以摆脱总产量下降的局面。

在第Ⅱ阶段,即劳动投入量从 L_1 增加到 L_2 的区间,生产函数曲线的特征表现为以下四方面。

①劳动的总产量一直是增加的,并且在 L_2 处达到最大值。

②劳动的边际产量是下降的,并且在 L_2 处达到"0"点。

③劳动的平均产量一直是下降的。

④劳动的边际产量与劳动的平均产量在起点处相交,达到劳动的平均产量的最高点。除起点外,劳动的边际产量小于劳动的平均产量。

在第Ⅱ阶段,生产函数这一特征可以解释为:在劳动的边际产量小于劳动的平均产量时,劳动的平均产量开始下降,在此阶段,劳动的总产量仍然上升。在此区间内,厂商会选择适合的劳动投入量。

需要说明的是:生产要素的合理投入区只给出了厂商短期生产的决策区域,并没有说明最优投入量。其实,厂商的最优投入点还与产品本身的价格、要素本身的价格有关,还要结合成本、收益、利润进行深入分析。事实上,在产品价格既定的前提下,劳动的工资率越高,企业的劳动投入量越少,最优投入量越接近于 L_1;反之,越接近于 L_2。

四、边际产量递减规律

通过对表4-1和图4-1的观察,我们可以发现:边际产量表现出先上升后下降的特征。这种特征被称作边际产量递减规律或边际报酬递减规律。

边际产量递减规律指的是:在技术水平保持不变的条件下,如果生产过程中,只有一种生产要素为可变生产要素,其他生产要素均为不变生产要素,随着可变生产要素投入量的增加,每增加一单位该要素所带来的产量增加量先是逐渐递增的,增加到一定程度后,每增加一单位该要素所带来的产量增加量是逐渐递减的。

边际产量递减规律成立的原因在于:在可变要素投入量很低时,不变要素相对过剩,增加可变要素投入数量可使不变要素得到更有效的使用。但当可变要素投入量很高时,不变要素相对短缺,制约生产的因素由可变要素变为不变要素,所以呈现出边际产量先增加后减少的现象。

需要注意的是:边际产量递减规律需要在生产技术和其他生产要素投入数量保持不变的前提下才会成立。如果不满足这一前提条件,可能会出现边际产量递增的情况。

第三节　长期生产理论

一、长期生产函数

在长期中,所有的生产要素的投入量都是可调整的。为了简化分析,通常以两种可变生产要素为例,来研究长期生产函数。假定生产者使用劳动和资本两种可变生产要素来生产一种产品,则长期生产函数可为式(4-2)。

二、等产量曲线

与无差异曲线类似,在生产理论中,经济学家通常用等产量曲线来研究长期生产。等产量曲线是在技术水平不变的条件下,生产相同产量所需的两种生产要素的所有不同投入量的组合所描绘的一条曲线。

以常数 Q_0 表示既定的产量水平,(L,K) 表示劳动和资本的投入组合,则这一产量 Q_0 的等产量曲线可以表示为:

$$Q = f(L,K) = Q_0 \tag{4-11}$$

将等产量曲线描绘在由劳动 L 和资本 K 构成的坐标平面上,如图 4-2 所示。

等产量曲线通常有以下四方面特征。

①在同一坐标平面上可以有无数条等产量曲线,离原点越远的等产量曲线代表的产量越高,离原点越近的等产量曲线代表的产量越低。

②在同一坐标平面上,任意两条等产量曲线不会相交。在生产技术水平保持不变的情况下,一个特定的生产要素组合所能生产的最大产量只有一个。

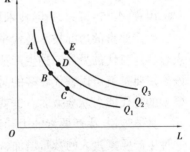

图 4-2　等产量曲线

③等产量曲线是向右下方倾斜的。由于等产量曲线上任一点的产量相同,因此随着一种生产要素的增加,另一种生产要素的数量必须减少才能保持不变的产量,以符合等产量曲线的含义。

④等产量曲线是凸向原点的。凸向原点代表着斜率的绝对值递减,意味着随着一种生产要素数量的增加,另一种生产要素减少的数量越来越小。经济学中,将此称为生产的边际技术替代率递减规律。

三、边际技术替代率递减规律

在学习边际技术替代率递减规律之前,我们首先看一看什么是边际技术替代率。

在图 4-2 中,为了生产 Q_1 单位的产量,厂商可以选取 Q_1 曲线上任意一点的劳动和资本的数量组合。当厂商沿着等产量曲线 Q_1 由 A 点下滑至 B 点时,厂商需要不断增加劳动投入量以替代资本投入量。当厂商沿着等产量曲线 Q_1 由 C 点上滑至 B 点时,厂商需要不断增加资本投入量以替代劳动投入量。这意味着,厂商可以通过对两要素之间的相互替代,来维持一个既定的产量水平。在产出水平保持不变的前提下,厂商增加一单位生产要素 L 的投入量时所代替的另外一种生产要素 K 的投入量为边际技术替代率,用 $MRTS_{LK}$ 表示。因此,劳动对资本的边际技术替代率的公式可表示为:

$$MRTS_{LK} = -\frac{\Delta K}{\Delta L} \tag{4-12}$$

式中,ΔK 为资本投入量的变化量;ΔL 为劳动投入量的变化量。我们规定边际技术替代率只能是正数,所以在公式前加了一个负号。

当等产量曲线上劳动投入量的变化量和资本投入量的变化量趋于无穷小时,劳动对资本的边际技术替代率公式变为:

$$MRTS_{LK} = \lim_{\Delta L \to 0} -\frac{\Delta K}{\Delta L} = -\frac{dK}{dL} \tag{4-13}$$

此时,等产量曲线在该点的斜率的绝对值等于此点的边际技术替代率。

对于一条给定的等产量曲线,因产量为一定值,当用劳动投入量去替代资本投入量时,由增加劳动投入量所带来的总产量的增加量和由减少资本投入量所带来的总产量的减少量必定是相等的,因此有:

$$\left| \Delta L \cdot MP_L \right| = \left| \Delta K \cdot MP_K \right| \tag{4-14}$$

经过变换,式(4-12)可转化为

$$MRTS_{LK} = -\frac{\Delta K}{\Delta L} = \frac{MP_L}{MP_K} \tag{4-15}$$

由式(4-15)可知,边际技术替代率可表示为两要素的边际产量之比。

生产要素的边际技术替代率表示在产量不变的前提下,厂商每增加一单位该要素的投入量所能替代的另外一种生产要素的数量。在一种生产要素投入量较少的情况下,少量的该生产要素就可以替代较多的另一种生产要素。但随着一种生产要素的连续增加,该生产要素的替代能力就会减弱。这就是边际技术替代率递减规律。

具体地说,生产要素的边际技术替代率递减规律是指:在保持产量不变的前提下,随着一种生产要素投入的数量增加,每一单位这种要素所能替代的另一种要素的数量是递减的。

前面提到,等产量曲线在该点的斜率的绝对值等于此点的边际技术替代率。由于边际技术替代率递减,因此等产量曲线的斜率绝对值递减。在坐标平面内,体现为等产量曲线是凸向原点的。

四、等成本线

与效用论中的预算线非常相似,等成本线表示既定的成本和生产要素价格条件下,厂商可以购买到的两种生产要素的各种不同的数量组合。

假定厂商既定的成本支出为 C,要素市场上既定的劳动的价格即工资率为 ω,既定的资本的价格即利息率为 γ,则存在下列成本方程:

$$C = \omega L + \gamma K \tag{4-16}$$

以劳动和资本的投入数量为横纵坐标,等成本线如图 4-3 所示。

用 $\dfrac{C}{\omega}$ 和 $\dfrac{C}{\gamma}$ 分别表示全部成本仅用来购买劳动和资本二者中一种生产要素的数量,其数量为等成本线的横、纵截距。

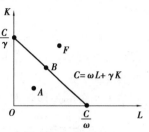

图 4-3 等成本线

等成本线的斜率为两种生产要素的价格之比的相反数,即 $-\dfrac{\omega}{\gamma}$,因此,预算线可表示为:

$$K = -\frac{\omega}{\gamma}L + \frac{C}{\gamma} \tag{4-17}$$

厂商的等成本线可以把生产要素的投入组合 (L, K) 划分为三个区域:分别是等成本线内、等成本线上、等成本线外。等成本线内任意一点,例如 A,表示厂商的全部成本在购买该点的生产要素组合以后还有剩余;等成本线上任意一点,例如 B,表示厂商的全部成本用于购买该点的生产要素组合,此时没有剩余;等成本线外任意一点,例如 F,表示厂商的全部成本不够购买该点的生产要素组合。因此,等成本线是厂商在既定成本下可以购买到的两种生产要素的最大组合数。

根据式(4-16)可知,当生产要素的价格或者厂商的成本发生变动时,厂商的等成本线会发生变动,具体可分以下三种情况。

情况 1:厂商的成本 C 发生变动,两种生产要素的价格 ω、γ 保持不变,在这种情况下,等成本线的斜率不会变,只会导致横纵轴截距发生变化。在图像上表现为等成本线的平行移动,如图 4-4(a)所示。

情况 2:任一生产要素的价格发生变化,而成本 C 不变。若劳动的价格发生变化,导致劳动所在坐标轴的截距发生变化,资本所在坐标轴的截距不变。在图像上表现为等成本线绕着资本所在坐标轴的 $\dfrac{C}{\gamma}$ 点(即 B_1 点)旋转,如图 4-4(b)所示;反之,等成本线绕着劳动所在坐标轴的 $\dfrac{C}{\omega}$ 点旋转。

情况 3:厂商的成本 C 发生变动,生产要素的价格也发生变动。若厂商的成本 C 与劳动的价格工资率 ω、资本的价格利息率 γ 都同比例发生变动,由于 $-\dfrac{\omega}{\gamma}$、$\dfrac{C}{\gamma}$ 不变,此时等成本线不发生变化。若非同比例发生变动,等成本线既会平移又会旋转,如图 4-4(c)所示。

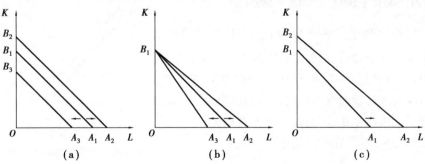

图 4-4 等成本线的变动

五、最优生产要素组合

厂商在考虑投入的过程中,一方面要考虑投入要素生产的最大产量,另一方面要考虑投入要素的成本。理性的厂商会考虑如何选择最优的生产要素组合,从而在成本既定的条件下实现最大的产量,或在既定的产量条件下实现最小的成本。当厂商达到这样的状态时,就处于生产者的均衡状态,所使用的生产要素实现了最优组合。

(一)成本既定条件下的产量最大化

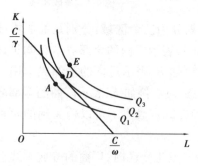

图4-5　成本既定条件下的产量最大化

已知劳动的价格 ω 和资本的价格 γ,厂商用于购买这两种要素的全部成本为 C。借助等产量曲线与等成本曲线分析,如图4-5所示。

图中,与等成本曲线相切的等产量曲线为 Q_2,当等产量曲线与等成本线相切时,厂商在既定的约束条件下实现了产量的最大化,厂商处于生产者均衡状态,并且在 D 点两条曲线的斜率相等。

等产量曲线的斜率的绝对值为要素的边际技术替代率,等成本线的斜率的绝对值等于两种要素的价格之比。

则在生产均衡点 D 有:

$$\text{MRTS}_{LK} = \frac{\omega}{\gamma} \tag{4-18}$$

这说明,为了实现既定成本条件下的最大产量,厂商必须选择最优的生产要素组合,使两种要素的边际技术替代率等于两种要素的价格之比。

由于边际技术替代率等于两种要素的边际产量之比,于是,可将式(4-18)整理为:

$$\frac{\text{MP}_L}{\omega} = \frac{\text{MP}_K}{\gamma} \tag{4-19}$$

这说明厂商可以通过对两种要素投入量的不断调整,使最后一单位的成本支出无论用来购买哪一种生产要素所获得的边际产量都相等,从而实现既定成本条件下的最大产量。

(二)产量既定条件下的成本最小化

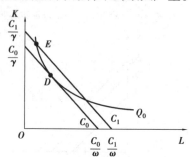

图4-6　产量既定条件下的成本最小化

已知厂商计划生产的产量为 Q_0,同样借助等产量曲线与等成本曲线分析,如图4-6所示。

图中,与等产量曲线 Q_0 相切的等成本曲线为 C_0,当等成本线与等产量曲线相切时,厂商在既定的约束条件下实现了成本最小化,厂商处于生产者均衡。

与之前分析相同,在生产均衡点 D 有:

$$MRTS_{LK} = \frac{\omega}{\gamma} \qquad (4\text{-}20)$$

$$\frac{MP_L}{\omega} = \frac{MP_K}{\gamma} \qquad (4\text{-}21)$$

将式(4-18)和式(4-21)对比,不难发现,厂商按产量既定条件下成本最小化选择最优生产要素与成本既定条件下产量最大化选择最优生产要素是相同的,即每一单位成本支出用于购买任意一种生产要素所获得的边际产量都相等。

六、规模报酬

在长期的生产过程中,厂商的生产要素均可调整,那么就会涉及厂商的生产规模变化与产量变化之间的关系问题。我们把厂商生产中全部要素投入量以相同比例发生变化称为生产规模变化。在其他条件不变的情况下,厂商投入的各种生产要素按相同比例变化时所带来的产量变化称为规模报酬变化。

如果产量增加的比例等于各种生产要素增加的比例,称为规模报酬不变。产量增加的比例大于各种生产要素增加的比例,称为规模报酬递增。产量增加的比例小于各种生产要素增加的比例,称为规模报酬递减。

发生规模报酬递增的主要原因可以解释为生产效率的提高。当厂商使用更先进的机器和设备,生产效率会得到提升,同时随着劳动投入增加时,人员更趋向于专业化的安排,效率也会得到提升。

发生规模报酬递减的主要原因可解释为生产效率的降低。当厂商的生产规模过大时,部门或人员间沟通成本过高,人员协调难度加大,从而导致生产效率的降低。

一般来说,在长期生产过程中,企业的规模报酬的变化呈现出如下规律:当厂商从很小的生产规模开始逐步扩大时,厂商处于规模报酬递增的阶段。由于厂商得到规模报酬递增的好处,因此继续扩大规模,此时生产会达到规模报酬不变的阶段,一般规模报酬不变阶段的时间较长。在这以后,企业继续扩大规模,此时会处于一个规模报酬递减的阶段。

第四节　短期成本理论

一、成本概述

厂商在生产的过程中会投入一定的生产要素,而生产要素的投入需要一定的成本。成本是一定时期内,厂商生产一定数量产品所使用的生产要素的费用。生产要素的投入过程与时间是有关的。生产理论可分为短期生产理论和长期生产理论。生产成本也可分为短期生产成本和长期生产成本。我们自然而然认为,成本是厂商购买生产要素的支出。但需要注意的是,经济学中,我们所说的成本往往被认为是机会成本。

　　机会成本指的是某项资源用于一种用途而不得不选择放弃其他用途所能得到的最高收益。举个例子来说，一个厂商可以生产轿车、卡车、货车，此厂商决定用一定量的经济资源生产轿车，那么这些资源就不能生产卡车和货车。假若用这一定量的经济资源生产轿车的价值为 20 万元，生产卡车的价值为 22 万元，生产货车的价值为 24 万元，那么当厂商选择生产轿车时，机会成本为 24 万元。

　　之所以这样考虑，是因为经济学研究的是资源配置的效率和结果，主要考察厂商的决策。而面对决策时，要从经济资源的稀缺性这一前提出发。当经济资源用于一种生产用途时，这些经济资源就不能同时用作其他用途。经济学对成本的使用主要衡量稀缺资源配置于不同用途上的代价，是用机会成本进行衡量。

◆生活中的实例

　　在考虑是否读大学时，根据理性人假设，要考虑读大学的成本和收益。读大学的主要收益是提升认知，提高素质与能力。主要成本呢？可能首先会想到读大学所需的学费、书费、住宿费、伙食费等支出。但实际上不应如此简单考虑，因为这些支出并不是上大学所放弃的最大收益。如果从时间上考虑，不读大学而选择直接参加工作，那么上大学的机会成本就是工作四年所能获得的最大收入。

　　考虑厂商的生产过程，厂商的支出又可分为显成本和隐成本。

　　显成本是指厂商为生产一定数量的产品，在生产要素市场上购买生产要素的实际支出。例如，雇用劳动支付的工资，支付贷款的利息，支付土地的地租等。这些实际支出，也就是显成本，对生产要素所有者来说必须大于其机会成本，否则生产要素的所有者会将其用于其他用途上。

　　隐成本是指厂商使用自己拥有的，并非从市场上购买的生产要素的机会成本。例如厂商拥有土地的使用权，那么厂商既可以自己使用，也可以出租给其他人。若厂商决定自己使用，则机会成本为出租给其他人的收入。隐成本不如显成本那么明显，但也应计入企业的成本中。

　　从显成本与隐成本的角度，我们可将生产成本表示为：

$$经济成本＝显成本＋隐成本$$

　　除成本外，我们还要考虑厂商的利润。由于经济学中的成本也就是机会成本与日常生活中的会计成本有明显的不同，所得到的厂商的利润就有差别。

$$经济利润＝收益－经济成本$$
$$会计利润＝收益－会计成本$$

　　经济学中所指的利润往往指的是经济利润。由于经济成本往往大于会计成本，因此经济利润往往小于会计利润。

　　生产理论分为短期生产理论和长期生产理论。短期生产过程中，厂商只能调整部分生产要素的数量，不能调整全部生产要素的数量，所以，短期成本可分为不变成本和可变成本。长期生产过程中，厂商可以调整全部生产要素的数量，所以，长期内所有的要素成本都是可变的。

二、短期成本函数

成本与产量是息息相关的。而之前我们讲到,产量与生产要素的投入量有关。从这个角度,我们可以构建成本、产量和生产要素之间的关系。

由厂商短期生产函数出发,在短期内,假定厂商使用劳动和资本这两种要素生产一种产品,其中,劳动投入量是可变的,资本投入量是固定的,则短期生产函数为:

$$Q = f(L, \overline{K}) \tag{4-22}$$

式(4-22)表示在资本投入量固定的前提下,产量 Q 与可变要素劳动投入量 L 之间存在的函数关系。在经济学中,可理解为:厂商可以通过调整劳动投入量来调整产量。或厂商根据不同的产量水平确定相应的劳动投入量。根据后一种假设,我们以反函数 $L = L(Q)$ 表达二者之间的关系。

假定要素市场上劳动的价格 ω 和资本的价格 γ 是给定的,则可以用下式来表示厂商在每一产量水平上的短期总成本:

$$STC(Q) = \omega \cdot L(Q) + \gamma \cdot \overline{K} \tag{4-23}$$

式(4-23)中,STC(Short-run Total Cost)代表短期总成本,$\omega \cdot L(Q)$ 为可变成本部分,$\gamma \cdot \overline{K}$ 为固定成本部分,两部分构成厂商的短期总成本。通过这样的方式,我们建立了短期总成本、产量和生产要素价格之间的关系。

三、短期成本的分类及其相互关系

在短期,厂商的成本有不变成本部分和可变成本部分。结合平均与边际的概念,我们可以将成本进行如下的划分和定义。

(一)总成本、总不变成本、总可变成本

总成本(TC)是厂商在短期内生产一定数量的产品所需要的全部生产要素的投入费用。它是总固定成本和总可变成本之和。

总不变成本(TFC)又称总固定成本,是厂商在短期内生产一定数量的产品,不随着厂商产量的变动而变动的那部分成本。例如,建筑物和机器设备的折旧费等。

总可变成本(TVC)是厂商在短期内生产一定数量的产品对可变生产要素支付的总成本,其随着厂商产量的变动而变动。例如,厂商对劳动支付的工资、原材料的支付等。

它们三者之间的关系为:

$$TC(Q) = TFC(Q) + TVC(Q) \tag{4-24}$$

(二)平均总成本、平均不变成本、平均可变成本

平均总成本 AC 是厂商在短期内,平均每生产一单位产品所消耗的全部成本。用公式

表示为：

$$AC(Q) = \frac{TC(Q)}{Q} = AFC(Q) + AVC(Q) \tag{4-25}$$

平均不变成本（AFC）是厂商在短期内，平均每生产一单位产品所消耗的不变成本。用公式表示为：

$$AFC(Q) = \frac{TFC(Q)}{Q} \tag{4-26}$$

平均可变成本（AVC）是厂商在短期内，平均每生产一单位产品所消耗的可变成本。用公式表示为：

$$AVC(Q) = \frac{TVC(Q)}{Q} \tag{4-27}$$

（三）边际成本

边际成本（MC）是厂商在短期内，增加一单位产量时所增加的成本。由于不变成本不随产量的变动而变动，因此边际成本的变化来源于可变成本。用公式表示为：

$$MC(Q) = \frac{\Delta TC(Q)}{\Delta Q} = \frac{\Delta TVC(Q)}{\Delta Q} \tag{4-28}$$

或

$$MC(Q) = \lim_{\Delta Q \to 0} \frac{\Delta TC(Q)}{\Delta Q} = \frac{dTC}{dQ} \tag{4-29}$$

根据式（4-29）可知：每一个产量水平上的边际成本 MC 值就是相应的总成本 TC 曲线的斜率。

为了更形象地理解短期成本之间的关系，我们用图示来描述。

表4-2 是某厂商的短期成本列表。表中的产量、总不变成本、总可变成本为已知，其他短期成本可以根据公式计算出来。该表体现了各种短期成本之间的相互关系。

表4-2　短期成本表

产量 Q	总成本			平均成本			边际成本
	总不变成本 TFC	总可变成本 TVC	总成本 TC	平均不变成本 AFC	平均可变成本 AVC	平均总成本 AC	边际成本 MC
0	120	0	120				
1	120	60	180	120.0	60.0	180.0	60
2	120	80	200	60.0	40.0	100.0	20
3	120	90	210	40.0	30.0	70.0	10
4	120	105	225	30.0	26.25	56.25	15
5	120	140	260	24.0	28.0	52.0	35
6	120	210	330	20.0	35.0	55.0	70

将表中的数据描绘在以产量 Q 为横轴、成本 C 为纵轴的坐标系中，得到图4-7。

对图进行观察,我们可以得到以下特征。

①总不变成本 TFC 曲线是一条水平线。

②总可变成本 TVC 曲线是一条由原点出发向右上方倾斜的曲线,总成本 TC 曲线是起始于纵轴一个截点向右上方倾斜的曲线(事实上这与一种可变生产要素的产量曲线有关),并且总成本 TC 曲线是总可变成本 TVC 曲线向上平移总不变成本 TFC 个单位得到的。

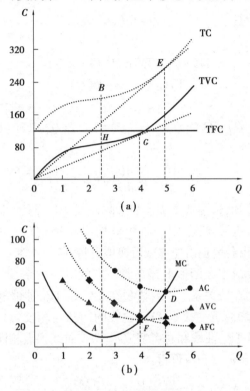

图 4-7 短期成本曲线

③平均不变成本 AFC 曲线是一条向两轴渐进的双曲线。

④平均可变成本 AVC 曲线、平均总成本 AC 曲线和边际成本 MC 曲线都呈现出 U 形的特征。

⑤总可变成本 TVC 曲线和总成本 TC 曲线在同一个产量水平(2.5 单位)各自存在一个拐点 H 和 B,且该拐点与边际成本 MC 曲线的最低点 A 恰好对应。在拐点以前,总可变成本 TVC 曲线和总成本 TC 曲线的斜率是递减的;在拐点以后,总可变成本 TVC 曲线和总成本 TC 曲线的斜率是递增的。

⑥边际成本 MC 曲线与平均可变成本 AVC 曲线相交于平均可变成本 AVC 曲线的最低点 F,边际成本 MC 曲线与平均总成本 AC 曲线相交于平均总成本 AC 曲线的最低点 D。随后,平均可变成本 AVC 曲线和平均总成本 AC 曲线开始上升。

⑦平均可变成本 AVC 曲线达到最低点 F 时,总可变成本 TVC 曲线恰好有一条从原点出发的射线,与总可变成本 TVC 曲线相切于 G 点。平均总成本 AC 曲线达到最低点 D 时,总成本 TC 曲线恰好有一条从原点出发的射线,与 TC 曲线相切于 E 点。

四、短期产量与短期成本的关系

我们根据短期生产函数与短期成本函数可以推导出短期产量与短期成本之间的关系。假定短期生产函数为：

$$Q=f(L,\overline{K}) \tag{4-30}$$

短期成本函数为：

$$TC(Q)=TVC(Q)+TFC(Q) \tag{4-31}$$

$$TVC(Q)=\omega\cdot L(Q) \tag{4-32}$$

则：

$$TC(Q)=TVC(Q)+TFC(Q)=\omega\cdot L(Q)+TFC(Q)$$

将 TC 对 Q 求导可得：

$$MC=\frac{dTC}{dQ}=\omega\frac{dL}{dQ}+0=\omega\cdot\frac{1}{MP_L} \tag{4-33}$$

根据式（4-33）我们可知：边际成本 MC 和边际产量 MP_L 两者的变动方向是相反的。根据之前的分析，我们已知边际产量 MP_L 曲线呈现出先递增后递减的特征，所以，根据式（4-33），边际成本 MC 曲线会呈现出先递减后递增的特征。

由于边际产量和边际成本在图形上存在着一定的对应关系，因此总产量和总成本之间在图形上也存在着一定的对应关系。主要体现在总产量 TP_L 曲线和总成本 TC 曲线的凹凸性相反，总产量 TP_L 曲线和总可变成本 TVC 曲线的凹凸性相反，总产量 TP_L 曲线和总成本 TC 曲线拐点相同，总产量 TP_L 曲线和总可变成本 TVC 曲线拐点相同。

由式（4-32）$TVC(Q)=\omega\cdot L(Q)$ 可得：

$$AVC(Q)=\frac{TVC(Q)}{Q}=\omega\frac{L(Q)}{Q}=\omega\cdot\frac{1}{AP_L} \tag{4-34}$$

由式（4-34）可知：平均可变成本 AVC 和平均产量 AP_L 两者的变动方向是相反的。

由于 MC 曲线与 AVC 曲线交于 AVC 曲线的最低点，MP_L 曲线与 AP_L 曲线交于 AP_L 曲线的最高点，因此，MC 曲线和 AVC 曲线的交点与 MP_L 曲线和 AP_L 曲线的交点是对应的。

第五节　长期成本理论

在长期中，厂商可以对所有要素进行调整，则厂商所有的成本均为可变成本。所以，我们对厂商的长期总成本、长期平均成本、长期边际成本进行分析。

为区分短期与长期，我们用"L"代表长，"S"代表短，则长期总成本记作 LTC，短期总成本记作 STC，长期平均成本记作 LAC，短期平均成本记作 SAC，长期边际成本记作 LMC，短期边际成本记作 SMC。

一、长期总成本

长期总成本是指厂商在长期生产一定产量水平时,通过选择最优的生产规模所能达到的最低总成本。

长期总成本函数可写成以下形式:

$$LTC = LTC(Q) \tag{4-35}$$

在长期中,厂商可以对短期内固定不变的要素进行调整,则可以由短期总成本曲线出发,推导长期总成本曲线。

举例来讲,以图 4-8 为例,假定某厂商使用特定的生产技术进行生产,该厂商只有三种短期内固定不变的投入可以调整,例如,机器设备数量这一生产要素可以调整,分别为 K_1、K_2、K_3 三个生产规模,那么对应的短期总成本分别为 STC_1、STC_2、STC_3。根据图示我们可知 STC_3 曲线起点最高,表示固定成本最高,也就是生产规模最大,而 STC_2 曲线居中,STC_1 曲线表示的生产规模最小。

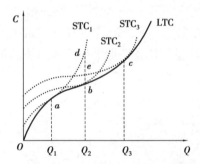

图 4-8　短期总成本向长期总成本曲线的调整

假定厂商生产的产量为 Q_2,对应不同的生产规模,厂商的短期总成本不同,例如 STC_1 这一生产规模下的总成本最高,STC_2 这一生产规模下的总成本最低,即 $d>e>b$。短期内,厂商无法调整其生产规模,但是在长期内,厂商却可以调整。例如,为降低成本,厂商决定调整其机器数量由 K_1 或 K_3 到 K_2,这样,厂商就进入另外一个短期,其短期总成本调整为最低,为长期总成本曲线上的一点。

那么同理,对应 Q_1 的长期总成本应为对应 Q_1 产量的所有短期总成本中的最小值,即 a。对应 Q_3 的长期总成本应为对应 Q_3 产量的所有短期总成本的最小值,即 c。

虽然在图中只有三条短期总成本线,但是不难看出,随着产量的变动,厂商可以不断地调整短期内固定不变的生产要素投入数量,使长期总成本达到所有可供选择的短期总成本中的最低点。由于产量是连续的,长期总成本也是连续的。可以说,长期总成本曲线是无数条短期总成本曲线的包络线。

对长期总成本曲线观察可知以下五点。

①长期总成本曲线向右上方倾斜。

②长期总成本曲线在所有短期总成本曲线的下方。

③长期总成本曲线每一点上都有一条短期总成本曲线与其相切。

④长期总成本曲线经过原点。

⑤长期总成本曲线的斜率先递减,经拐点之后,又变为递增。

二、长期平均成本与规模经济

长期平均成本表示厂商在长期内生产每一单位产量所需要的最低成本。

长期平均成本函数可以写为以下形式:

$$\text{LAC}(Q) = \frac{\text{LTC}(Q)}{Q} \qquad (4\text{-}36)$$

长期平均成本曲线可以由长期总成本曲线上每一点的长期总成本值除以相应的产量得到长期平均成本值,再把产量和相应的长期平均成本值描绘在平面坐标图中得到。也可以由短期平均成本曲线出发,推导长期平均成本曲线。

以短期平均成本推导长期平均成本为例,如图 4-9 所示。图中有若干条短期平均成本曲线,不同曲线对应不同的生产规模。假定厂商生产 Q_1 产量的产品,则在不同生产规模下,有相对应的不同短期平均成本。

由于长期内,厂商总可以在每一个产量水平下,找到相应的最优生产规模进行生产,因此其成本也为最低的短期平均成本。理论上,生产规模可以无限细分,则长期平均成本是连续的。同样,长期平均成本曲线是无数条短期平均成本曲线的包络线。

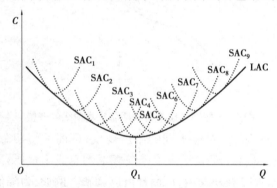

图 4-9　短期平均成本向长期平均成本曲线的调整

对长期平均成本曲线观察可知以下两点。

①长期平均成本曲线呈现出 U 形的特征。

②在长期平均成本曲线的下降段,长期平均成本曲线相切于所有相应的短期平均成本曲线最低点的左边;在长期平均成本曲线的上升段,长期平均成本曲线相切于所有相应的短期平均成本曲线最低点的右边。在长期平均成本曲线的最低点上,长期平均成本曲线才相切于相应的短期平均成本曲线最低点。

厂商长期平均成本曲线呈 U 形,主要是由于随着产量的增加和规模的扩大,厂商经历了从规模经济到规模不经济的生产过程。

在厂商扩大生产的过程中,如果产量扩大的倍数大于生产成本增加的倍数,则厂商的经济效益提高,称企业的生产存在规模经济。

在厂商扩大生产的过程中,如果产量扩大的倍数小于生产成本增加的倍数,则厂商的经济效益下降,称企业的生产存在规模不经济。

规模经济和规模不经济都是由厂商变动自己的生产规模引起的。在长期生产过程中,厂商的规模报酬呈现递增、不变然后是递减的过程。这一过程导致长期平均成本曲线呈先降后升的 U 形特征。

三、长期边际成本

长期边际成本表示在长期内,厂商每增加一单位产量所引起的成本增量。

长期边际成本函数可以写为以下形式:

$$\text{LMC}(Q) = \frac{\Delta \text{LTC}(Q)}{\Delta Q} \tag{4-37}$$

或

$$\text{LMC}(Q) = \lim_{\Delta Q \to 0} \frac{\Delta \text{LTC}(Q)}{\Delta Q} = \frac{\text{dLTC}(Q)}{\text{d}Q} \tag{4-38}$$

显然,每一产量水平上的长期边际成本值等于其长期总成本曲线的斜率。

长期边际成本曲线可以由每一个产量水平上对应的长期总成本曲线的斜率值描绘在产量和成本的平面坐标中得到。也可以由短期边际成本出发,推导长期边际成本曲线。

以短期边际成本推导长期边际成本为例,如图 4-10 所示。图中有若干条短期平均成本曲线,不同曲线对应不同的生产规模。在不同生产规模下,有相对应的不同短期边际成本,短期边际成本穿过短期平均成本的最低点。通过前面的学习得到,长期总成本曲线都与一条代表最优生产规模的短期总成本曲线相切,说明这两条曲线的斜率是相等的。由于长期总成本曲线的斜率等于相应的长期边际成本的值,短期总成本曲线的斜率等于相应的短期边际成本的值,因此短期边际成本的值等于长期边际成本的值。由此,将产量和相应的短期边际成本的值描绘在平面坐标图中可得到长期边际成本曲线。

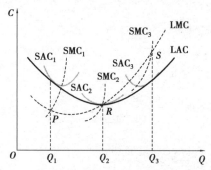

图 4-10 短期边际成本向长期边际成本曲线调整

由于长期平均成本曲线是无数条短期平均成本曲线的包络线,每一条短期边际成本曲线都经过相应的短期平均成本曲线的最低点,因此,长期边际成本曲线是连续的。

对长期边际成本曲线观察可知以下三点。

①长期边际成本曲线呈现出 U 形的特征。

②长期边际成本曲线相交于长期平均成本曲线的最低点。

③长期边际成本曲线不是短期边际成本曲线的包络线。

◆本章小结

厂商是能够做出统一生产决策的个体经营单位。厂商的生产可以分为短期生产和长期生产。短期指生产者来不及调整全部生产要素的数量,即至少有一种生产要素的数量是固定不变的时间周期。长期指生产者可以调整全部生产要素的数量的时间周期。

在短期生产中,存在边际报酬递减规律。边际报酬递减规律指的是:在技术水平保持不变的条件下,如果生产过程中,只有一种生产要素为可变生产要素,其他生产要素均为不变生产要素,随着可变生产要素投入量的增加,每增加一单位该要素所带来的产量的增加量先是逐渐递增的,增加到一定程度后,每增加一单位该要素所带来的产量增加量是逐渐递减的。

由长期生产函数可以得到等产量曲线。等产量曲线表示在技术水平不变的条件下生产同一产量所需的两种生产要素所有投入量的不同组合。厂商的生产均衡点,位于等产量曲线和等成本曲线的切点处。在均衡点上,两要素的边际技术替代率等于两要素的价格之比。

在长期生产中,存在规模报酬变化规律。规模报酬可分为规模报酬递增、规模报酬不变和规模报酬递减三种情况,分别指长期生产中全部生产要素增加的比例小于、等于、大于它所导致的产量增加的比例。

机会成本指的是某项资源用于一种用途而不得不选择放弃其他用途所能得到的最高收益。短期成本有七种:短期总成本、短期总不变成本、短期总可变成本、短期平均总成本、短期平均不变成本、短期平均可变成本、短期边际成本。长期成本有三种:长期总成本、长期平均成本、长期边际成本。

第五章

市场理论

📖 **学习目标**

了解市场的概念、类型和特征;掌握完全竞争、完全垄断、垄断竞争和寡头垄断四种市场结构的含义及特征;理解四种市场结构的均衡状态;掌握价格歧视的含义和类型;了解四种市场结构的经济效率及其特征。

📖 **思维导图**

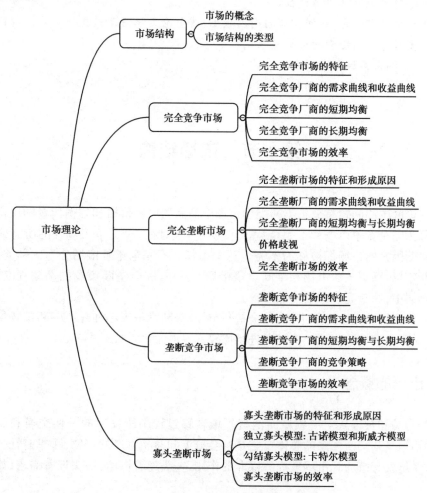

◆案例导入

近日,"知网擅录九旬教授论文赔偿 70 多万元"等消息多次登上微博热搜榜,而更令人唏嘘的是,赵德馨教授运用法律武器讨回公道后,知网下架了他的所有论文。

在舆论压力下,赵教授最终等来了中国知网的道歉。除了涉及著作权纠纷,有关知网是否涉嫌违反《中华人民共和国反垄断法》,滥用市场支配地位的质疑也备受关注。

作家陈应松也表示,他已准备起诉收录了自己 300 多篇文章的中国知网。记者搜索发现,像这种论文"被收录"而不知情的情况不在少数,早在 2010 年,就有深圳律师状告中国知网侵犯其论文著作权。

在国内学术期刊文献查询服务市场,知网不仅拥有在校生撰写论文时通常都要查询的国内硕士论文、博士论文数据库,还具有一些其他竞争对手所没有的独家文献资源。这些文献资源上的比较优势对绝大多数需要通过撰写论文,并完成查重分析,才能发表论文,进而获得学位、职称评定的用户群体而言是刚需。

作为一个典型的双边市场,能够获得知网的收录,还是评估国内学术期刊影响力的重要前提。中国科学文献计量评价研究中心与中国知网联合发布的《中国学术期刊影响因子年报》在国内极具权威性,其相关统计会参考中国知网的基础数据。这可以让中国知网在和上游学术期刊合作时拥有更多话语权。

而对于论文查重而言,知网拥有的国内硕士、博士论文数据库以及知网独家授权的文献共同构成查重服务必须检索的数据库基础。

思考:1. 知网是否具有市场支配地位?

2. 知网是否涉嫌垄断?

第一节　市场结构

市场理论的中心问题是分析不同类型市场中商品的均衡价格和均衡产量的决定。市场类型主要分为完全竞争市场和不完全竞争市场两大类,除完全竞争市场外的所有或多或少带有一定垄断因素的市场都被称为不完全竞争市场。不完全竞争市场分为三种类型,分别是完全垄断市场、寡头垄断市场和垄断竞争市场。其中,完全垄断市场的垄断程度最高,寡头垄断市场居中,垄断竞争市场最低。

本章将依次按照完全竞争市场、完全垄断市场、垄断竞争市场和寡头垄断市场的顺序进行分析,并对不同市场结构的经济效率进行比较。

一、市场的概念

市场是商品和劳务从生产领域向消费领域转移过程中所发生的一切交换和职能的总和,是各种错综复杂交换关系的总体。它是社会分工和商品生产的产物,哪里有社会分工和商品交换,哪里就有市场。市场发挥着媒介的作用,一头连着供给,一头连着需求,如果没有这个媒介,那么人们的一切欲求将无法得到满足。

在前面的学习中,我们知道人都是有欲望的,这些欲望的满足需要寻找相应的手段。原始阶段因为生产力水平低下,人们通常是自给自足的,当然不会有交换行为,更不用说形成市场。但随着人类各方面技能水平的不断提高,开始出现了剩余产品,加上人类社会的进化,就逐步产生了交换,以及剩余产品的私有制。这样,不同的人就把暂时用不到的、各种各样的剩余产品交换为现实需要的产品,通过交换逐步改善了人类初级阶段的生活水平。

体验到了交换的好处,有些人逐渐学会了充分利用自己的优质资源和娴熟的制作技能,开始出现生产上的某些偏好,固定从事某些特定产品的生产。这就产生了两种结果:一是生产某种剩余产品的数量正在逐步提高;二是剩余产品的种类也变得多样化。这也为日益频繁的交换提供了客观物质基础,原始市场逐步形成。

这个过程没有停止,交换变得频繁,甚至还产生了分工。分工的产生,带来了良好的结果,生产效率提高了,生产成本下降了,产品质量越来越好。这些结果直接促成了市场的飞跃发展,交易变得越来越频繁了。交易的频繁发生又进一步刺激了分工,这种无限循环的结果,直接导致了市场的繁荣。由此,今天的市场一步一步走进了我们的现实生活,正在资源配置中起着决定性的作用。

在经济学的分析中,市场是指从事商品买卖的交易场所或接洽点。一个市场可以是一个有形的买卖商品的交易场所,也可以是利用现代化通信工具进行商品交易的接洽点。从本质上讲,市场是商品买卖双方相互作用并得以决定其交易价格和交易数量的一种组织形式或制度安排。任何一种交易商品都有一个市场。经济中有多少种交易商品,就相应地有多少个市场,如口罩市场、芯片市场、石油市场、牛奶市场等。

二、市场结构的类型

市场结构又叫市场类型,根据不同的市场结构的特征,将市场划分为完全竞争市场、垄断竞争市场、寡头垄断市场和完全垄断市场四种类型。决定市场类型划分的主要因素有以下四个[①]:第一,市场上厂商的数目;第二,厂商所生产的产品的差别程度;第三,单个厂商对市场价格的控制程度;第四,厂商进入或退出一个行业的难易程度。其中,第一个因素和第二个因素是最基本的决定因素,第三个因素是第一个因素和第二个因素的必然结果,第四个因素是第一个因素的延伸。以上四种类型的市场及其相应的特征见表5-1。

表 5-1　市场类型的划分和特征

市场类型	厂商数目	产品差别程度	价格控制程度	进出行业难易程度	典型商品市场示例
完全竞争	无数	完全无差别	没有	很容易	一些农业品
垄断竞争	很多	有差别	有一些	比较容易	一些轻工产品、零售业
寡头垄断	几个	有差别或无差别	相当程度	比较困难	钢、汽车、石油
完全垄断	一个	唯一产品,无替代品	很大程度,但受到政府管制	很困难,几乎不可能	公用事业,如水、电

---

① 高鸿业.西方经济学:微观部分[M].8版.北京:中国人民大学出版社,2021.

表 5-1 只是一个简单的说明,后续在对每一类市场进行考察时,将对每一类市场的特征做出详细的分析。

第二节　完全竞争市场

市场是影响厂商决策的一个重要因素。在不同的市场类型条件下,厂商面对不同的产量与市场环境,决策行为也不同。下面先来看一下完全竞争市场。

一、完全竞争市场的特征

完全竞争市场必须具备以下四个特征。

第一,市场上有无数的买者和卖者。每一个买者的需求量和每一个卖者的供给量相对于整个市场的总需求量和总供给量而言,都是微不足道的,每一个消费者或每一个厂商对市场价格没有任何的控制力量,他们都只能是既定市场价格的被动接受者。

第二,市场上每一个厂商提供的商品或劳务都是完全同质的。对于消费者来说,商品不具有特殊性,购买哪一家厂商生产的商品都一样,对于厂商来说,无须单独提价或降价,他们总是可以按照既定的市场价格实现自己很小的销售份额。

第三,厂商进入或退出一个行业是完全自由和毫无困难的。所有资源可以在各厂商之间和各行业之间完全自由地流动,不存在任何障碍。这样,任何一种资源都可以及时地投向能获得利润的行业,并及时地从亏损的行业中退出。

第四,市场上的每一个买者和卖者都掌握与自己的经济决策有关的完全信息。每一个消费者和每一个厂商可以根据完全的市场信息,做出自己最优的经济决策,从而获得最大的经济利益。

符合以上四个特征的市场被称为完全竞争市场。显然,这只是一个抽象的理论模型,在现实生活中通常是将某些农产品市场大致看成这种市场类型。尽管如此,完全竞争市场具有重要的理论意义。我们可以借助完全竞争市场模型考察市场机制及其资源配置的效率,预测和比较现实的经济行为,制定相关经济政策来管理市场。

二、完全竞争厂商的需求曲线和收益曲线

(一)完全竞争厂商的需求曲线

市场上对某一个厂商的产品的需求状况,可以用该厂商所面临的需求曲线来表示,该曲线也被简称为厂商的需求曲线。在完全竞争市场条件下,厂商的需求曲线是什么形状的呢?由于厂商把市场价格视为既定,因此,完全竞争厂商的需求曲线是一条由既定市场价格水平出发的水平线,如图 5-1 所示。在图 5-1(a)中,市场的需求曲线 D 和供给曲线 S 相交的均衡

点 E 所决定的市场的均衡价格为 P_e。相应地,在图 5-1(b)中,由给定的市场价格 P_e 出发的水平线 d 就是完全竞争厂商的需求曲线。假定厂商的销售量等于市场对其产品的需求量,那么,水平的需求曲线 d 意味着:厂商只能被动地接受给定的市场价格,且厂商既不会也没有必要去改变这一价格水平。

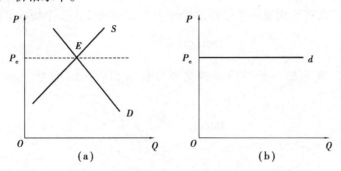

图 5-1　完全竞争市场厂商的需求曲线

需要注意的是,虽然在完全竞争市场中,每个消费者和每个厂商都是被动地接受既定的市场价格,但这并不意味着完全竞争市场的价格水平是固定不变的。在其他因素的影响下,如消费者收入水平的普遍提高,先进技术的推广,或者政府有关政策的作用等,使众多消费者的需求量和众多厂商的供给量发生变化时,供求曲线的位置就有可能发生移动,从而形成新的均衡价格。在这种情况下,我们就会得到由新的均衡价格水平出发的一条水平线,如图 5-2 所示。在图 5-2(a)中,开始时市场的需求曲线为 D_1,供给曲线为 S_1,市场的均衡价格为 P_1,厂商的需求曲线是从价格水平 P_1 出发的一条水平线 d_1。随后,当市场的需求曲线由 D_1 移动至 D_2、供给曲线由 S_1 移动至 S_2 时,市场的均衡价格由 P_1 上升为 P_2。此时,厂商的需求曲线是由新的价格水平 P_2 出发的另一条水平线 d_2。显而易见,厂商的需求曲线可以从各个不同的市场均衡价格水平出发,但它们的形状都是水平的。

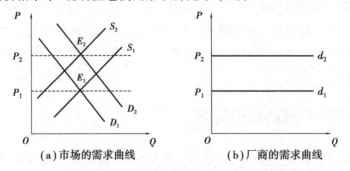

图 5-2　完全竞争市场价格的变动和厂商的需求曲线

(二)完全竞争厂商的收益曲线

由于本章内容涉及厂商的盈亏情况分析,而厂商的盈亏情况取决于收益和成本,成本的相关理论在第四章中已经讲解,因此,我们在此只介绍收益的相关理论。从厂商的收益这一概念出发,然后具体分析完全竞争厂商收益曲线的一些特征及其相互之间的关系。

1.厂商的收益

厂商的收益就是厂商的销售收入。厂商的收益可以分为总收益、平均收益和边际收益,它们的英文简写分别为 TR、AR 和 MR。

总收益指厂商按一定价格销售一定量商品时所获得的全部收入。以 P 表示既定的市场价格,以 Q 表示销售数量,总收益的定义公式为:

$$TR(Q) = P \cdot Q \tag{5-1}$$

平均收益指厂商在平均每一单位商品销售上所获得的收入。平均收益的定义公式为:

$$AR(Q) = \frac{TR(Q)}{Q} \tag{5-2}$$

边际收益指厂商增加一单位商品销售所获得的总收入的增量。边际收益的定义公式为:

$$MR(Q) = \frac{\Delta TR(Q)}{\Delta Q} \tag{5-3}$$

或

$$MR(Q) = \lim_{\Delta Q \to 0} \frac{\Delta TR(Q)}{\Delta Q} = \frac{dTR(Q)}{dQ} \tag{5-4}$$

由式(5-4)可知,每一销售水平上的边际收益值就是相应的总收益曲线的斜率。

2. 完全竞争厂商的收益曲线

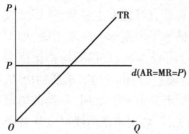

图 5-3　完全竞争厂商的收益曲线

在完全竞争市场中,由于单个厂商的供给只占市场份额的很小部分,价格 P 不会随着厂商销售量的变化而变化,因而厂商的平均收益(AR)不会随产量的变化而变化。在既定的市场价格下,AR 曲线是一条与需求曲线 d 以及价格曲线 P 重合的直线。同时,由于新增商品的销售价格仍然为市场价格 P,因而,每个厂商增售一个单位商品的边际收益(MR)不会改变,仍与市场价格 P 及平均收益(AR)相等,即 AR=MR=P,三条曲线重合,我们称为"三线合一"。

对于总收益曲线,根据其定义公式 $TR(Q) = P \cdot Q$,由于市场价格 P 既定,因而总收益曲线是一条由原点出发向右上方倾斜且斜率不变的直线。完全竞争厂商的收益曲线如图 5-3 所示。

三、完全竞争厂商的短期均衡

在完全竞争厂商的短期生产中,市场价格是给定的,而且,生产中不变要素的投入量是无法变动的,即生产规模也是给定的。因此,在短期,厂商是在给定的生产规模下,通过对产量的调整来实现 MR=SMC 的利润最大化的均衡条件。

我们知道,当厂商实现 MR=SMC 时,有可能获得利润,也可能亏损,把各种可能的情况都考虑在内,完全竞争厂商的短期均衡可以具体表现为图 5-4 中的五种情况。

在图 5-4 中,根据 MR=SMC 的利润最大化的均衡条件,当完全竞争市场的价格为 P_1 时,厂商利润最大化的均衡点为 MR_1 曲线和 SMC 曲线的交点 E_1,相应的均衡产量为 Q_1。在 Q_1 的产量上,平均收益为 $E_1 Q_1$,平均成本为 MQ_1。由于平均收益大于平均成本,厂商获得利润。在图中,厂商单位商品的利润为 $E_1 M$,销量为 OQ_1,两者的乘积 $E_1 M \cdot OQ_1$ 等于总利润量。

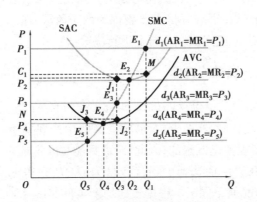

图 5-4　完全竞争厂商短期均衡的五种情况

当完全竞争市场的价格为 P_2 时,厂商的需求曲线 d_2 相切于 SAC 曲线的最低点 E_2,该点是 SAC 曲线和 SMC 曲线的交点,且恰好是 $MR_2 = SMC$ 的利润最大化的均衡点,均衡产量为 Q_2。此时,平均收益等于平均成本,都为 E_2Q_2,厂商的经济利润为零,但厂商实现了正常利润。由于在均衡点 E_2 上,厂商既无利润,也无亏损,因此,该均衡点也被称为厂商的收支相抵点。

当完全竞争市场的价格为 P_3 时,由均衡点 E_3 和均衡产量 Q_3 可知,厂商的平均收益小于平均成本,厂商是亏损的。但由于在 Q_3 的产量上,厂商的平均收益 E_3Q_3 大于平均可变成本 J_2Q_3,因此,厂商虽然亏损,但仍继续生产。这是因为,厂商生产获得的全部收益除了弥补全部可变成本外,还可以弥补部分不变成本。所以,在这种情况下,厂商尽管亏损,但生产比不生产强。

当完全竞争市场的价格为 P_4 时,厂商的需求曲线 d_4 相切于 AVC 曲线的最低点 E_4,该点是 AVC 曲线和 SMC 曲线的交点,且恰好也是 $MR_4 = SMC$ 的利润最大化的均衡点,均衡产量为 Q_4。此时,厂商是亏损的,厂商的平均收益 E_4Q_4 等于平均可变成本 E_4Q_4,厂商可以继续生产,也可以不生产,厂商生产或不生产一个样。这是因为,厂商生产获得的全部收益只能弥补全部可变成本,不能弥补任何不变成本。由于在均衡点 E_4 上,厂商处于关闭企业的临界点,因此,该均衡点也被称作停止营业点或关闭点。

当完全竞争市场的价格为 P_5 时,在均衡产量 Q_5 上,厂商是亏损的。此时,厂商的平均收益 E_5Q_5 小于平均可变成本 J_3Q_5,厂商将停止生产。因为在这种情况下,厂商生产获得的全部收益无法弥补全部可变成本,就更不能对不变成本进行弥补。而只要厂商停止生产,可变成本就变为零。因此,此时不生产要比生产强。

综上所述,完全竞争厂商短期均衡的条件是:

$$MR = SMC \tag{5-5}$$

式中,$MR = AR = P$。在短期均衡时,均衡价格不小于平均可变成本,厂商的利润可以大于零,也可以等于零,或者小于零。

四、完全竞争厂商的长期均衡

在完全竞争厂商的长期生产中,所有的生产要素都是可变的,厂商通过对全部生产要素的调整来实现 MR＝LMC 的利润最大化的均衡原则。在完全竞争市场价格给定的条件下,厂商在长期生产中对全部生产要素的调整主要表现为两个阶段:第一阶段是对最优生产规模进行选择;第二阶段是对进入或退出一个行业进行决策。

(一)厂商对最优生产规模的选择

如图 5-5 所示,假定完全竞争市场的价格为 P_0。在价格 P_0 上,厂商应该选择哪一个生产规模才能获得最大的利润呢? 在短期内,假定厂商的生产规模用 SAC_1 曲线和 SMC_1 曲线表示。由于在短期内生产规模是既定的,因此,厂商只能在既定的生产规模上进行生产。根据短期均衡条件 MR＝SMC_1,厂商选择的最优产量为 Q_1,所获得的利润为图中较小的面积 FP_0E_1G。而在长期内,情况就不同了。根据长期均衡条件 MR＝LMC,厂商长期均衡点为 E_2 点,并会选择 SAC_2 曲线和 SMC_2 曲线所代表的最优生产规模进行生产,对应的最优产量为 Q_2,所获得的利润为图中较大的面积 HP_0E_2I。很明显,长期中,厂商通过对最优生产规模的调整,使自己的状况得到改善,从而获得了比短期更大的利润。

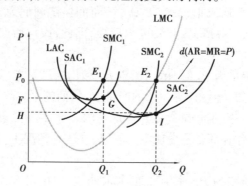

图 5-5　长期生产中厂商对最优生产规模的选择

(二)厂商进出一个行业

厂商在长期进入或退出一个行业,实际上是生产要素在各个行业之间的调整,即流向能获得利润的行业,从亏损的行业退出。正是行业之间生产要素的这种调整,使完全竞争厂商长期均衡时的利润为零。以图 5-6 为例,如果开始时市场价格为 P_1,根据 MR＝LMC 的利润最大化原则,厂商选择的产量为 Q_1,相应地最优生产规模由 SAC_1 曲线和 SMC_1 曲线所代表。此时,厂商获得利润,这便会吸引一部分厂商进入该行业。随着行业内厂商数量的逐步增加,市场上的商品供给增加,市场价格下降,相应地,单个厂商的利润就会减少。只有当市场价格水平下降到使单个厂商的利润为零时,新厂商的进入才会停止。相反,如果市场价格为 P_3,则厂商根据 MR＝LMC 的利润最大化原则选择的产量为 Q_3,相应地,最优生产规模由 SAC_3 曲线和 SMC_3 曲线所代表。此时,厂商是亏损的,这使行业内原有厂商中的一部分退出该行业的生产。随着行业内厂商数量的逐步减少,市场的商品供给减少,市场价格上升,相应地,单个厂商的亏损就会减少。只有当市场价格水平上升到使单个厂商的亏损消失即利润为零时,原有厂商的退出才会停止。总之,不管是新厂商的进入,还是原有厂商的退出,最后,这种调整一定会使市场价格达到长期平均成本最低点的水平,即图 5-6 中的价格 P_2。此时,行业内的每个厂商既无利润,也无亏损,但都获得了正常利润。于是,厂商失去了进入或退出该行业的动力,行业内的每个厂商都实现了长期均衡。

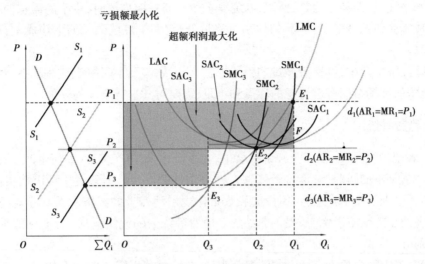

图5-6 长期生产中厂商进入或退出行业

图中的 E_2 点是完全竞争厂商的长期均衡点。该点位于 LAC 曲线的最低点,对应的 LMC 曲线经过该点;厂商的需求曲线 d_2 与 LAC 曲线相切于该点;代表最优生产规模的 SAC_2 曲线相切于该点,对应的 SMC_2 曲线经过该点。可以说,完全竞争厂商的长期均衡出现在 LAC 曲线的最低点。这时,生产的平均成本等于最低的长期平均成本,商品的市场价格也等于最低的长期平均成本。

综上所述,我们得到完全竞争厂商长期均衡条件是:

$$MR = LMC = SMC = LAC = SAC \tag{5-6}$$

式中,$MR = AR = P$。此时,单个厂商的利润为零。

五、完全竞争市场的效率

经济效率,是指经济资源配置和利用的有效性。高的经济效率表示对资源的充分利用或以最有效的方式进行生产;低的经济效率表示对资源的利用不充分或没有以最有效的方式进行生产。不同市场结构的经济效率是不相同的。经济学家通过对不同市场条件下厂商长期均衡状态的分析得出结论:完全竞争市场的经济效率最高,如图5-7所示。

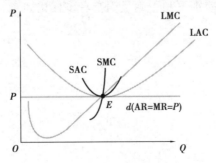

图5-7 完全竞争市场的效率

在完全竞争市场条件下,价格机制可以充分发挥"看不见的手"的作用。厂商的需求曲线是一条水平线,长期利润为零,所以,在完全竞争厂商长期均衡时,水平的需求曲线相切于长期平均成本曲线的最低点:商品的均衡价格最低,它等于最低的长期平均成本;商品的均衡产量最高。

在实际经济生活中,消费者通过"货币选票"可以决定厂商的决策,实现消费者统治。然而,完全竞争的市场结构有着自身的优点和不足,需要对其进行全面的评价。

(一)消费者统治

"消费者统治"指的是在一个经济社会中,在生产什么、生产多少、如何生产、为谁生产这些商品生产最基本的问题上,消费者能够发挥决定性的作用。消费者用货币购买商品是向商品投"货币选票","货币选票"的投向和数量体现了消费者的经济利益和意志,而厂商是根据消费者的意志来组织生产、提供商品的。消费者统治的说法构成"看不见的手"理论的重要组成部分。

在长期,对于完全竞争市场上的消费者来说,单个消费者需求曲线上的每一点都表示在既定价格水平上消费者实现最大效用的商品消费数量。市场需求曲线上的每一点也都表示在一定价格水平上能够给全体消费者带来最大效用的商品消费数量。对于完全竞争市场上的厂商来说,单个厂商的短期供给曲线表示在既定价格水平上能够给厂商带来最大利润的产量。行业的供给曲线同样表示在既定价格水平上能够给行业内所有厂商带来最大利润的产量。

因此,完全竞争市场的长期均衡状态,表明社会的经济资源得到了有效的配置,经济中的全体消费者都获得了最大的效用,这也被看作针对消费者统治说法的一种证明。

(二)完全竞争市场结构的评价

完全竞争市场结构的优点主要体现在以下三个方面。

第一,完全竞争市场长期均衡处于社会生产的长期平均成本最低点,社会实现了最高的经济效率。

第二,社会实现了经济资源的最优配置,供给与需求可以进行灵活调节,市场是出清的。

第三,产品价格能够保持最低水平,等于最低的长期平均成本,消费者获得最大的效用。

当然,完全竞争市场结构也有自身的缺点和不足,主要是厂商的生产成本最低并不一定等于社会成本最低,产品无差别不利于满足消费者多样化需求,生产者规模小,不利于技术进步。

第三节 完全垄断市场

一、完全垄断市场的特征和形成原因

完全垄断市场是指整个行业中只有唯一一个厂商的市场组织。具体来说,完全垄断市场特征如下:第一,市场上只有唯一的厂商生产和销售商品;第二,该厂商生产和销售的商品没有任何相近的替代品;第三,其他任何厂商进入该行业都极为困难或不可能。在这样的市场组织中,排除了任何的竞争因素,独家垄断厂商控制了整个行业的生产和市场的销售,所以,垄断厂商可以操纵和控制市场价格。

形成垄断的原因可以归结为四个:资源垄断、特许垄断、专利垄断和自然垄断。第一,资源垄断。独家厂商控制了生产某种商品的全部资源或基本资源的供给。如果某种商品的生产必须要有某种关键性的资源,而这种关键性的资源又为某个厂商所独有,则在这种情况下,该厂商不仅垄断了这种关键性的资源,还可以垄断必须具备这种关键性资源的商品生产。第二,特许垄断。政府往往采用行政或法律等强制手段在某些行业实行垄断,如铁路运输部门、供电供水部门等公用事业单位,于是,独家厂商就成了这些行业的垄断者。第三,专利垄断。独家厂商拥有生产某种商品的专利权。专利垄断从某种程度上来说也可以归为资源垄断或特许垄断。从专利的授予方面来看,它是一种特许垄断,因为专利是政府赋予的一种权利;从专利的性质方面来看,它是一种资源垄断,因为和其他的生产要素一样,专利也是一种资源,拥有专利的厂商可以利用它进行生产,也可以出售它以获得收益。第四,自然垄断。有些行业的生产具有这样的特点:厂商生产的规模经济需要在一个很大的产量范围和相应的巨大的资本设备的生产运行水平上才能得到充分的体现,以至于整个行业的供给量只有由一个厂商来生产时才有可能达到这样的生产规模。而且,只要发挥这一厂商在这一生产规模上的生产能力,就可以满足整个市场对该商品的需求。于是,行业内总会有某个厂商凭借雄厚的经济实力和其他优势,最先达到这一生产规模,从而垄断了整个行业的生产和销售。这就是自然垄断。

如同完全竞争市场一样,完全垄断市场的假设条件也很严格。在现实的经济生活中,完全垄断市场也几乎是不存在的。在西方经济学中,由于完全竞争市场的经济效率被认为是最高的,从而完全竞争市场模型通常被用来作为判断其他类型市场经济效率高低的标准,那么,垄断市场模型就从经济效率最低的角度来提供。在以下的分析中,正文部分直接将"完全垄断市场"简称为"垄断市场"。

◆生活中的实例

公牛的好品质已经赢得了消费者的好口碑,成为大多数消费者购买插座的首选。然而,2021年9月27日公牛集团却因为垄断受到了相关处罚,罚款2.9亿元。处罚决定书指出公牛集团违反了《中华人民共和国反垄断法》第十四条"固定向第三人转售商品的价格和限定向第三人转售商品的最低价格"的规定,导致公牛集团与下游经销商达成并实施垄断协议,构成纵向垄断行为,而罚款金额则占公牛集团2020年在中国境内销售额98.27亿元的3%。

二、完全垄断厂商的需求曲线和收益曲线

(一)完全垄断厂商的需求曲线

由于垄断市场中只有一个厂商,因此,对垄断厂商商品的需求就是整个市场的需求,垄断厂商所面临的需求曲线就是市场的需求曲线,是一条向右下方倾斜的曲线。

仍假定厂商的销售量等于市场的需求量,于是,向右下方倾斜的垄断厂商的需求曲线表示:垄断厂商可以用减少销售量的办法来提高市场价格,也可以用增加销售量的办法来压低市场价格。即垄断厂商可以操作和控制市场价格,而且,垄断厂商的销售量与市场价格呈反方向变动。

为简便起见,假定垄断厂商面临的需求函数是线性的,公式为:

$$P = \alpha - \beta Q \tag{5-7}$$

式中,α、$\beta > 0$,均为给定的常数,其几何表示是一条纵截距为 α、斜率为 $-\beta$ 的向右下方倾斜的直线。

(二)完全垄断厂商的收益曲线

垄断厂商所面临的需求状况直接影响厂商的收益,这便意味着厂商需求曲线的特征将决定厂商收益曲线的特征。如图5-8所示,垄断厂商的需求曲线是向右下方倾斜的,其相应的平均收益曲线 AR、边际收益曲线 MR 和总收益曲线 TR 的一般特征如下:第一,由于厂商的平均收益 AR 总是等于商品的价格 P,因此,垄断厂商的平均收益曲线 AR 和需求曲线 d 重叠,都是同一条向右下方倾斜的曲线;第二,由于 AR 曲线是向右下方倾斜的,则根据平均量和边际量之间的相互关系可以推知,垄断厂商的边际收益 MR 总是小于平均收益 AR,因此,垄断厂商的 MR 曲线位于 AR 曲线的左下方,且也向右下方倾斜;第三,由于每一销售量上的边际收益 MR 值就是相应的总收益曲线 TR 的斜率,因此,当 MR>0 时,TR 曲线上升,当 MR<0 时,TR 曲线下降,当 MR=0 时,TR 曲线位于最大值点。

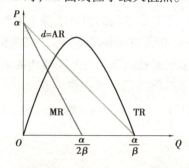

图 5-8 垄断厂商面临的需求曲线和收益曲线

当然,垄断厂商的需求曲线 d 可以是直线型的,也可以是曲线型的。在此,需要说明的

是,当垄断厂商的需求曲线 d 为直线型时,相应地边际收益曲线 MR 还有其他一些重要的特征。

由需求函数 $P=\alpha-\beta Q$ 可以分别求得总收益函数、平均收益函数和边际收益函数的公式如下:

$$TR=PQ=(\alpha-\beta Q)Q=\alpha Q-\beta Q^2 \tag{5-8}$$

$$AR=\frac{PQ}{Q}=P=\alpha-\beta Q \tag{5-9}$$

$$MR=(\alpha Q-\beta Q^2)'=\alpha-2\beta Q \tag{5-10}$$

可以看出,平均收益曲线 AR 和需求曲线 d 完全重合,即也是一条纵截距为 α、斜率为 $-\beta$ 的向右下方倾斜的直线。同时,边际收益曲线 MR 和平均收益曲线 AR 的纵截距一样,都等于 α,但斜率是后者的 2 倍。如果在上面的式子中令 AR 和 MR 都等于 0,求出相应的产量水平,则它们分别等于 $\frac{\alpha}{\beta}$ 和 $\frac{\alpha}{2\beta}$。由此可知,边际收益曲线 MR 与横轴的交点正好等于平均收益曲线 AR 与横轴的交点的一半,也可以说边际收益曲线 MR 平分任何一条从纵轴到平均收益曲线 AR(需求曲线 d)的水平线。最后,总收益曲线 TR 可以由边际收益曲线 MR 确定:当边际收益大于、小于和等于 0 时,或者,当产量 Q 小于、大于和等于 $\frac{\alpha}{2\beta}$ 时,总收益函数上升、下降和达到最大。

三、完全垄断厂商的短期均衡与长期均衡

(一)完全垄断厂商的短期均衡

垄断厂商为了获得最大利润,也必须遵循 MR＝MC 的原则。在短期内,垄断厂商无法改变固定要素投入量,只能在既定的生产规模下通过对产量和价格的调整,来实现 MR＝SMC 的利润最大化原则。

如图 5-9 所示,SMC 曲线和 SAC 曲线代表垄断厂商既定的生产规模,d 曲线和 MR 曲线代表垄断厂商的需求曲线(平均收益曲线)和边际收益曲线。根据 MR＝SMC 的利润最大化的均衡条件,均衡点为 E 点,产量和价格分别为 Q_1 和 P_1。此时,垄断厂商的平均收益为 FQ_1,平均成本为 GQ_1,平均收益大于平均成本,垄断厂商获得利润。单位商品的平均利润为 FG,总利润量相当于图中的阴影部分 P_1HGF 的面积。

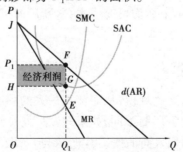

图 5-9　垄断厂商的短期均衡(盈利)

为什么垄断厂商只有在 MR=SMC 的均衡点 E 上才能获得最大的利润呢?

分析如下。只要 MR>SMC,垄断厂商增加一单位销量所得到的收益增量就会大于所付出的成本增量。这时,厂商增加销量是有利的。随着销量的增加,如图 5-9 所示,MR 会下降,而 SMC 会上升,两者之间的差额会逐步缩小,最后达到 MR=SMC 的均衡点 E,厂商也由此得到了增加销量的全部好处。而 MR<SMC 时,情况正好与上面相反。所以,垄断厂商的利润在 MR=SMC 时最大。

那么,垄断厂商在短期内是否总能获得利润呢? 不是。垄断厂商在 MR=SMC 的短期均衡点上,可以获得最大的利润,也可能是亏损的(尽管亏损额是最小的)。造成垄断厂商短期亏损的原因,可能是既定的生产规模成本过高(相应的成本曲线位置过高),也可能是垄断厂商所面临的市场需求过小(相应的需求曲线位置过低)。垄断厂商短期均衡时的亏损情况如图 5-10 所示。

同样地,垄断厂商遵循 MR=SMC 的原则,将产量和价格分别调整到 Q_1 和 P_1 的水平。在短期均衡点 E,垄断厂商是亏损的,单位产品的平均亏损额为 GF,总亏损额等于图中矩形 HP_1FG 的面积。与完全竞争厂商相同,在亏损的情况下,若 AR>AVC,垄断厂商就继续生产;若 AR<AVC,垄断厂商就停止生产;若 AR=AVC,垄断厂商则认为生产和不生产都一样。在图 5-10 中,若垄断厂商的平均可变成本曲线位于 AVC_0 的位置,平均收益 FQ_1 小于平均可变成本 NQ_1,垄断厂商最明智的决策是停产;若垄断厂商的平均可变成本曲线位于 AVC_1 的位置,平均收益 FQ_1 大于平均可变成本 BQ_1,垄断厂商会继续生产。

垄断厂商在短期内也可能出现收支相抵的情况,如图 5-11 所示。此处分析省略。

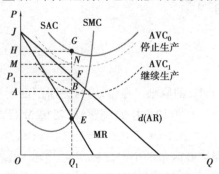

图 5-10 垄断厂商的短期均衡(亏损)

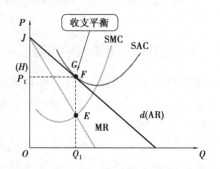

图 5-11 垄断厂商的短期均衡(收支相抵)

综上所述,垄断厂商短期均衡条件为:

$$MR=SMC \tag{5-11}$$

在短期均衡时,均衡价格不小于平均可变成本,垄断厂商可以获得最大利润,可以利润为零,也可以蒙受最小亏损。

(二)完全垄断厂商的长期均衡

垄断厂商在长期内可以调整生产规模,从而实现最大的利润。垄断行业排除了其他厂商进入的可能性,因此,与完全竞争厂商不同,如果垄断厂商在短期内获得利润,那么,它的利润在长期内不会因为新厂商的加入而消失。因此,垄断厂商在长期内可以获得利润。

垄断厂商在长期内对生产规模的调整一般有三种结果:第一种结果,垄断厂商在短期内亏损,但在长期,又不存在一个可以获得利润(或至少使亏损为零)的最优生产规模,于是,该厂商退出生产。第二种结果,垄断厂商在短期内亏损,在长期,通过对最优生产规模的调整,转亏为盈。第三种结果,垄断厂商在短期内获利,在长期,通过对生产规模的调整而获得更大的利润。至于第一种情况,不需要再分析。对第二种情况和第三种情况的分析类似,下面利用图 5-12 着重分析第三种情况。

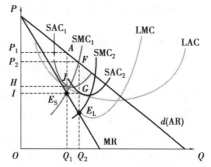

图 5-12　垄断厂商的长期均衡

d 曲线和 MR 曲线分别表示垄断厂商的需求曲线和边际收益曲线,LAC 曲线和 LMC 曲线分别为垄断厂商的长期平均成本曲线和长期边际成本曲线。

假定开始时的生产规模由 SAC_1 曲线和 SMC_1 曲线所代表。在短期内,垄断厂商只能按照 $MR=SMC_1$ 的原则,在现有的生产规模上生产,均衡点为 E_S 点,均衡产量和均衡价格分别为 Q_1 和 P_1,垄断厂商获得的利润为图中较小的面积 HP_1AJ。

在长期,垄断厂商通过对生产规模的调整,能进一步增大利润。按照 $MR=LMC$ 的长期均衡原则,长期均衡点为 E_L 点,长期均衡产量和均衡价格分别为 Q_2 和 P_2,垄断厂商的最优生产规模由 SAC_2 曲线和 SMC_2 曲线所代表。此时,垄断厂商获得了比短期更大的利润,即图中较大的面积 IP_2FG。

究其根本,垄断厂商之所以能在长期内获得更大的利润,是因为长期内厂商的生产规模是可调整的和行业对新加入厂商是完全关闭的。

综上所述,在垄断厂商实现长期均衡时,代表最优生产规模的 SAC_2 曲线和 LAC 曲线相切于 G,对应的 SMC_2 曲线、LMC 曲线和 MR 曲线相交于 E_L 点。故垄断厂商长期均衡条件是:

$$MR=LMC=SMC \qquad (5\text{-}12)$$

垄断厂商在长期均衡点上一般可获得利润。

另外,由于垄断厂商的需求曲线就是市场的需求曲线,垄断厂商的供给量就是全行业的供给量,因此,本节所分析的垄断厂商的短期和长期均衡价格与均衡产量的决定,就是垄断市场的短期和长期均衡价格与均衡产量的决定。

四、价格歧视

某些情况下,垄断厂商会通过对同一种商品收取不同的价格来增加利润。以不同的价格将相同的商品卖给不同的消费者,这种做法称为价格歧视,又称为差别价格。

垄断厂商实行价格歧视的前提条件是偏好分割和市场分割,具体来说主要有两点。

第一,市场上的消费者偏好不同,且这些不同的偏好可以被区分开。于是,厂商就对不同的消费者或消费群体收取不同的价格。

第二,不同的消费者群体或不同的销售市场是相互隔离的。这样就排除了中间商赚差价(低价买进、高价卖出)的情况。

根据歧视的程度不同,可分为一级、二级和三级价格歧视三种类型,下面逐一分析。

(一)一级价格歧视

一级价格歧视是指厂商对每一单位商品都按消费者所愿意支付的最高价格销售,也称为完全价格歧视。例如,一个有丰富诉讼经验的律师向每一个委托人收取不同的律师费。如图 5-13(a)所示,当厂商销售第一单位商品 Q_1 时,消费者愿意支付的最高价格为 P_1,于是,厂商就按此价格销售第一单位商品。当厂商销售第二单位商品 Q_2 时,厂商又按照消费者愿意支付的最高价格 P_2 销售第二单位商品。依此类推,直到厂商销售量为 Q_m 时为止,即以价格 P_m 销售第 m 单位的商品。这时,垄断厂商的总收益相当于图中的阴影部分面积。而如果厂商不实行一级价格歧视,都按同一个价格 P_m 销售 Q_m 的产量时,总收益仅为 OP_mBQ_m 的面积。

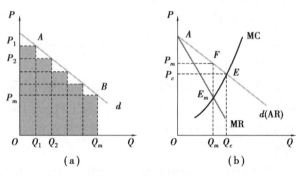

图 5-13 一级价格歧视

在图 5-13(b)中,垄断厂商根据 MR=MC 原则所确定的均衡价格为 P_m,均衡数量为 Q_m。假定产量和价格的变化是连续的。如果存在一级价格歧视,在产量小于 Q_m 时,消费者为每一单位商品所愿意支付的最高价格均大于 P_m,所以,厂商增加产量就可以增加利润。在产量在 Q_m 到 Q_c 之间时,消费者为每单位商品所愿意支付的最高价虽小于 P_m 但大于 MC,此时,厂商增加产量还可以增加利润。因此,厂商始终有动力增加产量,一直到将产量增加到 Q_c 为止。这时,厂商总收益相当于 $OAEQ_c$ 的面积,厂商获得了比按同一价格 P_c 销售全部产量 Q_c 时更大的利润。而且,消费者剩余全部被垄断厂商所占有,转化为厂商收益(或利润)的增加量。

此外,在 Q_c 的产量上,满足 $P=MC$ 这一完全竞争厂商实现均衡的条件。所以,一级价格歧视下的资源配置是有效率的,尽管此时垄断厂商剥夺了全部的消费者剩余。

(二)二级价格歧视

二级价格歧视不如一级价格歧视那么严重。一级价格歧视要求垄断者对每一单位商品都制定一个价格,而二级价格歧视只要求对不同的消费数量段规定不同的价格。例如,销售商根据批量采取不同折扣率的做法。

如图 5-14 所示,垄断者将消费数量分成三个阶段,并制定不同的价格水平。在第一阶段,垄断者制定的价格为

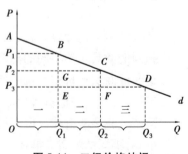

图 5-14 二级价格歧视

P_1;到第二阶段时,价格下降为 P_2;而到第三阶段时,价格则下降为 P_3。

如果不存在价格歧视,则垄断厂商的总收益相当于矩形 OP_3DQ_3 的面积,如果实行二级价格歧视,则垄断厂商的总收益的增加量(即利润的增加量)相当矩形 P_3P_1BE 加矩形 $EGCF$ 的面积,这一面积恰好就是消费者剩余的损失量。

可见,实行二级价格歧视的垄断厂商利润会增加,部分消费者剩余被垄断厂商占有。此外,垄断厂商有可能达到或接近 $P = \text{MC}$ 的有效率的资源配置的产量。

(三)三级价格歧视

垄断厂商对同一种商品在不同的市场上(或对不同的消费群)收取不同的价格,这就是三级价格歧视。例如,电力部门对工业用电和居民用电收取不同的价格。

为便于理解,假定某垄断厂商在两个分割的市场上出售同种商品。首先,厂商应该根据 $\text{MR}_1 = \text{MR}_2 = \text{MC}$ 的原则来确定产量和价格。其中,MR_1 和 MR_2 分别表示市场 1 和市场 2 的边际收益,MC 表示商品的边际成本。这是因为,第一,就不同的市场而言,厂商应该使各个市场的边际收益相等。只要各市场之间的边际收益不相等,厂商就可以通过不同市场之间的销售量的调整来获得更大的利益,这种调整一直会持续到 $\text{MR}_1 = \text{MR}_2$ 为止。第二,厂商应该使生产的边际成本 MC 等于各市场相等的边际收益。只要两者不等,厂商就可以通过调整产量来获得更大的利益,直至 $\text{MR}_1 = \text{MR}_2 = \text{MC}$ 为止。

其次,根据式(5-1)并对其进行一阶求导,可以得到在市场 1 有

$$\text{MR}_1 = P_1 \left(1 - \frac{1}{e_{d_1}} \right)$$

在市场 2 有

$$\text{MR}_2 = P_1 \left(1 - \frac{1}{e_{d_2}} \right)$$

最后根据 $\text{MR}_1 = \text{MR}_2$ 的原则,可得

$$\frac{P_1}{P_2} = \frac{1 - \dfrac{1}{e_{d_2}}}{1 - \dfrac{1}{e_{d_1}}} \tag{5-13}$$

由式(5-13)可知,三级价格歧视要求厂商在需求价格弹性小的市场上制定较高的价格,在需求价格弹性大的市场上制定较低的价格。实际上,对价格变化反应不敏感的消费者制定较高的价格,而对价格变化反应敏感的消费者制定较低的价格,是有利于垄断者获得更大的利润的。

◆生活中的实例

飞机上的座位许多以不同的价格出售。许多航空公司对在两个城市间往返,但周六在对方城市住一个晚上的旅客收取低价格。原因是这条规定是区别公务乘客与休闲乘客的一种办法。公务乘客支付意愿高,而且很可能不想在周六停留一个晚上。因此,航空公司可以通过对周六停留一晚的乘客收取低价格而成功地实行价格歧视。

五、完全垄断市场的效率

对完全竞争市场和完全垄断市场出清的特点,必须相互对比才能够全面了解。就完全垄断市场和完全竞争市场的长期均衡状态对比来看,两者具有不同特征。

从图 5-15 中可以看出,与完全竞争市场相比,完全垄断市场存在效率损失和福利损失。第一,生产资源浪费。与完全竞争市场相比,完全垄断市场长期均衡时价格较高($P_L > P_0$)而产量较低($Q_L < Q_0$),说明垄断市场经济效率较低。第二,社会不公平。垄断厂商排除了其他厂商进入该行业的可能,因此,垄断厂商在长期中能够通过调整生产规模获得超额利润。第三,社会福利净损失。如图 5-16 中 $\triangle$GHE 面积——哈伯格三角形,是由于垄断所带来的福利状况恶化,又称无谓损失。

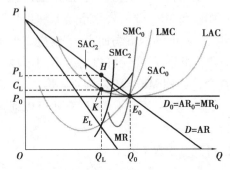

图 5-15 完全垄断市场和完全竞争市场的比较

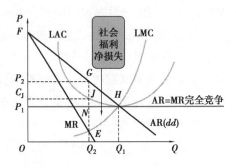

图 5-16 哈伯格三角形

第四节 垄断竞争市场

一、垄断竞争市场的特征

前两种市场是两种极端的市场组织,现实生活中较为常见的是垄断竞争市场和寡头市场。其中,垄断竞争市场与完全竞争市场比较接近。

垄断竞争市场是这样一种市场组织,一个市场中有许多厂商生产和销售有差别的同种商品。可以看出,垄断竞争市场是以竞争为主但又有垄断因素的市场[1]。根据垄断竞争市场的这一基本特征,西方经济学家提出了生产集团的概念。因为在垄断竞争市场,商品差别这一重要特点使行业的含义不明确。为此,在垄断竞争市场理论中,把市场上大量的生产非常接近的同种商品的厂商的总和称作生产集团。例如,汽车加油站集团、快餐食品集团、理发店集团等。

① 孙晶晶,黄志勇.经济学基础[M].北京:高等教育出版社,2021:142.

具体地说,垄断竞争市场的特征如下。

第一,一个生产集团中的厂商数量非常多。每个厂商都认为自己的影响很小,不会引起竞争对手的注意和反应,因而自己也不会受到竞争对手任何报复措施的影响。例如,盒饭、理发行业。

第二,厂商生产的是有差异的同种商品。这些差异使每个厂商对自己商品的价格有一定的垄断力量,从而使市场带有垄断的因素。但有差异的商品相互之间又是很相似的替代品,或者说,每一种商品都会遇到大量的其他的相似商品的竞争,因此,市场中有竞争的因素。例如,不同品牌的香烟、饮料和方便面。

第三,厂商进入和退出一个生产集团比较容易。与完全竞争厂商的情况相似,新的厂商进入生产集团比较容易,原有的厂商因为无利可图也比较容易退出,进入和退出基本上不存在法律上的、资金上的和技术上的障碍。例如,修理、糖果零售业。

◆生活中的实例

手机生产商除了在通话质量方面开展竞争,以争取更多的消费者外,还在功能、外形等方面展开了激烈的差异化竞争。如在竞争中,手机的功能日趋多样化,可玩游戏、拍照,可记事、计算等,甚至已越来越具备掌上电脑的特点。手机的式样也日趋时装化,丰富、别致的式样不断地激发消费者的购买欲望,从而为消费者提供了更多的消费选择空间,较好地满足了消费者的消费心理需求。许多消费者弃用旧手机、改买新手机并非看中新手机的通话功能,而是其他功能甚至主要是式样、颜色。

二、垄断竞争厂商的需求曲线和收益曲线

由于垄断竞争厂商可以通过改变自己生产的有差别的商品的销售量来影响商品的价格,因此,如同垄断厂商一样,垄断竞争厂商的需求曲线也是向右下方倾斜的。区别在于各垄断竞争厂商的商品相互之间都是很接近的替代品,市场中的竞争因素又使垄断竞争厂商的需求曲线具有较大的弹性,因此,垄断竞争厂商向右下方倾斜的需求曲线比较平坦,相对地比较接近完全竞争厂商的水平状需求曲线。

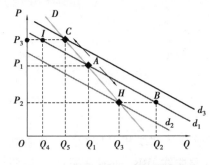

图 5-17 垄断竞争厂商的需求曲线

假定生产集团内的所有厂商都具有相同的成本曲线和需求曲线,以代表性厂商进行分析。垄断竞争厂商所面临的需求曲线有两种,它们通常被区分为 d 需求曲线和 D 需求曲线。下面用图 5-17 分别说明这两种需求曲线。

关于 d 需求曲线。d 需求曲线表示:在垄断竞争生产集团中的某个厂商改变商品价格,而其他厂商的价格都保持不变时,该厂商的商品价格和销售量之间的关系。在图 5-17 中,假定某垄断竞争厂商开始时处于价格为 P_1 和产量为 Q_1 的 A 点上,它想通过降价来增加销售量。该垄断竞争厂商认为其他厂商不会对它的降价行为做出反应。随着它的商品价格由 P_1 下降为 P_2,它的销售量会沿着 d_1

需求曲线由 Q_1 增加为 Q_2。因此,它预期自己的销售可以沿着 d_1 需求曲线由 A 点运动到 B 点。

关于 D 需求曲线。D 需求曲线表示:在垄断竞争生产集团中的某个厂商改变商品价格,而且集团内的其他所有厂商也使商品价格发生相同变化时,该厂商的商品价格和销售量之间的关系。在图 5-17 中,如果某垄断竞争厂商将价格由 P_1 下降为 P_2 时,集团内其他所有厂商也都将价格由 P_1 下降为 P_2,于是,该垄断竞争厂商的实际销售量是 D 需求曲线上的 Q_3,而不是 Q_2,该垄断竞争厂商降价的结果是使自己的销售量沿着 D 需求曲线由 A 点运动到 H 点。同时,d_1 需求曲线也相应地从 A 点沿着 D 需求曲线平移到 H 点,即平移到 d_2 需求曲线的位置。d_2 需求曲线表示当整个生产集团将价格固定在新的价格水平 P_2 以后,该垄断竞争厂商单独变动价格时在各个价格下的预期销售量。所以,还可以用 D 需求曲线表示垄断竞争生产集团内的单个厂商在每一市场价格水平的实际销售份额。于是,可以得到 d 需求曲线和 D 需求曲线的一般关系:第一,当垄断竞争生产集团内的所有厂商都以相同方式改变商品价格时,整个市场价格的变化会使单个垄断竞争厂商的 d 需求曲线沿着 D 需求曲线发生平移;第二,由于 d 需求曲线表示单个垄断竞争厂商单独改变价格时所预期的产品销售量,D 需求曲线表示每个垄断竞争厂商在每一市场价格水平实际所面临的市场需求量,所以,d 需求曲线和 D 需求曲线相交意味着垄断竞争市场的供求相等;第三,d 需求曲线的弹性大于 D 需求曲线,即前者较之于后者更平坦一些。

三、垄断竞争厂商的短期均衡与长期均衡

(一)垄断竞争厂商的短期均衡

以代表性厂商为例进行分析。在短期内,垄断竞争厂商是在现有的生产规模下通过对产量和价格的调整,来实现 MR＝SMC 的均衡条件。现用图 5-18 来分析垄断竞争厂商短期均衡的形成过程。

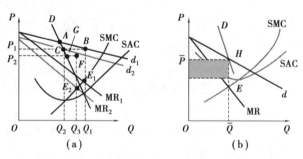

图 5-18　垄断竞争厂商的短期均衡

在图 5-18(a)中,SAC 曲线和 SMC 曲线表示现有生产规模,d 曲线和 D 曲线表示代表性厂商的两条需求曲线,MR_1 曲线是相对于 d_1 曲线的边际收益曲线,MR_2 曲线是相对于 d_2 曲线的边际收益曲线。假定代表性厂商最初在 d_1 曲线和 D 曲线相交的 A 点上进行生产,A 点的价格和产量与实现最大利润的 $MR_1＝SMC$ 的均衡点 E_1 所要求的产量 Q_1 和价格 P_1 相差很远。于是,该厂商决定将生产由 A 点沿着 d_1 需求曲线调整到 B 点,即将价格降低为 P_1,将

产量增加为 Q_1。

然而,由于生产集团内每一个厂商的情况都是相同的,而且,每个厂商都认为降价不会引起其他厂商的注意,于是都把价格降为 P_1,都计划生产 Q_1 的产量。事实上,当整个市场价格下降为 P_1 时,每个厂商的产量都毫无例外是 Q_2,而不是 Q_1。相应地,每个厂商的 d_1 曲线也都沿着 D 曲线运动到了 d_2 曲线的位置。所以,首次降价的结果是使代表性厂商的经营位置由 A 点沿 D 曲线运动到 C 点。

在 C 点上,d_2 曲线与 D 曲线相交,相应的边际效益曲线为 MR_2。很明显,C 点上的商品价格 P_1 和产量 Q_2 仍然不符合在新的市场价格水平下的 $MR_2 = SMC$ 的均衡点 E_2 上的价格 P_2 和产量 Q_3 的要求。于是,该厂商再一次降价。与第一次降价相似,厂商将沿着 D 曲线由 C 点运动到 G 点。相应地,d 曲线将向下平移,并与 D 曲线相交于 G 点(图中略)。以此类推,为实现 $MR = SMC$ 的利润最大化的原则,厂商会继续降低价格,d 曲线会沿着 D 曲线不断向下平移,并在每一个新的市场价格水平与 D 曲线相交。

上述的过程一直要持续到 $MR = SMC$ 的均衡条件实现为止。如图 5-18(b)所示,代表性厂商连续降价行为的最终结果,将使 d 曲线和 D 曲线相交点 H 上的产量和价格,恰好是 $MR = SMC$ 时的均衡点 E 所要求的产量和价格。此时,厂商便实现了短期均衡,并获得了利润,其利润量为图中阴影部分的面积。当然,垄断竞争厂商在短期均衡点上并不一定获利,也可能亏损。这取决于均衡价格是大于还是小于 SAC。在亏损时,只要均衡价格大于 AVC,厂商在短期内会继续生产;只要均衡价格小于 AVC,厂商在短期内就会停产。关于其他短期均衡时的盈亏情况,可在图 5-18(b)的基础上,并参考图 5-11,自行作图分析。

垄断竞争厂商短期均衡的条件是:

$$MR = SMC \tag{5-14}$$

在短期均衡的产量上,必定存在一个 d 曲线和 D 曲线的交点,这意味着市场上供求相等。此时,均衡价格不小于平均可变成本,垄断竞争厂商可能获得最大利润,可能利润为零,也可能蒙受最小亏损。

(二)垄断竞争厂商的长期均衡

在长期内,垄断竞争厂商不仅可以调整生产规模,还可以加入或退出生产集团,这意味着垄断竞争厂商在长期均衡时的利润必定为零,d 需求曲线必定与 LAC 曲线相切。表面上看,这些情况与完全竞争厂商是相似的。但由于垄断竞争厂商有两条向右下方倾斜的需求曲线,因此,垄断竞争厂商长期均衡的实现过程及其状态具有自身的特点,如图 5-19 所示。

在图 5-19(a)中,假定代表性厂商开始时在 I 点经营,生产规模由 SAC_1 曲线和 SMC_1 曲线所代表;厂商的边际收益 MR 曲线、长期边际成本 LMC 曲线和短期边际成本 SMC_1 曲线相较于均衡点 E_1;d 曲线和 D 曲线相较于 I 点,即市场供求相等;企业获得利润,其利润量相当于图中的阴影部分面积。

由于生产集团内存在利润,新的厂商就会被吸引进来。随着生产集团内厂商数量的增加,在市场需求不变的条件下,每个厂商所面临的市场销售份额都会减少。相应地,代表性厂商的份额需求曲线 D 便向左下方平移,从而使原有的均衡点 E_1 的位置受到扰动。当厂商为建立新的均衡而降低价格时,d 曲线便沿着 D 曲线向左下方平移。而且,由于新厂商的加

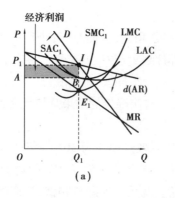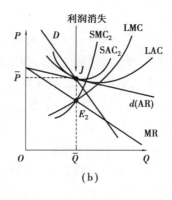

图 5-19 垄断竞争厂商的长期均衡

入使市场竞争激烈,因此,单个厂商的 d 需求曲线会更平坦一些。这种 D 曲线和 d 曲线不断地向左下方移动的过程,一直要持续到不再有新厂商加入为止,即持续到生产集团内的每个厂商利润为零时结束。最后,厂商在图 5-19(b)中的 E_2 点实现长期均衡。

在代表性厂商的长期均衡产量 $\overline{Q}$ 上,SAC_2 曲线和 SMC_2 曲线表示最优生产规模;MR 曲线、LMC 曲线和 SMC_2 曲线相交于同一均衡点 E_2,且有 $MR = LMC = SMC_2$;d 曲线与 LAC 曲线相切于 LAC 曲线与 SAC_2 曲线的切点 J,且有 $AR = LAC = SAC_2$,厂商的利润为零;D 曲线与 d 曲线相交于 J 点,市场上的供求相等。

这便是代表性厂商由盈利到利润为零的长期均衡的实现过程,至于代表性厂商由亏损到利润为零的长期均衡的实现过程,其道理是一样的,只是表现为生产集团内一部分原有厂商退出的一个相反的过程而已。对这一过程的分析此处从略。

综上所述,垄断竞争厂商的长期均衡条件为:

$$MR = LMC = SMC \tag{5-15}$$
$$AR = LAC = SAC \tag{5-16}$$

在长期均衡时,垄断竞争厂商的利润为零,且存在一个 d 需求曲线和 D 需求曲线的交点。

四、垄断竞争厂商的竞争策略

在垄断竞争市场上,厂商之间既存在价格竞争,也存在非价格竞争。就价格竞争而言,它虽然能使一部分厂商得到好处,但从长期来看,价格竞争会导致商品价格持续下降,最终使厂商的利润消失。因此,非价格竞争便成为垄断竞争厂商普遍采取的竞争方式。非价格竞争策略主要从产品差异化和广告两个方面开展。

(一)产品差异化

在垄断竞争市场上,厂商会用心研究消费者的心理和偏好,捕捉消费者未被满足的需求,通过改进商品品质、精心设计商标和包装、改善售后服务等手段,创造出与竞争对手不一样的商品。因为厂商在商品差别方面做得越成功,垄断权力也就越大。例如,牙膏、洗面奶、洗发水、沐浴露的品牌多得令人眼花缭乱。

(二)广告

在完全竞争市场中,厂商销售的商品与该行业中其他厂商销售的商品是完全一样的,所以,厂商之间不可能存在非价格竞争。但垄断竞争市场是一种同时存在垄断成分和竞争成分的市场结构。竞争因素的存在是由于行业内众多厂商提供具有不同替代程度的同种商品,垄断因素来自厂商的品牌和商品的差异。因而,厂商通过广告改善消费者对其商品的看法,在消费者的头脑中形成虚构的差别。

五、垄断竞争市场的效率

在垄断竞争市场上,厂商的长期利润为零,因此,在长期均衡时,向右下方倾斜的、相对比较平坦的需求曲线相切于 LAC 曲线最低点的左边;商品的均衡价格比较低,等于生产的平均成本;商品的均衡产量比较高,厂商存在多余的生产能力。我们结合图 5-20 进行分析。一般把完全竞争厂商在长期平均成本 LAC 曲线最低点上的产量称作理想的产量,把实际产量与理想产量之间的差额称作多余的生产能力。

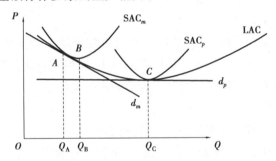

图 5-20　垄断竞争厂商多余的生产能力

在图 5-20 中,d_m 曲线代表垄断竞争厂商的 d 需求曲线,d_p 曲线代表完全竞争厂商的 d 需求曲线。由于 d_m 曲线是向右下方倾斜的,因此,在长期均衡利润等于零时,d_m 曲线只能与 LAC 曲线相切于 LAC 曲线最低点的左边,如 A 点。而在长期均衡利润等于零时,完全竞争厂商的 d_p 需求曲线必定与 LAC 曲线相切于 LAC 曲线的最低点 C。比较图 5-20 中的 A 点和 C 点,不难发现,A 点所对应的产量 Q_A 小于 C 点所对应的产量 Q_C。所以,垄断竞争厂商的长期均衡产量 Q_A 小于理想的产量 Q_C,多余的生产能力为 $Q_A Q_C$。

此外,垄断竞争厂商多余的生产能力 $Q_A Q_C$ 可以分解为 $Q_A Q_B$ 和 $Q_B Q_C$ 两个部分。其中,前者表示垄断竞争厂商没有在已经建立的由 SAC_m 曲线所代表的生产规模的最低平均成本点即 B 点进行生产,或者说,厂商没有充分地利用现有的生产设备。后者 $Q_B Q_C$ 表示垄断竞争厂商没有建立一个由 SAC_p 曲线所代表的、能够产生最低长期平均成本的生产规模进行生产,或者说,垄断竞争厂商应该更多地使用社会资源,以扩大生产规模,将生产的平均成本降到最低水平即 C 点。

在垄断竞争市场条件下,众多厂商之间的商品是有差别的,多样化的商品使消费者有更多的选择自由,可以满足不同的需要。与此同时,垄断竞争市场往往伴随过于庞大的广告支出,会造成资源的浪费和抬高销售价格,再加上某些广告内容过于夸张和诱导,这些对消费者是不利的。

第五节 寡头垄断市场

一、寡头垄断市场的特征和形成原因

(一)寡头垄断市场的特征

寡头市场又称为寡头垄断市场,是指少数几家厂商控制整个市场产品的生产和销售的一种市场组织。寡头市场被认为是一种较为普遍的市场组织。不少行业都表现出寡头垄断的特点,例如汽车业、电气设备业、罐头行业。

寡头市场的特征如下。

1. 寡头厂商之间相互依存

行业中只有少数几家大厂商,它们的供给量均占较大的市场份额。这些寡头厂商各自生产决策的变化都会影响整个市场及其他厂商的行为,因而厂商之间联系密切,任何一家厂商在做出决策时都必须考虑其他厂商对其行为所做出的反应。

2. 产量和价格相对稳定

由于市场中各厂商之间相互依存,如果一厂商想通过降价来提高市场占有率,就必然会引起行业中其他厂商的抵制,结果是所有厂商竞相降价,一损俱损。因此,寡头厂商一般不以价格竞争为手段。

3. 进入行业较为困难

寡头行业通常存在规模经济,在竞争过程中,大厂商凭借较强的成本和产量优势逐渐发展壮大,最终形成行业中只有几家大厂商存在的局面。有时为了减少竞争,寡头厂商也会收购兼并小厂商或相互勾结构筑行业壁垒。

(二)寡头垄断市场的形成原因

寡头市场形成的主要原因可以有:某些产品的生产必须在相当大的生产规模上运行才能达到最好的经济效益;行业中几家厂商对生产所需的基本生产资源供给的控制;政府的扶植和支持等。由此可见,寡头市场和垄断市场的成因是很相似的,只是在程度上有所差别而已。寡头市场是比较接近垄断市场的一种市场组织。

寡头行业可按不同方式分类。根据产品特征,可以分为纯粹寡头行业和差别寡头行业两类。在纯粹寡头行业中,厂商之间生产的产品没有差别。例如,钢铁、水泥等行业。在差别寡头行业中,厂商之间生产的产品是有差别的。例如,汽车、空调等行业。此外,寡头行业还可按厂商的行动方式,分为有勾结行为的(即合作的)和独立行动的(即不合作的)寡头行业。

寡头厂商的价格和产量决定是一个很复杂的问题。其主要原因在于：在寡头市场上，每个厂商的产量都在全行业的总产量中占有相当大的份额，以至于其中任何一个厂商的产量和价格变动都会对整个行业的产量和价格产生重大影响。正因为如此，每个寡头厂商在做出决策时都会考虑其他厂商的反应，所以，每个寡头厂商的利润受到所有厂商决策相互作用的影响。寡头厂商们行为之间这种复杂的关系，使寡头理论复杂化。一般来说，有多少种关于寡头厂商之间行为互动方式的假定，就可以有多少个寡头模型。因此，在微观经济学中没有一个寡头市场模型可以对寡头市场的价格和产量决定做出一般介绍。

本节将介绍寡头市场理论中几个具有代表性的模型，首先，介绍的是古诺模型，该模型是一个经典的双寡头模型，属于独立行动条件下的模型。然后，将介绍斯威齐模型和卡特尔模型在寡头理论中的运用。

二、独立寡头模型：古诺模型和斯威齐模型

（一）古诺模型

古诺模型是早期的寡头模型，是由法国经济学家古诺于 1838 年提出的。古诺模型常被作为寡头理论分析的出发点，是一个只有两个寡头厂商的简单模型，也被称为"双寡头模型"。古诺模型的结论可以简单地推广到三个或三个以上的寡头厂商的情况中去。

古诺模型分析的是两个出售矿泉水的生产成本为零的寡头厂商的情况。假定是：市场上只有 A、B 两个厂商生产和销售相同的产品，它们的生产成本为零；它们准确了解市场需求曲线的形状及特征；A、B 两个厂商都是在已知对方产量的情况下，各自确定能够给自己带来最大利润的产量。

古诺模型的价格和产量的决定可以用图 5-21 来说明。

在图 5-21 中，D 曲线为两个厂商共同面临的线性的市场需求曲线。由于生产成本为零，故图中无成本曲线。

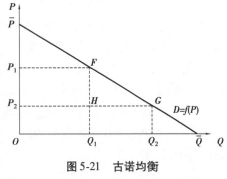

图 5-21　古诺均衡

在第一阶段，A 厂商首先进入市场。由于生产成本为零，因此，厂商的收益就等于利润，A 厂商面临 D 需求曲线，将产量定为市场总容量的 1/2，将价格定为 OP_1，从而实现了最大的利润，其利润量相当于图中矩形 OP_1FQ_1 的面积。然后，B 厂商进入市场。B 厂商准确地知道 A 厂商在本阶段留了市场容量的 1/2 给自己，B 厂商也按相同的方式行动，生产它所面临的市场容量的 1/2。此时，市场价格下降为 OP_2，B 厂商获得的最大利润相当于图中矩形 Q_1HGQ_2 的面积，而 A 厂商的利润因价格的下降而减少为矩形 OP_2HQ_1 的面积。

在这样周而复始的过程中，A 厂商的产量会逐渐地减少，B 厂商的产量会逐渐地增加，最后，达到 A、B 两个厂商的产量都相等的均衡状态为止。在均衡状态中，A、B 两个厂商的产量都为市场总容量的 1/3，即每个厂商的产量为 1/3，行业的总产量为 2/3。

将以上双头古诺模型的结论一般化,假设市场中有 m 个寡头厂商,则可得到结论如下:

每个寡头厂商的均衡产量=市场总容量 $\cdot \dfrac{1}{m+1}$

行业的均衡总产量=市场总容量 $\cdot \dfrac{m}{m+1}$

这里的市场总容量等于市场价格为 0 时的市场需求量,在图形上用线性反需求函数 $P(Q)$ 的横截距表示。

(二)斯威齐模型

斯威齐模型,又叫弯折的需求曲线模型,是 1939 年由美国经济学家斯威齐提出的。这一模型主要用来解释一些寡头市场上的价格刚性现象。

基本假设是:如果一个寡头厂商提高价格,行业中的其他寡头厂商不会跟着提高价格,因而提价的寡头厂商的销售量会大大减少;反之,如果一个寡头厂商降低价格,行业中的其他寡头厂商也会将价格降到相同的水平,以避免因原有消费者被抢走而造成销售份额的减少,此时该寡头厂商的销售量增加微乎其微。

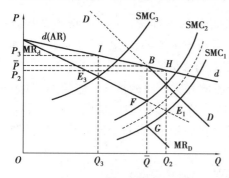

图 5-22　弯折的需求曲线模型

根据上述假设条件可推出寡头厂商的弯折的需求曲线,如图 5-22 所示。厂商有 dd 和 DD 两条需求曲线,它们与上一节分析垄断竞争厂商所面临的两条需求曲线有着相同的含义。dd 需求曲线表示该寡头厂商改变价格而其他寡头厂商不改变价格时该寡头厂商面临的需求状况,DD 需求曲线表示行业内所有寡头厂商都以相同方式改变价格时该厂商面临的需求状况。假定开始时的市场价格为 dd 需求曲线和 DD 需求曲线的交点 B 所决定的 $\overline{P}$,那么,根据假设条件,该寡头厂商从 B 点出发,提价所面临的需求曲线是 dd 需求曲线上左上方的 dB 段,降价所面临的需求曲线是 DD 需求曲线上右下方的 BD 段,于是,这两段共同构成该寡头厂商的需求曲线 dBD。显然,需求曲线是弯折的,折点是 B 点。这条弯折的需求曲线表示该寡头厂商从 B 点出发,在各个价格水平所面临的市场需求数量。

根据需求曲线可得边际收益曲线,图 5-22 中,需求曲线 dB 段得到的边际收益曲线为 $\mathrm{MR_d}$,需求曲线 BD 段得到的边际收益曲线为 $\mathrm{MR_D}$,两段结合在一起构成了寡头厂商的边际收益曲线,间断部分通过垂直虚线 FG 连接。

利用上述间断的边际收益曲线,便可以解释寡头市场上的价格刚性现象。只要边际成本 SMC 曲线的位置变动不超出边际收益曲线的垂直间断范围,寡头厂商的均衡价格和均衡数量就不会变化。譬如,图中边际收益曲线的间断部分 FG,当 $\mathrm{SMC_1}$ 曲线上升为 $\mathrm{SMC_2}$ 曲线的位置时,寡头厂商仍将均衡价格和均衡产量保持在 $\overline{P}$ 和 $\overline{Q}$ 的水平。除非成本变化很大,如成本上升使边际成本曲线上升为 $\mathrm{SMC_3}$ 曲线的位置时,才会影响均衡价格和均衡产量。

有的经济学家认为,弯折的需求曲线模型虽然解释了寡头市场较为普遍的价格刚性现象,但却并没有说明具有刚性的价格(图 5-22 中的 $\overline{P}$)本身是如何形成的,这是该模型的一个缺陷。

三、勾结寡头模型：卡特尔模型[①]

卡特尔是寡头厂商之间以公开或正式协议的方式相互勾结的一种形式，它往往是一个寡头市场中的各独立厂商就价格、产品分配、市场划分及其他事项达成明确协议并承诺共同遵守而形成的垄断性组织。

建立卡特尔是一种经济行为，会产生成本和收益，收益高于成本是卡特尔成功的基本要求。建立卡特尔的成本主要有卡特尔的组织与交易成本、法律惩罚成本，主要是通过操纵市场来增加收益。卡特尔的成功依赖于较强的操纵和控制价格的能力、较弱的非卡特尔成员、严厉惩罚的较低预期和较低的组织成本。

卡特尔一经形成，原本各自独立的寡头厂商就联合成为一个垄断集团，形成对市场的完全垄断。通过计算卡特尔的边际收益和边际成本，并按照 $MR = MC$ 的利润最大化原则确定卡特尔的总产量及统一价格，再根据一定的原则在卡特尔内部所有成员间进行产量的分配。

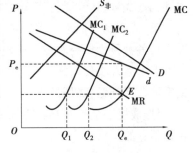

如图 5-23 所示，市场需求曲线为 D，非卡特尔厂商的供给曲线为 $S_{非}$，则卡特尔厂商的需求曲线为 $d = D - S_{非}$，并由此推出卡特尔的边际收益曲线 MR。有两家厂商结成卡特尔，厂商 1 和厂商 2 的边际成本曲线分别为 MC_1、MC_2，由 $Q = Q_1 + Q_2$（当 $MC_1 = MC_2$）推出卡特尔边际成本曲线为 MC。根据卡特尔均衡的条件 $MR = MC$，确定卡特尔生产的均衡点为 E，对应的均衡产量和均衡价格分别为 Q_e 和 P_e。

图 5-23　卡特尔模型

卡特尔产量在各成员间的最优分配满足 $MC = MC_1 = MC_2$。

将结论一般化，可得到由 n 个厂商组成卡特尔均衡的一般条件为 $MR = MC = MC_1 = \cdots = MC_n$。

◆生活中的实例

石油输出国组织（OPEC）于 1960 年建立，目前有 11 个石油生产国。OPEC 一旦增加或减少石油产量，就可以左右全球油价，从而严重地影响世界经济，因此它是一个卡特尔组织。OPEC 建立之初，对价格的控制非常成功，特别是从 1973 年到 1974 年，OPEC 把石油价格提高了 4 倍多，从每桶 3 美元提高到 12 美元，此时 OPEC 占世界市场份额的 56%。然而，到了 20 世纪 80 年代，OPEC 成员国由于利益不同无法达成统一价格，特别是 1985 年 OPEC 在世界市场产量中所占的份额下降为不到 1/3，出现了公开和隐蔽形式的降价。除了海湾战争和伊朗革命期间 OPEC 取得成功外，其他时期由于石油消费国改进技术、成员国减产以及非成员国增产使 OPEC 的作用大打折扣。

由于 OPEC 支配力降低和各成员国间的战争与冲突，从 20 世纪 80 年代后期起，有关欧

① 苏素.微观经济学[M].北京:科学出版社,2012:211-213.

佩克解体的推测一直不断,原因是石油需求疲软、生产能力过剩、成员国随意破坏价格和产量配额,以及两伊战争导致的灾难和损失。所有这些,相当生动地展示了卡特尔组织的效果、冲突甚至卡特尔可能崩溃。

总体来说,卡特尔的结成会有效形成联合市场垄断,通过市场操纵提高价格、降低产量来增加利润,使社会总福利受损,公开的卡特尔会受到政府反垄断法的制裁。即便不受反垄断法制裁,由于厂商间利润不均、欺骗者厂商的存在、非纳什均衡等原因,卡特尔也会崩溃。

四、寡头垄断市场的效率

在寡头垄断市场上,厂商的需求曲线不太确定。一般认为,寡头垄断市场是与完全垄断市场比较接近的市场组织,在长期均衡时,寡头垄断厂商生产的产品均衡价格比较高,均衡数量比较低。

寡头垄断市场在经济活动中具有重要作用。

第一,可以实现规模经济,降低成本,提高经济效益。寡头垄断厂商凭借自身的经济实力和其他优势,达到能够实现规模经济的生产规模,满足整个市场对某种产品的需求。

第二,有利于促进技术进步。寡头垄断厂商利用高额利润所形成的雄厚经济实力,有条件进行各种科学研究和重大的技术创新,在长期内保持由技术进步带来的高额利润。

但垄断寡头厂商之间往往会相互勾结,达成价格卡特尔,抬高市场价格,谋取超额利润,损害消费者利益,降低社会经济福利。产品差别寡头垄断市场往往伴随过于庞大的广告支出,会造成资源的浪费和抬高销售价格,再加上某些广告内容过于夸张和诱导,这些对消费者是不利的。

◆本章小结

市场是商品买卖双方相互作用并得以决定其交易价格和交易数量的一种组织形式或制度安排。根据不同市场结构的特征,将市场划分为完全竞争市场、完全垄断市场、垄断竞争市场和寡头垄断市场四种类型。

完全竞争市场是指整个行业中有无数个买者和卖者的市场组织,他们所进行的竞争没有任何阻碍、不受任何干扰,是纯粹的竞争。

完全垄断市场是指整个行业中只有唯一一个厂商的市场组织。价格歧视是指以不同的价格将相同的商品卖给不同的消费者。根据歧视的程度不同,分为一级、二级和三级价格歧视三种类型。

垄断竞争市场是这样一种市场组织,一个市场中有许多厂商生产和销售有差别的同种商品。与完全竞争厂商相比,垄断竞争厂商存在多余的生产能力。垄断竞争厂商之间既存在价格竞争,也存在非价格竞争。非价格竞争策略主要从产品差异化和广告两个方面开展。

寡头垄断市场是指少数几家厂商控制整个市场产品的生产和销售的一种市场组织。真实世界中寡头厂商的行为方式及其相互影响是多样化和复杂的。寡头市场理论中代表性的模型分为独立寡头模型和勾结寡头模型。

各类市场都存在着短期与长期厂商利润最大化选择。短期内,在行业需求、行业内厂商数目、厂商自身规模固定等既定条件下选择产量和价格,各种类型的厂商都有可能获得超额利润、正常利润或者亏损。在长期,由于厂商规模和行业中厂商数目的变化,行业壁垒将在很大程度上决定利润水平。

第六章

分配理论

📖 **学习目标**

    了解生产要素的供求及价格的决定;熟悉劳动与工资、土地与地租、资本与利率各自的相关关系;能对现实中的工资、地租、利率等现象做出简单分析;学会从经济学的角度去分析判断现实的收入分配情况。

📖 **思维导图**

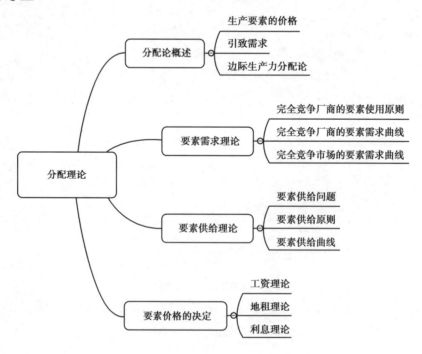

◆ **案例导入**

    据俄罗斯卫星通讯社 2021 年 4 月 13 日报道,我国女性劳动参与率全球第一,我国的相关数据令美国相关机构嫉恨不已,美国甚至表示,第二名很意外。

劳动参与率是指经济活动人口占劳动年龄人口的比率,这些经济活动人口甚至包括就业者和失业者,这是一个用来衡量人们参与经济活动状况的指标。经济学理论以及各国的经验指出,劳动参与率能够反映一些想要成为劳动者的个人对于工作收入与闲暇的选择偏好。劳动参与率主要受到两个方面因素的影响,其中一方面包括个人保留工资、家庭收入规模,以及性别、年龄等个人人口学特征等;另一方面包括社会保障的覆盖率和水平、劳动力市场状况等。目前我国劳动力参与率偏高,这是由工资和福利政策、教育和社会保障的发展程度等多方面原因共同决定的。不久前,美国劳工部统计了关于世界各国劳动参与率的数据,我国位列世界第一,劳动总量世界第一,劳动参与率世界第一。我国的劳动参与率达到了76%,美国的劳动参与率为65%,日本的劳动参与率只有58%。这意味着我国大部分人都在为促进经济发展贡献自己的力量。但是,这还不是最引人注目的,最引人注目的是我国女性劳动参与率占比高达70%,远远高于其他国家。这意味着我国很多工作对性别是不存在歧视的,我国的女性在工作中也具有很高的地位和不可或缺的作用。

我国的劳动人口明显远高于印度和美国等,发达国家的劳动力比不上我国,发展中国家的劳动力跟我国也相差很多。其中男性占比大小相差不大,我国男性的劳动参与率达到90%,和巴西、菲律宾、印度等国都差不多。而其中女性占比,却跟我国相差很大。我国女性劳动参与率占比为70%,这排在全球第一位;而排在第二位的才不到60%,比如澳大利亚、新西兰的女性劳动参与率就接近60%,法国女性的劳动参与率才50%,美国女性的劳动参与率才58%。而一向以劳动大国著称的印度女性劳动占比才28%左右。可见,印度大部分工作还是存在性别不公平对待的。

美国一向标榜自由和公平待遇,尤其是在工作中,但是美国的许多工作还是存在性别不公平待遇的,美国许多工作是不允许女性接手的。而我国女性劳动力占比如此之高,也揭示了我国目前经济发展的良好势头和不断进步的状态。

2017年,相关机构发布了一份全球各国白手起家女富豪排行榜,来自12个国家的88名女富豪上榜,其中有56名女性来自我国,占据总人数的六成以上。可见,我国女性创造财富的能力也是十分出色的。这次的数据让美国相关机构羡慕嫉妒恨,并且表示自己能够排在前几位已经还不错了。

思考:女性劳动参与率对我国劳动力市场有何影响?

前五章内容讨论了消费商品(或产品)的价格和数量的决定,通常被称作"价值"理论。由于讨论的范围局限于产品市场本身,因此它对价格决定的论述并不完全。其一,它在推导产品需求曲线时,假定消费者的收入水平既定,但并未说明收入水平是如何决定的;其二,它在推导产品供给曲线时,假定生产要素的价格既定,但并未说明要素价格是如何决定的。由于消费者的收入水平在很大程度上取决于其拥有的要素价格和数量,故价格理论缺乏对要素价格和数量决定的解释。为了弥补这个不足,有必要研究生产要素市场。本章首先讨论完全竞争厂商和市场的要素需求方面,然后分析其供给方面,最后探讨生产要素价格的决定。因为要素价格和数量是决定消费者收入水平的重要因素,所以要素价格理论在经济学中又被称作"分配"理论。于是,从产品市场转到要素市场也意味着从价格理论转到分配理论。

第一节 分配论概述

生产要素价格的决定在经济学的传统上是分配论的一个重要部分。19 世纪的经济学家们习惯于把生产要素分为土地、劳动和资本三类，它们的价格分别称作地租、工资和利润。因此，当时的生产要素价格理论是关于地主、工资收入者和资本家三个社会阶级间收入分配的理论。到 19 世纪末，企业家才能这一生产要素受到重视，它的价格被看成利润，而资本要素的价格被看作"利息"。

分配论要解决为谁生产的问题，即生产出来的产品按什么原则分配给社会各阶级。各种生产要素所获得的报酬就是生产要素的价格。所以，分配论就是要解决生产要素的价格决定问题。

生产要素价格决定是分配论的一个主要部分，但并不构成分配论的全部内容。除了生产要素的价格决定之外，分配论还包括收入分配的不平等程度以及收入之间差异的原因等。关于这些方面，第八章会进行详细的论述。

一、生产要素的价格

与商品均衡价格的形成一样，生产要素的价格由其需求和供给共同决定，即生产要素的均衡价格位于其需求曲线与供给曲线的交点处。

然而，生产要素的价格决定具有其特殊性。对一般商品而言，消费者按价付款，购买的是商品本身。但对生产要素来说，生产要素的价格并非指它自身的价格，而是指它在生产中提供某种形式服务的价格。例如，某员工月工资 5 000 元，不是指对该员工本身买卖的价格，而是指他 1 个月为企业提供服务的价格；1 万元存入银行，1 年可获利息 300 元，那么 3% 的年利息率作为货币资本的价格，显然不是 1 万元所有权转让的价格，而是指该 1 万元在为时 1 年的生产中提供服务的报酬。其他生产要素的价格也是如此。

二、引致需求

产品市场上的需求和生产要素市场上的需求性质大大不同。在产品市场上，需求来自消费者。消费者之所以购买产品是为了直接满足自己的吃、穿、住、行等需要，是为了实现效用最大化，这种对产品的需求是"直接"需求。与之不同的是，生产要素的需求者是厂商而不是消费者。厂商购买生产要素不是因为生产要素能够直接满足其需要，而是通过运用生产要素生产和出售产品以获得利润。例如，企业雇用众多劳动力并不是为了满足增进社交的需要，而是通过劳动力的劳动来生产更多的产品和提供优质的服务以满足消费者的需要。因此，从这个意义上来说，对生产要素的需求不是直接需求，而是"间接"需求。

进一步说，厂商之所以通过购买生产要素用于生产并从中获利，主要受到消费者对其所生产产品需求状况的影响。如果不存在消费者对产品的需求,则厂商就无法从生产和销售产品中获利,从而也不会去购买生产要素和生产产品。例如,如果没有人去购买房子,就不会有厂商对建筑工人的需求;对医生和护士的需求,则受到对保健服务需求的影响。由此可见,厂商对生产要素的需求是从消费者对产品或服务的直接需求中派生出来的。从这个意义上说,生产要素的需求是一种"派生"需求或"引致"需求。

对生产要素的需求还有个特点,就是所谓"共同性",即对生产要素的需求是共同的、相互依赖的。这个特点是技术上的原因,即生产要素往往不是单独发挥作用的。一个人赤手空拳不能生产任何东西;同样地,光有机器本身也无法创造产品。只有人与机器(以及原材料等)相结合才能达到目的。这种共同性特点带来一个重要后果,即对某种生产要素的需求,不仅取决于该生产要素的价格,而且也取决于其他生产要素的价格。因此,严格来说,生产要素理论应当是关于多种生产要素共同使用的理论。为简化分析,我们只考虑一种生产要素的情况。

表面上看,厂商在生产过程中似乎有两个不同的决策要做:第一,购买多少要素?这是"要素需求"问题——使用多少要素才能够使利润达到最大?第二,生产多少产量?这是"产品供给"问题——生产多少产量才能够使利润达到最大?实际上,这两个问题是一回事。这是因为,在厂商的要素需求和产品供给之间存在着一定的关系:$Q=Q(L)$。这里,L 为厂商使用的要素数量(如劳动),Q 为生产的产品数量。它们通过生产函数而"一一对应"。正是通过生产函数,关于要素数量的决策和关于生产产量的决策就像一枚硬币的两面:一旦决定了购买多少要素,也就同时决定了生产多少产量;同样,一旦决定了生产多少产量,也就同时决定了购买多少要素。

三、边际生产力分配论

生产要素价格决定的主要理论基础是所谓的边际生产力分配论,该理论最早由美国经济学家 J. B. 克拉克在 19 世纪末提出。他认为,在其他条件不变和边际生产力递减的前提下,生产要素的价格取决于其边际生产力。

"边际生产力"指的是在其他条件不变的前提下每增加一单位要素投入所增加的产量,即边际物质产品,简称边际产品(Marginal Physical Product,MP)。而增加一单位要素投入带来的产量所增加的收益,叫作边际收益产品(Marginal Revenue Product,MRP)。边际收益产品等于要素的边际物质产品与产品的边际收益的乘积,即

$$MRP = MP \times MR$$

因此,可变要素的边际收益产品 MRP 取决于两个部分:①增加一单位要素投入带来的边际物品产品(MP)的变化;②增加一单位产品所增加的收益(MR)的变化。

边际生产力理论是用来阐明在生产中各种生产要素的不同组合所得报酬的一种方法。通常来说,当其他生产要素数量不变而单位某种生产要素离开(或加入)生产过程时所引起的商品价值的减少(或增加)量,就等于该种生产要素一个单位的服务报酬或其他报酬。显然,生产要素的报酬取决于生产过程中的技术条件。

后来的经济学家们对他的理论进行了改进。他们认为,生产要素的价格不仅与其边际

生产力有关,也受其他因素的影响,边际生产力只是影响要素需求的一个因素。除此之外,厂商在决定要素需求时还要考虑要素的边际成本。只有当使用要素的边际成本和边际收益相等时,厂商才在要素使用上达到了利润最大化。此外,要素的供给也是决定其价格的一个重要方面。总之,要素的市场价格与其他商品一样,也由其需求和供给两个方面共同决定。

第二节　要素需求理论

一、完全竞争厂商的要素使用原则

(一)完全竞争厂商

我们知道,完全竞争产品市场具有如下特点:大量的具有完全信息的买者和卖者买卖完全相同的产品。显然,这种完全竞争厂商实际上只是"产品市场上的完全竞争厂商"。一旦从产品市场的分析扩展到产品市场加要素市场,则仅仅是产品市场完全竞争还不足以说明厂商的完全竞争性,还必须要求要素市场也是完全竞争的。

和完全竞争产品市场一样,完全竞争要素市场的特点可表述为:要素的供求双方数量很多;要素没有任何区别;要素供求双方具有完全信息;要素可以充分自由地流动,等等。显然,完全符合这些特点的要素市场在现实生活中也是不存在的。

同时处于完全竞争产品市场和完全竞争要素市场的厂商称为完全竞争厂商。不完全竞争厂商包括三种情况:第一,产品市场上完全竞争,要素市场上不完全竞争;第二,要素市场上完全竞争,产品市场上不完全竞争;第三,产品市场和要素市场上都不完全竞争。这里先讨论上述定义的完全竞争厂商的要素使用原则及对要素的需求。

(二)完全竞争厂商使用要素的原则

这里假定,完全竞争厂商只使用一种生产要素、生产单一产品、追求最大化的利润。在这些假定下,我们首先论述完全竞争厂商使用生产要素的一般原则。利润最大化要求任何经济活动的"边际收益"与"边际成本"相等,这无论是对产品数量的决定,还是对要素使用量的决定都适用,只不过"边际收益"和"边际成本"的具体含义不一样。在生产要素市场,"边际收益"(或"边际成本")又有另外的称呼。这一点在学习本章内容时应注意区分。

下面先来考察厂商使用要素的"边际收益"。

1. 使用要素的"边际收益"——边际产品价值

在介绍完全竞争产品市场理论的内容时,厂商的总收益等于产量与产品价格的乘积,用公式可表示为:

$$R(Q) = Q \cdot P \qquad\qquad (6\text{-}1)$$

式中,R(或第五章中的 TR)、Q 和 P 分别为厂商的总收益、产量和产品价格,产品价格 P 是既定常数。这是因为,在完全竞争条件下,产品买卖双方数目很多且产品毫无差别,故任何一家厂商单独增加或减少其产量都不会影响产品价格。换句话说,产品价格与单个厂商的产量之间没有关系。由于产品价格固定不变,厂商的收益便可以看成仅取决于另一个因素,即产量。因此,总收益 R 被看成产量 Q 的函数。由收益函数求收益对产量的一阶导数即得到所谓的边际收益。边际收益表示厂商增加一单位产量所增加的收益。

我们知道,在产品市场分析中,收益被看作产量的函数而与生产要素无关。一旦转入要素市场,产量本身又是生产要素的函数。设完全竞争厂商使用一定量的生产要素 L 生产的产量为 Q,那么要素与产量之间的这种数量关系就是所谓的生产函数:

$$Q = Q(L) \tag{6-2}$$

将式(6-2)代入式(6-1),则可以将收益看成生产要素的复合函数:

$$R(L) = Q(L) \cdot P \tag{6-3}$$

由于讨论局限于完全竞争厂商的情况,故式(6-3)中的产品价格仍然是常数。

下面考虑式(6-3)收益函数的一阶导数。在产品市场理论中,我们知道收益对产量的导数就是所谓产品的边际收益 MR。而在完全竞争市场,边际收益等于产品的价格,即 $MR = P$。在要素市场理论中,收益成了要素的复合函数。因此,为了求得要素的边际收益,必须以要素为自变量求导数。求得的导数是什么呢? 根据式(6-3)可知,这个导数为 $MP \cdot P$。式中,第一项 MP 就是以前讨论过的要素的边际产品(或边际生产力),即:

$$MP = \frac{dQ(L)}{dL}$$

它表示增加一单位要素的使用所增加的产量。要素边际产品 MP 与既定产品价格 P 的乘积 $MP \cdot P$ 就表示增加一单位要素的使用所增加的收益。这就是完全竞争厂商使用生产要素的"边际收益"。为了与产品的边际收益概念区别开来,通常把使用要素的"边际收益"叫作边际产品价值,并用 VMP 表示。

于是有:

$$VMP = MP \cdot P \tag{6-4}$$

它表示在完全竞争市场中,厂商增加一单位要素的使用所增加的收益。这里应特别注意边际产品价值 VMP 与产品的边际收益 MR 的区别:前者是对要素而言的,是要素的边际产品价值;后者是对产品而言的,是产品的边际收益。

由于要素边际产品 MP 是产量对要素的导数,故它也是要素的函数,有时也把它写成 $MP(L)$。根据所谓的"边际生产力递减规律",该函数曲线向右下方倾斜,即随着要素使用量的增加,其边际产品将不断下降。更进一步地,要素的边际产品价值 VMP 也是要素的函数,也可以写成 $VMP(L)$,并且,由于产品价格 P 为正的常数,边际产品价值曲线显然也与边际产品曲线一样是向右下方倾斜的。

表 6-1 给出了只使用劳动这一要素的某厂商的部分边际产品价值数据。图 6-1 则是根据表 6-1 绘制的,其中,横轴表示劳动要素的数量 L,纵轴表示边际产品 MP 和边际产品价值 VMP。由图可见,边际产品价值曲线与边际产品曲线一样均向右下方倾斜,但二者位置不同。一般而言,边际产品价值曲线位置的高低取决于两个因素,即要素的边际产品 $MP(L)$ 和产品价格 P。随着价格水平的上升或要素的边际产品增加,边际产品价值曲线将向右上方移动;反之则相反。边际产品价值曲线与边际产品曲线的相对位置关系则取决于产品价

格是大于1、小于1还是等于1。如果产品价格大于1（如上例中 $P=2$），则对于给定的某个要素数量，边际产品价值大于边际产品，因而整个边际产品价值曲线高于边际产品曲线；产品价格小于1时，边际产品价值曲线将位于边际产品曲线的下方；产品价格等于1时，两条曲线重合。

表6-1 厂商的边际产品和边际产品价值

要素数量 L	边际产品 MP	产品价格 P	边际产品价值 VMP = MP · P
1	10	2	20
2	9	2	18
3	8	2	16
4	7	2	14
5	6	2	12
6	5	2	10
7	4	2	8
8	3	2	6
9	2	2	4
10	1	2	2

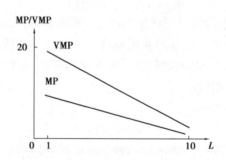

图6-1 厂商的边际产品和边际产品价值

2. 使用要素的"边际成本"——要素价格

本书第四章专门讨论了厂商的成本函数，在那里，成本函数表示厂商的成本与产量水平之间的各种关系，简言之，成本仅被看作产量的函数：

$$C = C(Q) \tag{6-5}$$

但产量本身又取决于所使用的生产要素数量，故成本也可以直接表示为生产要素的函数。若设所使用的劳动要素的价格即工资为 ω，则使用要素的成本就可表示为：

$$C = \omega \cdot L \tag{6-6}$$

即成本等于要素价格和要素数量的乘积。式中，要素价格 ω 是既定不变的常数。这是因为，完全竞争厂商是要素市场价格的接受者。由于要素价格既定，使用要素的"边际成本"即成本函数对要素的导数恰好就等于要素价格：

$$\frac{dC(L)}{dL} = \omega \tag{6-7}$$

它表示完全竞争厂商增加一单位生产要素的使用所增加的成本。例如,设劳动价格为每小时 5 元,则厂商每增加一小时劳动使用就需要付出 5 元的成本,于是使用要素的"边际成本"为 5 元。与边际产品价值的情况一样,本章使用的成本和边际成本概念不同于第四章的相应概念。关键的区别在于,在论述产品市场时,成本是作为产量的函数,而本章在论述要素市场时,成本是作为要素的函数。正是由于这一不同,才引起边际成本在两种情况下的不同表现形式:在第四章中,边际成本是指增加一单位产品生产所增加的成本,是产品的边际成本;而在本章中,它是指增加一单位要素使用所增加的成本,是要素使用的边际成本。

由于使用要素的成本被看成要素数量的函数,故它对要素的导数即使用要素的边际成本亦是要素数量的函数。不过在完全竞争市场中,这个函数是一个常数,在图形上表现为一条水平直线,如图 6-2 所示。

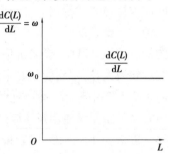

图 6-2 使用要素的边际成本

3. 完全竞争厂商使用要素的原则

厂商使用要素的原则是利润最大化这个一般原则在要素使用问题上的具体化,它可以简单地表述为:使用要素的"边际收益"与"边际成本"相等。根据上面的讨论,在完全竞争市场中,厂商使用要素的边际成本等于要素价格 ω,而使用要素的边际收益是边际产品价值 VMP,因此,完全竞争厂商使用要素的原则可以表示为:

$$VMP = \omega \tag{6-8}$$

或

$$MP \cdot P = \omega \tag{6-9}$$

当上述原则或条件被满足时,完全竞争厂商达到了利润最大化,此时使用要素的数量为最优要素数量。

为了更好地理解这个原则,不妨先来考察 VMP $\neq \omega$ 时的情况。如果 VMP>ω,则增加使用一单位生产要素所带来的收益就会大于所付出的成本,于是厂商将增加要素的使用以提高利润。随着要素使用量的增加,要素的价格不变,而要素的边际产品下降从而边际产品价值将下降,最终使 VMP=ω;反之,如果 VMP<ω,则减少使用一单位要素所损失的收益就会小于所节省的成本,因而厂商将减少要素的使用以提高利润。随着要素使用量的减少,要素的边际产品上升从而边际产品价值将上升,最终也将达到 VMP=ω。概括来说,不论是 VMP 大还是 ω 大,只要二者不相等,厂商都未达到利润最大化,现有要素使用量都不是最优数量,厂商都将改变(增加或减少)要素使用量。只有当 VMP=ω,即边际产品价值恰好等于要素价格时,厂商的要素使用量才是使利润达到最大的最优数量。

也可以用数学方法推导上述要素使用原则。假设 π 代表完全竞争厂商的利润,它是要素 L 的函数,则由利润的定义可得:

$$\pi(L) = P \cdot Q(L) - \omega \cdot L \tag{6-10}$$

为了达到利润最大化,必须使

$$\frac{d\pi(L)}{dL} = P\left[\frac{dQ(L)}{dL}\right] - \omega = 0$$

即

$$P\left[\frac{\mathrm{d}Q(L)}{\mathrm{d}L}\right] = \omega$$

经过变换调整,可得 VMP = ω。

二、完全竞争厂商的要素需求曲线

完全竞争厂商对生产要素 L 的需求函数表示在其他条件不变时,完全竞争厂商对要素 L 的需求量与要素价格 ω 之间的关系。这个关系可以用要素需求表来表示。表6-2是只使用一种生产要素的某完全竞争厂商的要素需求表。该表与表6-1相比,增加了表示要素价格的最后一栏。其中,要素价格是既定不变的常数,不因要素数量的变化而变化。为了保证利润达到最大化,厂商使用要素的数量必须使要素价格与要素边际产品价值相等。因此,要素需求表6-2中最后一栏与倒数第二栏的数字完全一样。现在给定一个要素价格,例如为100,为了使要素使用量达到最优,边际产品价值必须为100,而与边际产品价值100相应的要素数量为1。因此,要素价格为100时,要素需求量为1。同样地,给定另外一个要素价格,例如为60,由表6-2可以找到另外一个相应的要素需求量是5。以此类推,将表6-2的第一栏和最后一栏的值描绘在以要素数量 L 为横轴,要素价格 ω 为纵轴的平面坐标系中便可得到厂商的要素需求曲线。

表6-2　完全竞争厂商的要素需求表

要素数量 L	边际产品 MP	产品价格 P	边际产品价值 VMP = MP · P	要素价格 ω
1	10	10	100	100
2	9	10	90	90
3	8	10	80	80
4	7	10	70	70
5	6	10	60	60
6	5	10	50	50
7	4	10	40	40
8	3	10	30	30
9	2	10	20	20
10	1	10	10	10

要素需求函数还可以由式(6-9)推导出来。为了便于理解,把式(6-9)调整如下:

$$P \cdot \mathrm{MP}(L) = \omega \tag{6-11}$$

式中,MP(L)为边际产品,是要素的函数。由于产品价格 P 为既定常数,故该式确定了从要素价格 ω 到要素使用量 L 的函数关系,即确定了完全竞争厂商对要素的需求函数。

假定一开始时,厂商使用的要素数量为最优数量,现在让要素价格 ω 上升,于是有 $P \cdot$ MP(L) < ω。为了重新恢复均衡,厂商必须调整要素使用量 L,使 MP(L)增加从而 $P \cdot$ MP(L)亦上升,而根据边际生产力递减这一性质,只有通过减少要素使用量才能达到这个目的。于是

得到结论:随着要素价格的上升,厂商对要素的最佳使用量即需求量将下降。因此,完全竞争厂商的要素需求曲线与其边际产品价值曲线一样向右下方倾斜。

式(6-11)还可以说明,在完全竞争市场中,厂商对单一要素的需求曲线将与其边际产品价值曲线完全重合,如图6-3所示。首先,式(6-11)左边边际产品价值是要素 L 的函数,由图中向右下方倾斜的曲线 VMP 表示;其次,如果把公式右边的要素价格 ω 也看成 L 的函数,则它的形状就是一条水平线,这是因为完全竞争厂商是既定要素市场价格的接受者,于是给定一个要素价格 ω_0,就有一条水平直线;最后,要素使用原则 VMP $= \omega$

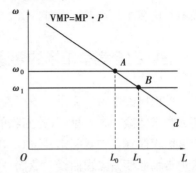

图6-3 完全竞争厂商的要素需求曲线

在图形上的表示就是 VMP 曲线与 ω_0 曲线的交点 A。A 点表明,当要素价格为 ω_0 时,要素需求量为 L_0,即边际产品价值曲线 VMP 上的 A 点也是要素需求曲线上的一点。同样地,如果给定另外一个要素价格,则有另外一条水平直线与 VMP 相交于另外一点,新的交点也是需求曲线上的一点。可见,在使用一种生产要素(以及不考虑其他厂商调整)的情况下,完全竞争厂商对要素的需求曲线与要素的边际产品价值曲线恰好重合。

需要注意的是,尽管要素的需求曲线与其边际产品价值重合为一条线,但这同一条线在这两个场合的含义却是截然不同的。第一,包含的变量含义不同。作为边际产品价值曲线,L 表示要素使用量,而作为要素需求曲线,L 却表示最优要素使用量或要素需求量。第二,反映的函数关系也不同。在边际产品价值曲线场合,自变量为要素使用量 L,边际产品价值是要素使用量的函数,而在要素需求曲线场合,自变量是要素价格 ω,要素需求量 L 是要素价格的函数。

由于要素需求曲线与边际产品价值曲线重合,故前者也与后者一样,将受到产品价格和边际产品这两个因素的影响。注意到这一点,有助于理解它们之所以重合的条件。要素需求曲线与要素的边际产品价值曲线重合意味:当要素价格变化时,要素需求量是沿着一条既定的边际产品价值曲线而变化的(图6-3)。这就要求,当要素价格变化时,要素的边际产品价值曲线不得随之改变;或者更进一步说,它的两个组成部分即要素的边际产品和产品价格不得发生变化,否则,要素需求曲线必将"脱离"其边际产品价值曲线。例如,如果要素的边际产品或产品价格随着要素价格的变化而变化,则给定一个要素价格 ω_0,就有一条相应的边际产品价值曲线 VMP_0,而根据要素使用原则 $\text{VMP}_0 = \omega_0$,可得到一要素需求量 L_0。显然,点 (ω_0, L_0) 位于曲线 VMP_0 上。如果再给定另外一个要素价格 ω_1,则有另外一条边际产品价值曲线 VMP_1 与之相应。再根据要素使用原则 $\text{VMP}_1 = \omega_1$,又可得到一要素需求量 L_1。显然,新点 (ω_1, L_1) 位于新的曲线 VMP_1 上,而非原来的 VMP_0 上。因此,要素需求曲线不再与某一条边际产品价值曲线重合。

由此可见,要素需求曲线与边际产品价值曲线重合的结论实际上要依赖于两个"潜在假定":第一,要素的边际产品曲线不受要素价格变化的影响;第二,产品价格不受要素价格变化的影响。如果仅讨论只有一种生产要素的情况,则第一个假定自然满足。另外,如果仅讨论只有一个厂商进行生产调整,但并不考虑其他厂商调整的情况,则第二个假定自然满足。

但是一旦扩大到考虑使用多种生产要素或者多个厂商调整的情况,则上述假定就不再成立,从而不能用边际产品价值曲线代表要素需求曲线。由于本章假定只使用一种生产要素,下面只讨论多个厂商共同调整时如何影响要素需求。

三、完全竞争市场的要素需求曲线

前面已经学习了完全竞争厂商的要素需求曲线,现在进一步讨论整个完全竞争市场的要素需求曲线。在这里,首先面临的问题是:如何从单个厂商的要素需求曲线推导出市场的要素需求曲线。初看起来,貌似可以通过简单加总市场上所有厂商的边际产品价值曲线而求得市场的要素需求曲线。然而,这是错误的。

单个完全竞争厂商的要素需求曲线等于其边际产品价值曲线是有前提假定的,其中一个假定是其他厂商均不进行调整,否则厂商的要素需求曲线将"脱离"边际产品价值曲线。当我们从单个厂商转到整个市场时,这个假定显然不再满足,因而不能再用单个厂商的边际产品价值曲线代表其要素需求曲线,它们的简单加总也不能代表整个市场的要素需求曲线。

下面首先考虑使用同一种生产要素的多个厂商同时调整的情况,并研究此种情况下某单个厂商(例如厂商m)对要素L的需求曲线。在研究使用一种要素的完全竞争厂商m的要素需求曲线时,如果不考虑其他厂商的调整情况,则要素价格的变化就不会影响产品的价格,从而不会改变要素的边际产品价值曲线。其理由如下:如果要素价格发生变化,根据其他厂商均不调整的假定,要素价格变化只引起厂商m的要素需求量和使用量的变化,从而只引起它的产品数量的变化。而厂商m是产品市场上的完全竞争者,故其产量变化并不能改变产品价格。如果允许其他厂商进行调整,情况将完全不同。现在要素价格变动不仅引起厂商m,而且引起所有其他厂商的要素需求量和使用量的变动,从而也引起了产量的变动。尽管在完全竞争市场中单个厂商的产量变化不影响价格,但全体厂商的产量都变化时却不是如此。要素价格变化所引起的全体厂商的产量变动将改变产品的供给曲线,从而在产品市场需求量不变时,将改变产品的市场价格。产品价格的改变再反过来使每一个厂商、从而厂商m的边际产品价值曲线发生改变。于是,厂商m的要素需求曲线不再等于其边际产品价值曲线。

我们利用图6-4来推导多个厂商同时调整情况下厂商m的要素需求曲线。

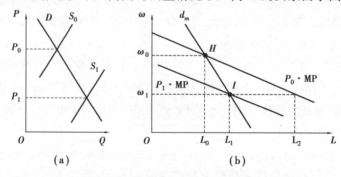

图6-4　多个厂商调整时厂商m的要素需求曲线

在图6-4中,图6-4(a)是产品市场的供求曲线,横轴为产品数量,纵轴为产品价格;图

6-4(b)是行业调整曲线,横轴为要素数量,纵轴为要素价格。设给定初始要素价格为 ω_0,相应地产品价格为 P_0,从而有一条边际产品价值曲线 $P_0 \cdot MP$。根据该曲线可确定 ω_0 下的要素需求量 L_0,于是点 $H(\omega_0, L_0)$ 即为所求需求曲线上的一点。如果这时没有其他厂商的调整,则整条需求曲线就可以看成 $P_0 \cdot MP$。假定要素价格下降到 ω_1,则要素需求量就应增加到 L_2。由于其他厂商也进行调整,于是要素价格下降使 L 的边际产品价值曲线向左下方移动,例如移到 $P_1 \cdot MP$,从而在要素价格 ω_1 下,L 的需求量不再是 L_2,而是稍稍更少一些的 L_1。于是,又得到要素需求曲线上的一点 $I(\omega_1, L_1)$。

重复上述过程,可以得到其他与 H、I 性质相同的点。将这些点连接起来,即得到多个厂商调整情况下厂商 m 对要素 L 的需求曲线 d_m。d_m 表示经过多个厂商相互作用,即经过行业调整之后得到的第 m 个厂商的要素需求曲线,简称行业调整曲线。一般来说,d_m 曲线仍然是向右下方倾斜的,但比边际产品价值曲线要陡峭一些。

到目前为止,所讨论的仍然是完全竞争市场上单个厂商的要素需求曲线。接下来是把要素的需求理论从单个厂商推广到整个市场。不过,如果已经求得了在行业调整情况下的所有单个厂商的要素需求曲线 d_m,则整个市场的要素需求曲线不难得到。

例如,假定完全竞争要素市场中有 n 个厂商(n 是一个很大的数)。这里,n 个厂商经过行业调整后的要素需求曲线分别为 $d_1, d_2, \cdots, d_n$,整个市场的要素需求曲线 D 是所有这些厂商要素需求曲线的简单水平相加,即

$$D = \sum_{m=1}^{n} d_m \tag{6-12}$$

特别地,如果这 n 个厂商的需求情况都一样,即

$$d_1 = d_2 = \cdots = d_n$$

则市场的要素需求曲线就变成

$$D = \sum_{m=1}^{n} d_m = n \cdot d_m$$

式中,d_m 可以是任何一个厂商的要素需求曲线,如图 6-5 所示。

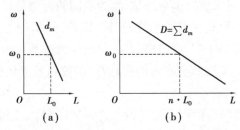

图 6-5　单个厂商和整个市场的要素需求曲线

图 6-5(a)是某单个厂商的要素需求曲线 d_m,图 6-5(b)是市场的要素需求曲线 D。当要素价格为 ω_0 时,该厂商的要素需求量为 L_0,整个市场的要素需求量为 $n \cdot L_0$(假定 n 个厂商的情况完全相同)。

在上面推导市场的要素需求曲线的过程中,特别需要注意的是,被简单地水平相加的是每个厂商"真正的"要素需求曲线,即是在考虑了多个厂商共同调整之后得到的行业调整曲线 d_m,而不是边际产品价值曲线 VMP。

第三节 要素供给理论

上一节从要素使用者角度讨论了要素的需求,现在要从要素所有者方面来研究要素的供给,并把要素的供给和需求结合起来,得出要素价格和使用量的决定理论,从而完成对要素市场的分析。

一、要素供给问题

由第二节可知,从要素使用者角度讨论要素需求实际上是从要素使用者利润最大化行为出发,来研究其对要素的需求量是如何随要素价格的变化而变化的。与此相仿,可以把要素供给研究看成从要素所有者的最大化行为出发来分析其对要素的供给量是如何随要素价格的变化而变化的。因此,首先要考虑的问题是:谁是要素的供给者? 什么是要素供给者的最大化行为?

我们知道,在要素需求理论中,要素使用者是"单一"的,是生产者或厂商,因而其行为目标也是"单一"的,即追求利润的最大化。转到供给方面之后,问题变得复杂:要素所有者既可以是生产者,也可以是消费者。生产者生产许多将要再次投入生产过程的"中间产品"或"中间生产要素"(如钢材、车床等),因而是中间要素的所有者;消费者则向市场提供"原始生产要素"(如劳动、土地和资本等),因而是原始要素的所有者。由于要素所有者的身份不同,因而它们的行为目的也不相同:生产者的行为目的是利润最大化,消费者的行为目的是效用最大化。

要素所有者及其行为目标的不一致会影响对要素供给的分析,最重要的影响便是要素供给原则肯定不会像要素需求原则那样一致,因为不同的行为目标将导致不同的行为原则,进而影响诸如分析的方法、形式甚至某些结论等。因此,从理论上来说,需要对要素供给理论进行两个部分的分析:根据生产者的利润最大化行为讨论其对中间要素的供给,根据消费者(或资源所有者,如劳动、土地和资本等的所有者)的效用最大化行为讨论其对原始要素的供给。

但是,中间要素的供给与一般产品的供给并无任何区别,因为中间要素即中间产品本身就是一般产品,而关于一般产品的供给理论在第五章中已经详细讨论过,因此本章关于要素供给的讨论仅局限于要素所有者为消费者、其行为目的为效用最大化这一范围之内,即从消费者的效用最大化行为出发来建立其要素供给量与要素价格之间的关系。这样,要素供给问题便有一个明显的特点:消费者拥有的要素数量(简称资源)在一定时期内总是既定不变的。例如,消费者一天只有 24 小时,劳动供给不可能超过这个数。

由于资源是既定的,消费者只能将其拥有的全部既定资源的一部分(当然,这部分可以小到 0,也可能大到等于其资源总量)作为生产要素来供给市场。全部既定资源中除去供给市场的生产要素外,剩下的部分可称为"保留自用"(或简称"自用")的资源。因此,要素供给问题可以看成:消费者在一定的要素价格水平下,将其全部既定资源在"要素供给"和"保留自用"两种用途上进行分配以获得最大效用。

二、要素供给原则

(一)效用最大化条件

怎样才能使效用达到最大呢? 显然,作为"要素供给"的资源的边际效用要与作为"保留自用"的资源的边际效用相等。如果要素供给的边际效用小于保留自用的边际效用,则可以将原来用于要素供给的资源转移一单位到保留自用上去从而增加总效用。这是因为,减少一单位要素供给所损失的效用要小于增加一单位保留自用所增加的效用;反之,则可以将原来用于保留自用的资源转移一单位到要素供给上去。根据同样的道理,这样改变的结果亦将使总效用增加。最后,上述调整过程一直持续到要素供给的边际效用和保留自用的边际效用相等为止。

(二)要素供给的边际效用

接下来的问题是:什么是要素供给的效用(及边际效用)? 什么是自用资源的效用(及边际效用)? 显然,把资源作为生产要素供给市场本身对消费者来说并无任何效用,供给生产要素可以获得收入,而收入具有效用。因此,要素供给的效用是所谓"间接效用":要素供给通过收入与效用相联系。假设要素供给增量(劳动供给增量)为 ΔL,由此引起的收入增量为 ΔY,而由收入增量所引起的效用增量为 ΔU,则:

$$\frac{\Delta U}{\Delta L} = \frac{\Delta U}{\Delta Y} \cdot \frac{\Delta Y}{\Delta L}$$

取极限即得:

$$\frac{dU}{dL} = \frac{dU}{dY} \cdot \frac{dY}{dL} \qquad (6\text{-}13)$$

式中, dU/dL 即为要素供给的边际效用,它表示要素供给量增加一单位所带来的效用增量; dU/dY 和 dY/dL 则分别为收入的边际效用和要素供给的边际收入。因此,式(6-13)表示要素供给的边际效用等于要素供给的边际收入与收入的边际效用的乘积。

一般而言,单个消费者是完全竞争市场上既定要素市场价格的接受者。或者说,它所面临的要素需求曲线是一条水平线。显然,要素的边际收入就等于要素的价格,即有:

$$\frac{dY}{dL} = \omega$$

于是式(6-13)可简化为:

$$\frac{dU}{dL} = \omega \cdot \frac{dU}{dY} \qquad (6\text{-}14)$$

这便是完全竞争市场上消费者要素供给的边际效用公式。

如果消费者不是要素市场上的完全竞争者,则要素供给的边际效用表达式仍为式(6-13)。

（三）自用资源的边际效用

与要素供给提供间接效用相比，自用资源的情况较为复杂一些：它既可带来间接效用，亦可带来直接效用，而且后者更为重要。例如，消费者拥有的时间资源，如果不是供给市场，那么可以用来做家务、看电影或休息。显然，自用时间在这里是通过不同的途径产生效用的。做家务节省了本来需雇用家政做家务的昂贵开支，因而和要素供给一样，可以说是间接地带来了效用，即通过节约开支相对增加收入从而间接增加效用；看电影或休息则直接地增加了消费者的效用，满足了消费者娱乐和健康的需要。

为简化分析，以后假定自用资源都能带来直接效用，不考虑类似于上述时间可以用来干家务这类现象。若用 l 表示自用资源数量，则自用资源的边际效用就是效用增量与自用资源增量之比的极限值 dU/dl，它表示一单位自用资源所带来的效用增量。

（四）要素供给原则

借助于上面指出的要素供给的间接效用和自用资源的直接效用概念，可以将效用最大化条件表示为：

$$\frac{dU}{dl} = \frac{dU}{dY} \cdot \omega \qquad (6\text{-}15)$$

或

$$\frac{\dfrac{dU}{dl}}{\dfrac{dU}{dY}} = \omega \qquad (6\text{-}16)$$

如果考虑有所谓"收入的价格" ω_Y，则显然有 $\omega_Y = 1$。于是可以将式(6-16)改写成：

$$\frac{\dfrac{dU}{dl}}{\dfrac{dU}{dY}} = \frac{\omega}{\omega_Y} \qquad (6\text{-}17)$$

式(6-17)左边为自用资源与收入的边际效用之比，右边则为自用资源和收入的价格之比。这个公式与产品市场分析中的效用最大化公式是完全一致的。

三、要素供给曲线

（一）无差异曲线分析

上述关于要素供给原则的讨论也可以利用无差异曲线工具来进行说明。

如图 6-6 所示，横轴 l 表示自用资源的数量，纵轴 Y 表示要素供给所带来的收入。图中每一点均代表一个收入 Y 和自用资源 l 的组合。U_0、U_1、U_2 是消费者的三条无差异曲线。与通常的无差异曲线一样，U_0、U_1、U_2 也假定为向右下方倾斜和凸向原点。这意味着，收入和自用资源都是"好商品"，多多益善，并且它们的重要程度均随数量的增加而下降；此外，较高的无差异曲线代表着较高的效用，即 $U_2 > U_1 > U_0$。

设消费者在初始时拥有 $\overline{L}$ 单位的既定资源（例如每天 24 小时）和 $\overline{Y}$ 单位的非要素收入（例如财产收入），即图中 E 点的位置。如果消费者将其全部初始资源 $\overline{L}$ 都作为生产要素供给市场，则所得到的要素收入就是 $\overline{L} \cdot \omega$（$\omega$ 为要素价格），从而其拥有的全部收入就是 $K = \overline{L} \cdot \omega + \overline{Y}$。于是连接 E 点和纵轴上点 K 的直线就得到该消费者的预算线。

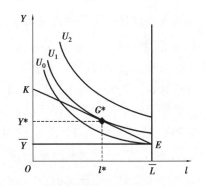

图6-6　要素供给的原则:无差异曲线分析

那在预算约束之下如何选择最优的收入 Y 和自用资源 l 组合呢？最优组合当然就是预算线与无差异曲线 U_1 的切点 G^*。消费者的效用最大化行为是在初始的全部资源 $\overline{L}$ 中，保留数量 l^* 的资源自用，而将其余的（$\overline{L} - l^*$）部分作为生产要素供给市场以获得收入，从而使自己的收入由 $\overline{Y}$ 增加到 Y^*。由图 6-6 可知，最优点 G^* 必须满足如下条件:无差异曲线的斜率等于预算线的斜率。预算线的斜率容易得到，它等于:

$$-\frac{K - \overline{Y}}{\overline{L}} = -\overline{L} \cdot \frac{\omega}{\overline{L}} = -\omega$$

即预算线的斜率是要素价格的相反数。

那无差异曲线的斜率呢？从形式上看，无差异曲线的斜率可以表示为收入增量与自用资源增量之比的极限值 $\dfrac{\mathrm{d}Y}{\mathrm{d}l}$，即收入对自用资源的导数。于是，最优点 G^* 的必要条件可以写成:

$$\frac{\mathrm{d}Y}{\mathrm{d}l} = -\omega$$

两边同乘以（-1）即得:

$$-\frac{\mathrm{d}Y}{\mathrm{d}l} = \omega \tag{6-18}$$

式(6-18)左边可称为资源供给的边际替代率，它表示消费者为增加一单位自用资源所愿意减少的收入量;而右边可以看成消费者为增加一单位自用资源所必须放弃的收入量。因此，式(6-18)表示消费者为增加一单位自用资源所愿意减少的收入量要等于必须减少的收入量。

如果假定效用可以用基数来衡量，则资源供给的边际替代率 $\dfrac{-\mathrm{d}Y}{\mathrm{d}l}$ 可以表示为自用资源和收入的边际效用之比:

$$-\frac{\mathrm{d}Y}{\mathrm{d}l} = \frac{\mathrm{MU}_l}{\mathrm{MU}_Y}$$

代入式(6-18)即得到上一段在基数效用基础上得到的要素供给原则式(6-16)。

(二)要素供给曲线

现在回到图 6-6 中来进一步考察要素供给问题。显而易见，消费者的要素供给量等于资源总量与最优自用资源量之差 $\bar{L}-l^*$ ，$\bar{L}$ 为固定不变的常数，l^* 则取决于无差异曲线与预算线的切点 G^* 的位置。在给定偏好即无差异曲线不变以及非要素收入 $\bar{Y}$ 不变的条件下，l^* 又取决于预算线的斜率，即要素价格 ω。也就是说，在消费者的初始非要素收入、初始资源数量以及偏好均既定的条件下，给定一个要素价格，就有一个要素供给量。这正是我们所想要确定的要素供给量与要素价格之间的关系。

如图6-7所示，图6-7（a）中横轴 l 和纵轴 Y 分别表示为消费者的自用资源和收入；U_0、U_1 和 U_2 为三条无差异曲线，E 点为消费者的初始状态。如果要素价格为 ω_0，则将全部资源都作为要素供给市场时，全部收入就等于 $K_0=\bar{L}\cdot\omega_0+\bar{Y}$，预算线为 EK_0。如果要素价格上升，例如上升到 ω_1 和 ω_2，则将全部资源作为要素供给市场的全部收入将分别为 $K_1=\bar{L}\cdot\omega_1+\bar{Y}$ 和 $K_2=\bar{L}\cdot\omega_2+\bar{Y}$，从而相应的预算线分别为 EK_1 和 EK_2。随着预算线绕着 E 点顺时针旋转，它与既定的无差异曲线簇的切点亦不断变化。所有这些切点的集合为曲线 PEP，可称为价格扩展线。价格扩展线 PEP 反映了自用资源数量 l（以及要素收入）如何随着要素价格的变化而变化，从而反映了要素供给量如何随要素价格的变化而变化，即要素供给曲线。

那么，如何从价格扩展线得到要素需求曲线呢？给定要素价格 ω_0，由图6-7（a）可知，预算线为 EK_0，从而，最优自用资源量为 l_0，要素供给量为 $(\bar{L}-l_0)$，于是得到要素供给曲线上的一点 $(\bar{L}-l_0,\omega_0)$，参见图6-7（b）中的 A 点；当要素价格上升到 ω_1，再上升到 ω_2，则预算线分别为 EK_1 和 EK_2，从而最优自用资源量下降到 l_1 和 l_2，于是要素供给量上升到 $(\bar{L}-l_1)$ 和 $(\bar{L}-l_2)$。于是，又得到要素供给曲线上的两点：$(\bar{L}-l_1,\omega_1)$ 和 $(\bar{L}-l_2,\omega_2)$，参见图6-7（b）中的 B 点和 C 点。重复以上做法，可得到与 A 点、B 点和 C 点具有相同性质的其他点，将所有这些点连接起来就能得到要素供给曲线。

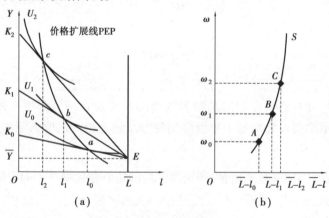

图6-7 要素供给曲线

需要注意的是，在图6-7（b）中给出的要素供给曲线是向右上方倾斜的，这只是作为例子说明要素供给曲线如何从消费者理论中推出，并不意味着要素供给曲线总是向右上方倾斜。事实上，要素供给曲线可以向右上方倾斜，也可以垂直，甚至可以向右下方倾斜，其形状取决于消费者效用函数 $U=U(Y,l)$ 的特点。一般而言，收入 Y 与要素本身的特点并无关系：无论是什么要素所能带来的收入都被假定为一样的,数量相同,效用就相同;但自用资源 l 却可能因为性质不同而对效用的影响大相径庭。有些东西保留下来就足以增加效用,例如时间资源;另外一些东西保留下来却未必能增加效用,或者即使能增加效用,其效果也微不足道,可以忽略不计,例如不存在其他用途的土地;还有一些东西保留下来不仅不能增加效用,反而会减少效用,例如收入。保留收入意味着减少当前的消费,从而减少当前的效用。因此,无差异曲线形状不同,从而导致要素供给曲线形状不同,实际上与要素的特点有关。鉴于此,下面我们将针对不同种类的要素分别讨论其要素供给的特点。首先讨论劳动要素,然后分析土地和资本要素。劳动、土地和资本恰好是在传统上按职能划分的三种生产要素。

第四节　要素价格的决定

一、工资理论

(一)劳动和闲暇

　　劳动供给涉及消费者对其拥有的既定时间资源的分配。消费者每天只有 24 小时,而其中必须有一部分用于睡眠而不能挪为他用。必需的睡眠时间虽不是绝对不变的,但对于特定的消费者而言,短期内变化不大。如果将必需的睡眠时间挪作他用,则消费者的效用以及劳动生产力都将受到很大影响。为简化分析,这里假定消费者每天必须睡眠 8 个小时。因此,消费者可以自由支配的时间资源每天为固定的 $24-8=16$ 小时。

　　根据上述假定,消费者可能的劳动供给不会超过 16 小时,其最大劳动供给为 16 小时。设劳动供给量为 6 小时,则全部时间资源中的剩余部分为 $16-6=10$ 小时,称为"闲暇"时间。闲暇时间包括除必需的睡眠时间和劳动供给之外的全部活动时间。例如,用于吃、喝、玩、乐等消费活动的时间。在现实生活中,闲暇时间也可用于非市场活动的"劳动",比如干家务活。为简化分析,不考虑这种情况。若用 H 表示闲暇,则 $16-H$ 就代表劳动供给量。因此,劳动供给问题就可以看成消费者如何决定其固定的时间资源 16 小时在闲暇和劳动供给两种用途上的分配。

　　闲暇直接增加了效用,劳动供给通过将收入用于消费来增加消费者的效用。归根结底,消费者并非在闲暇和劳动供给二者之间进行选择,而是在闲暇和劳动收入之间进行选择。或者更一般地说,是在自用资源和收入之间进行选择。显然,上一节讨论的模型完全适合分析目前的问题。

(二)劳动供给曲线

　　参见图 6-8 和图 6-9。先看图 6-8,横轴 H 表示闲暇,纵轴 Y 表示收入。消费者的初始状态点 E 现在表示的是非劳动收入与时间资源总量 16 小时的组合。假定劳动价格即工资为

ω_0,则最大可能的收入(劳动收入加非劳动收入)为 $K_0 = 16\omega_0 + \overline{Y}$。于是消费者在工资 ω_0 条件下的预算线为连接初始状态点 E 与纵轴上点 K_0 的直线 EK_0。EK_0 与无差异曲线 U_0 相切,切点为 A。与点 A 对应的最优闲暇量为 H_0,从而劳动供给量为$(16-H_0)$。于是得到劳动供给曲线(图 6-9)上一点 $a(\omega_0, 16-H_0)$。

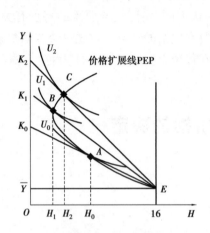

图 6-8　时间在闲暇和劳动供给之间分配

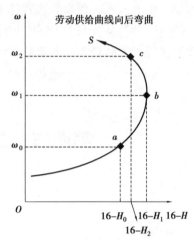

图 6-9　消费者的劳动供给曲线

再回到图 6-8。现在让劳动价格上升到 ω_1,再上升到 ω_2,则消费者的预算线将绕初始状态点 E 顺时针旋转到 EK_1 和 EK_2,其中 $K_1 = 16\omega_1 + \overline{Y}$,$K_2 = 16\omega_2 + \overline{Y}$。预算线 EK_1 和 EK_2 分别与无差异曲线 U_1 和 U_2 相切,切点分别为 B 和 C。均衡点 B 和 C 对应的最优闲暇量分别为 H_1 和 H_2,从而相应的劳动供给量为$(16-H_1)$ 和 $(16-H_2)$。现又得到劳动供给曲线上两点:$b(\omega_1, 16-H_1)$、$c(\omega_2, 16-H_2)$。

重复上述过程,可得到图 6-8 中类似于 A、B 和 C 的其他点。将这些点联结起来,即得到价格扩展线 PEP;相应地,在图 6-9 中可得到类似于 a、b 和 c 的其他点,将所有这些点联结起来,即得到消费者的劳动供给曲线 S。

与一般的要素供给曲线不同,图 6-9 描绘的劳动供给曲线有一个明显的特点,即它具有一段"向后弯曲"的部分。当工资较低时,工资上涨吸引消费者减少闲暇,增加劳动供给量,此时,劳动供给曲线向右上方倾斜。但是,工资上涨对劳动供给的吸引力是有限的。当工资涨到 ω_1 时,消费者的劳动供给量达到最大。此后,如果继续增加工资,劳动供给量非但不会增加,反而会减少。于是劳动供给曲线从工资 ω_1 处起开始向后弯曲。

劳动供给曲线的这个特点也可以从图 6-8 中消费者随工资变化对闲暇需求量的变化中看出。随着工资的上升,消费者闲暇需求量从 H_0 减少到 H_1,然后又增加到 H_2,而劳动供给量从 $16-H_0$ 增加到 $16-H_1$,然后又减少到 $16-H_2$。

(三)替代效应和收入效应

为了解释劳动供给曲线为什么会向后弯曲,我们换一个角度来看劳动供给、劳动价格即工资以及它们之间的关系。首先,可以将劳动供给看成闲暇需求的反面,因为在时间资源总量给定的条件下,劳动供给和闲暇需求之间存在反方向变化关系。其次,劳动的价格实际上就是闲暇的机会成本:增加一单位时间的闲暇,意味着失去本来可以得到的一单位劳动的收入,即工资。于是,可以将工资看成是闲暇的价格。最后,在此基础上,劳动供给量随工资而变化的关系即劳动供给曲线便可以用闲暇需求量随闲暇价格而变化的关系即闲暇需求曲线来加以说明,只不过后者与前者正好相反而已。换句话说,解释劳动供给曲线向后弯曲现在变成了解释闲暇需求曲线为什么向右上方倾斜。现在可以运用第三章关于对一般商品需求曲线形状的讨论来回答上述问题。

我们知道,正常商品的需求曲线总是向右下方倾斜的,主要是因为替代效应和收入效应。正常商品价格上涨后,由于替代效应,消费者转向相对便宜的其他替代品;由于收入效应,消费者相对"更穷"一些,会减少对正常商品的购买。就一般的正常商品而言,替代效应和收入效应共同作用使其需求曲线向右下方倾斜。

现在考虑闲暇商品的情况。对闲暇商品的需求亦受到替代效应和收入效应两个方面的影响。先看替代效应。假定闲暇的价格即工资上涨,于是,相对于其他商品而言,闲暇现在变得更加"昂贵"了,消费者会减少对它的"购买",而转向其他替代商品。因此,由于替代效应,闲暇需求量与闲暇价格呈反方向变化,这与其他正常商品一样。再看收入效应。在这里,闲暇商品完全与众不同。假定其他条件不变,对于一般商品,价格上升意味着消费者实际收入下降,但闲暇价格的上升却相反,意味着实际收入的上升。因为消费者此时享有同样的闲暇即提供同样的劳动量却可以获得更多的收入。随着收入的增加,消费者将增加对商品的消费,从而亦增加对闲暇商品的消费。结果,由于收入效应,闲暇需求量与闲暇价格的变化方向相同。这样一来,替代效应和收入效应在闲暇商品场合却起着相反的作用。因此,随着闲暇价格的上升,闲暇需求量究竟是下降还是上升要取决于这两种效应的大小。如果替代效应大于收入效应,则闲暇需求量随其价格上升而下降;反之,则闲暇需求量随其价格上升而上升,这就会使劳动供给曲线向后弯曲。

那么,闲暇价格的收入效应会不会超过替代效应?对一般商品(不仅是正常品,还包括一部分劣等品)来说,收入效应通常要小于替代效应。消费者消费的商品有很多种,单种商品价格变动通常对消费者收入并不造成很大影响,但却非常容易引起消费者的替代行为。例外的情况就是吉芬商品。现在讨论到闲暇商品,情况却有所不同:消费者收入的大部分可能来自劳动供给。假定其他因素不变,闲暇价格即工资的上升会大大增加消费者的收入水平。因此,闲暇价格变化的收入效应较大。如果原来的工资即闲暇价格较低,则此时工资稍稍上涨的收入效应不一定能抵消、当然更谈不上超过替代效应,因为此时的劳动供给量亦较小,从而由工资上涨引起的整个劳动收入增量并不很大;但如果工资已经处于较高水平,则工资上涨引起的整个劳动收入增量就很大,从而可以超过替代效应。于是劳动供给曲线在较高的工资水平上开始向后弯曲。

简言之,当工资的提高使人们富足到一定程度后,人们会更加珍视闲暇。因此,当工资达到一定高度而又继续提高时,人们的劳动供给量不但不会增加,反而会减少。

(四)劳动的市场供给曲线和均衡工资的决定

将所有单个消费者的劳动供给曲线水平相加,即得到整个市场的劳动供给曲线。尽管许多单个消费者的劳动供给曲线可能会向后弯曲,但劳动的市场供给曲线却不一定如此。

在较高的工资水平上,现有的工人也许会减少劳动,但高工资也会吸引新的工人进来,因而总的市场劳动供给一般会随着工资的上升而增加,从而劳动的市场供给曲线仍然是向右上方倾斜的。

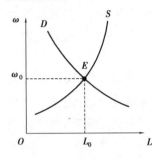

图6-10 均衡工资的决定

由于要素的边际生产力递减和产品的边际收益递减,要素的市场需求曲线通常总是向右下方倾斜的。劳动的市场需求曲线也不例外。将向右下方倾斜的劳动的市场需求曲线和向右上方倾斜的劳动的市场供给曲线联立,即可求得均衡工资水平。如图6-10所示,劳动的市场需求曲线 D 和劳动的市场供给曲线 S 的交点 E 是劳动市场的均衡点,均衡工资为 ω_0,均衡劳动数量为 L_0。因此,均衡工资水平由劳动市场的供求曲线决定,且随着这两条曲线的变化而变化。劳动的市场供给曲线位置的变化主要有以下四个原因。第一,非劳动收入即财富。较大的财富增强了消费者保留时间以自用的能力,从而减少了他的劳动供给。例如,小说《基督山佰爵》中的基督山佰爵。第二,社会习俗。某些国家不容许妇女参加工作而只能做家务,改变这个习俗将大大增加劳动供给。例如,大多数印度女性婚后不再工作。第三,人口。人口的数量、年龄结构、性别比例等对劳动供给有重大影响。例如,我国人口老龄化在加速。第四,劳动的成本。维持劳动者及家庭生活必须的生活资料的费用,以及劳动者受教育、培训的费用。例如,大学录取率提高。

◆ 生活中的实例

2021年1月15日,据《华尔街日报》、CNBC等多家外媒报道,美国当选总统拜登公布了大规模刺激方案"美国援助计划"细节,该方案总规模达1.9万亿美元。包括向大多数美国人每人直接支付1 400美元,连同2020年12月的600美元在内,救济总金额达到2 000美元;将联邦每周失业救济金提高到400美元,并延长到9月底;将联邦最低工资提高到每小时15美元,并拨款3 500亿美元用于州政府和地方政府援助。

二、地租理论

经济学上的土地,泛指一切自然资源,其特点是"原始的和不可毁灭的"。说它是原始的,因为它不能被生产出来;说它是不可毁灭的,因为它在数量上不会减少。土地数量既不能增加也不能减少,因而是固定不变的。也可以说,土地的"自然供给"是固定不变的。

当然,如果土地价格合适的话,人们可以沿海岸造陆地、变沙漠为良田,从而"创造"出土地;同时,如果人们采用一种会破坏土壤肥力的方式耕种,则土地也有"毁灭"的可能。不过,为简化分析,这里不考察土地数量的这些变化,而明确假定它为既定不变,只考察土地的"市场供给"(注意不是自然供给)情况。

（一）土地、土地供给和土地价格

在讨论土地（以及资本）的供给之前，需要首先明确几个概念[①]。

第一，生产服务源泉和生产服务本身。生产服务的源泉不同于生产服务本身。例如，劳动服务的源泉是人类或劳动者，但劳动服务却是"人—时"（或代表劳动者在某个特定时期工作的其他单位）。

第二，源泉的供给（以及需求）和服务的供给（以及需求）。源泉的供求是指卖和买生产服务的"载体"；服务的供求则是指卖和买生产服务本身而非其"载体"。有些生产要素的源泉及其服务都可以在市场中交易，例如，土地和资本；有些生产要素则不能，例如劳动。劳动服务可以被买卖，但劳动服务的源泉（即人类自身）却不能被买卖，至少现在的文明社会是这样的。

第三，源泉的价格和服务的价格。如果源泉和服务二者均可在市场上交易，则就有两个价格，即源泉价格和服务价格。例如，建筑物和机器，它们本身有一个市场价格（即源泉价格），还有一个使用它们一定时间的价格（即服务价格），这两个价格有必要区别开来。生产要素源泉的价格是由它们的市场供求曲线所决定的。关于生产要素服务价格的决定，劳动是一个例外：只有劳动服务的价格。

为明确起见，假定下面讨论的土地、土地供给及土地价格（资本、资本供给及资本价格）均是指土地的服务、土地服务的供给及土地服务的价格（资本服务、资本服务的供给以及资本服务的价格）。其中，土地服务的价格称为地租（资本服务的价格称为利息）。

由于只有劳动服务能够买卖，劳动服务的价格称为工资，故在上一节中，没有对劳动的源泉和劳动服务等也作类似上述的区分。在谈到劳动供给和劳动价格时，它必定是指劳动服务的供给和劳动服务的价格，没有其他。

（二）土地的供给曲线

前面提到，土地的自然供给是固定不变的：它不会随土地价格即地租的变化而变化。现在要考虑土地的市场供给情况：它是否也与土地价格无关呢？

我们先从分析单个土地所有者的行为开始。假定土地所有者是消费者，其行为目的是效用最大化，所用的土地数量在一定时期内也是既定的和有限的。土地所有者现在要解决的是：如何将既定数量的土地资源在保留自用和供给市场这两种用途上进行分配以获得最大的效用。

显然，供给土地本身不直接增加效用。土地所有者供给土地的目的是获得土地收入，而土地收入可以用于各种消费从而增加效用。因此，土地所有者实际上是在土地收入与自用土地之间进行选择。于是土地所有者的效用函数可以写为：

$$U = U(Y, q)$$

式中，Y、q 分别为土地收入和自用土地数量。

现在的问题是，自用土地是如何增加土地所有者的效用的呢？显然，如果不用来供给市

---

① 高鸿业. 西方经济学：微观部分[M]. 8 版. 北京：中国人民大学出版社，2021：301-302.

场的话,则土地可以用来建造花园或高尔夫球场等。土地的这些消费性使用当然增加土地所有者的效用。但土地的消费性使用只占土地的一个很微小的部分。如果假定不考虑土地消费性使用这个微小部分,即不考虑土地所有者自用土地的效用,则自用土地的边际效用等于0,从而效用函数简化为:

$$U = U(Y) \tag{6-19}$$

从式(6-19)看出,效用只取决于土地收入而与自用土地数量大小无关。在这种情况下,为了获得最大效用就必须使土地收入达到最大,而为了使土地收入最大又要求尽可能地多供给土地。由于土地所有者拥有的土地为既定的,例如为 $\overline{Q}$,故他将供给 $\overline{Q}$ 单位的土地——无论土地价格 R 是多少。因此,土地供给将在 $\overline{Q}$ 的位置上垂直,如图6-11所示。

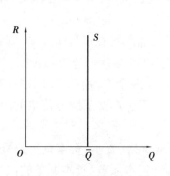

图6-11 土地的供给曲线

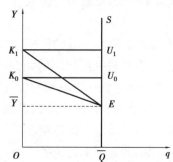

图6-12 土地供给曲线的无差异曲线分析

同样的结论也可以通过无差异曲线分析方法得到,如图6-12所示。横轴 q 表示自用土地数量,纵轴 Y 为土地收入。土地所有者的初始状态点 E 表明,它的非土地收入为 $\overline{Y}$,拥有的全部土地数量为 $\overline{Q}$。两条预算线 EK_0 和 EK_1 分别对应于土地价格为 R_0 和 R_1 两种情况,即 $K_0 = \overline{Q} \cdot R_0 + \overline{Y}$,$K_1 = \overline{Q} \cdot R_1 + \overline{Y}$。图中真正特殊的地方是其无差异曲线均为水平直线,这意味着土地所有者的效用只取决于土地收入,与自用土地数量无关。例如在水平直线 U_0 上,每一点的收入均相等,故它们是无差异的,尽管它们的自用土地数量不同。同样,高位的无差异曲线表示较高的效用,即 $U_1 > U_0$,这是因为前者的收入大于后者。显然,无差异曲线簇的这种特殊形状就是式(6-19)效用函数的形象表示。

水平的无差异曲线簇显然表明:无论土地价格如何变化,最优的自用土地数量总为0,从而土地供给量总为 $\overline{Q}$,即等于土地所有者拥有的全部土地资源。例如,设土地价格为 R_0,预算线为 EK_0,此时的最大效用组合或均衡点显然为 K_0,因为这是在预算约束 EK_0 条件下所能达到的最大效用 U_0 的点。与 K_0 相对应,最优自用资源量为0,从而土地供给量为 $\overline{Q}$;假如土地价格上升到 R_1,土地供给量仍然为 $\overline{Q}$。这说明,土地供给量总为 $\overline{Q}$,与土地价格的高低无关。于是,土地供给曲线垂直。

需要进一步说明的是,之所以得到土地供给曲线垂直的结论,并不是因为自然赋予的土地数量是固定不变的,而是因为我们假定了土地只有一种用途即生产性用途,而没有自用用途。如果土地只有生产性用途,则它对该用途的供给曲线当然是垂直的。事实上,这个结论可以推广到任何其他要素:任意一种资源,如果只能(或假定只能)用于某种用途,而无其他用处,则该资源对该种用途的供给曲线就一定是垂直的。例如,考虑某些高度专业化的劳动,如果这些劳动只适用于某个特殊的生产,则当劳动时间无自用价值时,它对该生产的供给曲线就垂直,当劳动时间有自用价值时,则供给曲线在劳动价格大于其自用价值之上时垂直。

由此可见,土地数量本身的固定不变并不能说明土地供给曲线垂直。要使结论成立,必须假定土地没有自用用途,即没有自用价值。这个假定显然并不完全符合实际,因为土地对土地所有者确实有某些消费性用处,尽管这些用处相对于其拥有的全部土地数量来说也许很小。如果将土地的自用价值也考虑进来的话,则土地的供给曲线就可能不再是那么垂直,而是略微向右上方倾斜。这样,具有多种用途的土地的供给曲线就会向右上方倾斜,甚至就会和一般商品的供给曲线没有差别。

当然,如果考虑用于一切目的的土地供给,即既包括生产性使用,也包括消费性自用的土地供给,则土地的供给就等于供给市场和"供给"给土地所有者自身的两部分之和,于是,它是真正固定不变的了。土地价格的变化只能改变这两个部分的相对大小,但不能改变其总和。不过这样一来,我们也可以按同样的逻辑认为其他资源的供给曲线也是垂直的。例如,我们可以将闲暇也看成劳动的一种方式,于是全部劳动供给分为供给市场和自用两部分,总量显然也是固定的,它不因劳动价格变化而变化。显然,这种解释对经济分析并无多大用处。

真正有意义的供给曲线总是指为市场提供的供给,不包括自用部分。我们的分析将遵循这个原则。

(三)使用土地的价格和地租的决定

将所有单个土地所有者的土地供给曲线水平相加,即得到整个市场的土地供给曲线。再将向右下方倾斜的土地的市场需求曲线与土地的市场供给曲线结合起来,即可得到土地的均衡价格,如图6-13所示。土地的市场需求曲线D与土地的市场供给曲线S的交点是土地市场的均衡点,均衡价格为R_0。特别是,如果假定土地没有自用价值,则单个土地所有者的土地供给曲线为垂线,故整个市场的土地供给曲线亦为垂线。

当土地的市场供给曲线垂直时,它与土地的市场需求曲线的交点所决定的土地服务价格具有特殊意义,常常被称为"地租",如图6-14中的R_1。由于土地的市场供给曲线垂直且固定不变,故地租完全由土地的市场需求曲线决定,而与土地的市场供给曲线无关:它随着需求曲线的上升而上升、下降而下降。如果需求曲线下降到D',则地租将消失。

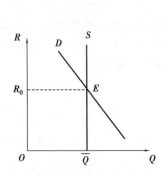

图6-13　土地服务的均衡价格

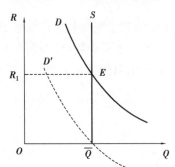

图6-14　地租及其产生的原因

根据地租的决定,可以解释地租产生的原因。假设一开始,土地供给量固定不变,对土地的市场需求曲线为 D',从而地租为 0;现在由于技术进步使土地的边际生产力提高,或由于人口增加使粮食需求增加,从而粮食价格上涨,土地的市场需求曲线便开始向右边移动到 D,从而地租 R_1 开始出现。因此,可以这样来说明地租产生的(技术)原因:地租产生的根本原因在于土地的稀少,供给不能增加;如果给定不变的土地供给,则地租产生的直接原因就是土地的市场需求曲线的右移。土地的市场需求曲线右移是因为土地的边际生产力提高或土地产品(如粮食)的需求增加,从而粮价提高。如果假定技术不变,则地租就因土地产品价格的上升而产生,且随着产品价格的上涨而不断上涨。

◆名人有约

纯经济租金理论是 19 世纪后期单一运动的基础。当时,由于世界各地的人向美国移民,美国的人口迅速增长。随着人口的增长和铁路延伸到美国西部,地租飞涨,为那些预先购买了土地的幸运的或有远见的人带来了丰厚的利润。记者亨利·乔治(1839—1897)在其畅销书《贫困和进步》中建议,应当把对土地征收财产税作为政府融资的主要途径,同时削减或免除其他所有的对资本、劳动以及土地新增设施的税收。这种单一税收能够在不损害经济生产效率的情况下,改善收入分配。20 世纪 20 年代,英国经济学家弗兰克·拉姆塞发展了乔治的方法,带来了效率原理的发展,当一个部门的供给或需求的价格弹性非常小的时候,对其征税所导致的扭曲最小。[1]

◆生活中的实例

北上广深的房子一直在涨,而且涨得离谱,让怀揣梦想的许多年轻人或者努力的打工人望而却步。为什么北上广深的房价不能降一降呢?为什么政府不能控制一下价格,把房价压得低一点、再低一点,让所有的老百姓都买得起房、住得上房子?一个很重要的原因是这些大城市所具有的人口聚集效应,大城市提供了良好的医院、剧院、大学等相关服务,即物质生活和精神生活供应得十分好。这些服务是中小城市所不具有的"稀缺的相关服务",是大城市因"人口红利而产生的服务"所带来的溢价,所以房价高是必然的。

三、利息理论

前面研究了劳动和土地两种生产要素,现在分析第三种生产要素——资本。资本这个词在不同的场合,因为不同的需要,被解释成不同的东西,从而又引导出不同的关于资本的理论。因此,有必要先来说明一下本节中所要分析的资本的含义。

[1] 孙晶晶,黄志勇.经济学基础[M].北京:高等教育出版社,2021.

(一)资本和利率

1.资本

在经济活动中,资本常常被看成一个包罗万象的东西:它代表着一个经济系统的所有有形资源,包括劳动人口以及一切有用之物。例如,消费品(住房、家具等)、生产资料(工厂、机器等)、现金余额和自然资源如土地。显而易见,这个关于资本的概念并不适合我们的分析,因为它包含了劳动与土地两种生产要素,甚至包括了消费商品。

作为与劳动和土地并列的一种生产要素,资本的独特特点可以概括如下:第一,可以通过人们的经济活动生产出来;第二,被生产的目的是获得更多的商品和劳务;第三,作为投入要素用于生产过程。

由于第一个特点,资本便与土地和劳动区别开来了。因为土地和劳动均是"自然"给定的,不能由人们的经济活动生产出来;由于第二及第三个特点,资本便与一切非生产要素的东西区别开来了。例如,由于第二个特点,它不同于普通的消费商品,因为消费商品不能带来更多的商品和劳务,其价值仅等于自身却不能增值;由于第二及第三个特点,它甚至也不同于单纯的储蓄。因为在现代社会中,单纯的储蓄本身仅仅意味着可贷资金的增加。如果这些资金并不实际贷出,则不能增值;即使因贷出而增值,也可能不是被用于生产过程。

根据上述特点,可以将资本定义为:由经济制度本身生产出来并被用作投入要素以便进一步生产更多的商品和劳务的物品。

2.利率

作为生产服务的源泉,资本本身具有一个市场价格,即所谓资本价值。例如,一台机器、一幢建筑物在市场上可按一定价格出售。另外,资本也与土地和劳动等其他要素一样,可以在市场上被租借(注意不是出售)出去。因此,作为生产服务,资本也有一个价格,即使用资本(或资本服务)的价格,或者说,拥有资本所有权所得到的价格。这个价格通常称为利率,并用 r 来表示。

例如,一台价值为 9 000 元的机器被使用一年得到的收入为 900 元。用这个年收入来除以机器本身的价值即得到该机器每单位价值服务的年收入:$\dfrac{900}{9\ 000}=10\%$。这就是该机器服务的价格或(年)利率:$r=10\%$。

由此可见,资本服务的价格或利率等于资本服务的年收入与资本价值之比。用公式表示即为:

$$r=\frac{Z}{P} \tag{6-20}$$

式中,Z 为资本服务的年收入;P 为资本价值。

不同资本的价值或者年收入可能并不相同,但年收入与资本价值的比率却有趋同之势。例如,如果资本 A 具有较高的利率,则人们会竞相购买,从而它的市场价格即资本价值被抬高,根据式(6-20)可知,它的利率将下降。这个过程将一直持续到 A 的利率与其他资本的利率相等时为止。

(二)资本的供给

下面结合上述资本的定义来讨论资本的供给问题:以效用最大化为目的的资本所有者

如何向市场供给资本要素？由定义可知,资本与土地及劳动的一个根本区别在于:资本的数量是可以变化的,而土地和劳动则是"自然给定"的。这个根本区别使资本的供给问题完全不同于土地和劳动的供给问题。在有关土地和劳动的场合,所要研究的是资源所有者如何将既定的土地或劳动在要素供给和保留自用之间进行选择。例如,单个人可以通过购买土地来增加其所拥有的土地数量,但这也意味着其他人拥有的土地数量减少了。

资本的情况则完全不同:单个人完全可以在不影响其他人资本拥有量的情况下增加自己的资本资源。这就是"储蓄",即保留其收入的一部分不用于当前消费。当一个人进行储蓄而非消费时,他就增加了自己拥有的资本数量。他可以自己生产新资本,例如孤岛上的鲁滨逊为织一张网而放弃某些当前消费;此外,他也可以购买资本的所有权,如股票、债券等。后一种方式在现代社会中更为常见。当储蓄者购买股票或债券时,其他人则得到一笔资金去建造厂房和购买机器等新资本。无论如何,单个人的资本数量由于储蓄而增加,或者相反,由于负储蓄而减少。

因为资源所有者拥有的资本数量是可变的,故现在面临的不再是单一既定资本的供给问题,而是如何确定最优的资本拥有量的问题。只有确定了最优资本拥有量,才可以讨论这个既定最优量的供给问题。后一个问题与土地及劳动的供给问题并无二致,均涉及既定资源在要素供给和自用用途之间的分配。如果假定资本的自用价值等于0,则既定资本资源的供给也是固定的,其供给曲线为一条垂直线,而最优资本拥有量问题实际上就是确定最优储蓄量的问题。假定资源所有者原有资本存量为 K_0,最优资本量为 K^*,则当 $K_0 < K^*$ 时,资源所有者将通过储蓄来增加其资本拥有量,以达到最优水平;反之则进行负储蓄。因此,资源所有者的资本供给问题现在归结为如何将既定收入在消费和储蓄两方面进行分配的问题。

进一步地,资源所有者进行储蓄从而增加资本拥有量的目的是什么呢？其目的与提供劳动和土地一样,也是为了将来能够得到更多的收入,从而有可能在将来进行更多的消费。这样一来,既定收入如何在消费和储蓄之间分配的问题,又可以看成是在现在消费和未来消费之间的选择。于是我们面临的是所谓消费者的长期消费决策问题。

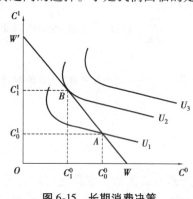

图 6-15　长期消费决策

为简化分析,假定只有一种商品,分为今年和明年两个时期,并且消费者可以将商品借出或借入。在这些假定之下,长期消费决策可以用图 6-15 来说明。横轴 C^0 代表今年消费的商品量,纵轴 C^1 代表明年消费的商品量。U_1、U_2 和 U_3 是消费者的三条无差异曲线。无差异曲线在这里表示的是给消费者带来同等满足的今年消费的商品量和明年消费的商品量的各种组合,它向右下方倾斜,且向原点凸出,并且较高位的无差异曲线代表较高的效用。无差异曲线向右下方倾斜表明,为了保证总的效用水平不变,减少今年的消费量就必须用增加明年的消费量来弥补,反之亦然。无差异曲线凸向原点表明,今年消费对明年消费的"边际替代率"递减。

再来看预算线 $W'W$。假定消费者今年得到的商品量(或收入)为 C_0^0,明年将得到的商品量(或收入)为 C_0^1。于是消费者的初始状态可以用图中的点 $A(C_0^0, C_0^1)$ 表示。显然,A 是预算线上一点。处于 A 点的消费者可以借出一部分他今年的商品,也可以借入一部分别人今年的商品。如果再假定他所面临的市场利率为 r,则他减少一单位商品的今年消费就可以增加 $(1+r)$ 单位商品的明年消费。换句话说,预算线的斜率必为 $-(1+r)$,其中负号说明预算线是向右下方倾斜的。因此,预算线的特点如下:第一,必经初始状态点 A;第二,倾斜程度由市场利率 r 完全确定,随着 r 的增加而愈加陡峭。将这两个特点综合在一起,即得如下结论:随着利率的上升,预算线将绕初始状态点 A 顺时针旋转;反之亦然。最后,如果消费者将明年的商品均提前到今年消费,则他今年可能有的最大消费是:

$$W = C_0^0 + \frac{C_0^1}{1+r}$$

它由预算线与横轴的交点表示,该点决定了预算线与纵轴之间水平方向的最大距离。

消费者的均衡点 B 位于预算线与无差异曲线 U_2 的切点处,即他的长期最优消费决策是:今年消费 C_1^0,明年消费 C_1^1。将初始状态 A 与均衡状态 B 比较一下即知,处于点 A 的消费者尽管今年拥有的商品量为 C_0^0,但却决定只消费其中的一部分即 C_1^0,而将另一部分 $(C_0^0 - C_1^0)$ 储蓄起来,并按利率 r 借出去,从而能够在明年将消费从 C_0^1 提高到 C_1^1。

于是,给定一个市场利率 r,消费者今年有一个最优的储蓄量和贷出量。如果利率发生变化,例如,设市场利率提高,则预算线将绕初始点 A 顺时针旋转,从而与更高的无差异曲线相切,得到新的均衡点及新的最优储蓄量和贷出量。将不同利率水平下消费者的最优储蓄量描绘在图 6-16 上,就得到一条储蓄或贷款供给曲线。图中,横轴 Q 表示储蓄量或贷款供给量。一般来说,利率越高,人们的储蓄也就越多,从而曲线向右上方倾斜。但与劳动供给曲线的情况相同,当利率处于很高水平时,储蓄或贷款曲线亦可能出现向后弯曲的现象。

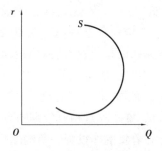

图 6-16　储蓄或贷款供给曲线

(三)资本市场的均衡

我们知道,资本数量的变化是储蓄累积的结果,但要通过储蓄"流量"来显著地改变资本"存量"通常需要相当长的时间。从短期来看,储蓄当然还是在增加资本,但增加的数量与原有庞大的资本存量相比可能微乎其微。为简化分析,我们假定储蓄短期对资本数量不发生影响。

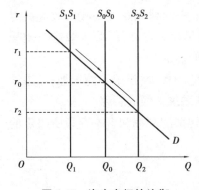

图 6-17　资本市场的均衡

由于假定资本数量在短期内既定,且假定资本的自用价值为零,故资本的短期供给曲线是一条垂直线。例如,设一开始时,资本数量为 Q_1。于是,相应的短期资本供给曲线就是 S_1S_1,如图 6-17 所示。垂直的短期资本供给曲线表明,短期内,资本供给 Q 与利率 r 无关。资本的需求曲线 D 仍然向右下方倾斜。资本的需求曲线 D 和短期供给曲线 S_1S_1 的交点决定了短期均衡利率水平和资本数量。

图 6-17 中的 (r_1, Q_1) 是资本市场的短期均衡状态。从长期来看,它可能均衡,也可能不均衡。这是因为,在短期

均衡(r_1,Q_1)上,利率r决定了储蓄(投资)的数量,短期资本存量Q_1决定了折旧的数量。如果由(r_1,Q_1)决定的储蓄和折旧并不相等,就会出现不等于零的净投资,从而资本存量就会随之发生变化。例如,在短期均衡状态(r_1,Q_1)上,如果储蓄大于折旧,就存在正的净投资,正的净投资将导致资本存量大于Q_1。由此可见,尽管Q_1在短期中是均衡的,但在长期中却可能并不均衡。只有当某个短期均衡的利率和资本存量所决定的储蓄和折旧正好相等时,这个短期均衡才同时是长期均衡。

那资本市场是如何从短期均衡走向长期均衡的呢?假定在一开始时的短期均衡状态(r_1,Q_1)是利率相对较高而资本存量相对较低。相对较高的利率意味着相对较高的储蓄,相对较低的资本存量意味着相对较低的折旧。于是,在(r_1,Q_1)上,储蓄大于折旧,即净投资大于零,资本存量会增加。长期来看,短期资本供给曲线将沿着资本的需求曲线D从原来的S_1S_1向右边移动(参见图中沿D曲线指向右下方的箭头),于是利率将下降而资本存量将增加,结果,储蓄相应下降而折旧相应增加,原先的储蓄与折旧的差距会缩小。这个过程将一直持续到储蓄与折旧之间的差距缩小到零,即二者趋于相等为止。设短期资本供给曲线右移到S_0S_0时,储蓄恰好等于折旧,则S_0S_0与资本需求曲线D的交点(r_0,Q_0)既表示资本市场的短期均衡,也表示它的长期均衡。在(r_0,Q_0)上,由于储蓄和折旧恰好相等,净投资为零,故资本存量将稳定在Q_0的水平上不再变化,资本市场达到了长期均衡。除非资本的需求曲线上移或者人们对未来消费偏好增强,利率r_0和资本数量Q_0将维持不变。

反之,假定一开始时的短期资本供给曲线为图6-17中的S_2S_2,短期均衡状态为(r_2,Q_2),此时,利率相对较低而资本存量相对较高。利率相对较低则意味着储蓄和投资也相对较低,资本存量相对较高则意味着折旧也相对较高。于是,在(r_2,Q_2)上有储蓄小于折旧,即存在着负的净投资。负的净投资导致资本存量减少。长期来看,短期资本供给曲线将从原来的S_2S_2沿着资本的需求曲线D向左移动(参见图6-17中沿D曲线指向左上方的箭头),于是利率将上升而资本存量将下降,结果,储蓄增加而折旧减少,原先的储蓄与折旧的差距会缩小。这个过程将一直持续到储蓄与折旧趋于相等为止。

◆本章小结

生产要素的价格由其需求和供给共同决定,即生产要素的均衡价格位于其需求曲线与供给曲线的交点处。要素需求曲线上的每一点都表示要素的边际产品价值等于要素价格,要素供给曲线上的每一点都表示要素供给所带来收入的效用等于要素自用的效用。

劳动的供给曲线是向后弯曲的,主要是由工资变化所带来的替代效应和收入效应决定的。工资实际上是闲暇的机会成本。替代效应与闲暇价格呈反方向变动,收入效应与闲暇价格呈同方向变动。劳动的市场供给曲线仍然是向右上方倾斜的。

土地供给曲线是垂直的。地租产生的根本原因在于土地的稀少,供给不能增加;如果给定不变的土地供给,则地租产生的直接原因就是土地的市场需求曲线的右移。

资本的短期供给曲线是一条垂直线。只有当某个短期均衡的利率和资本存量所决定的储蓄与折旧正好相等时,这个短期均衡才同时是长期均衡。

第七章

一般均衡与经济效率

📖 **学习目标**

　　了解瓦尔拉斯均衡的概念;理解一般均衡分析方法;理解帕累托最优和帕累托改进的概念;掌握交换、生产以及交换和生产的帕累托最优条件;理解完全竞争市场符合帕累托最优的三个条件。

📖 **思维导图**

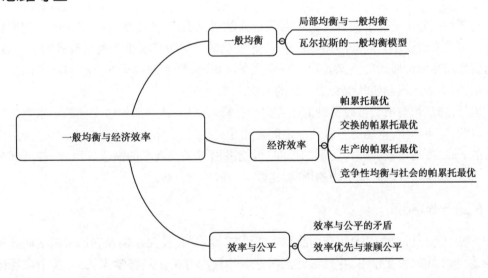

◆ **案例导入**

　　联合国粮食及农业组织(FAO)指出,由于俄乌冲突和粮食库存不足,全球谷物价格将保持在较高水平,这将导致世界许多地区的面包、意大利面、肉类和牛奶等主要食品价格飞涨。该组织在报告中说,据估计,2020年许多国家将不得不花更多的钱用于谷物进口,这将引起粮食供应链的连锁反应,导致动物饲料和主要食品的零售价格提高。报告还说,石油价格上涨导致粮食运输价格上涨,而对生物燃料的需求也不断增长,这导致用于生产环保燃料的农作物价格上涨。

从这个例子可以看出,我们这个世界的物质不是孤立的,谷物价格的上涨会导致面包、面食、肉类和乳制品价格的上涨,而将谷物作为生物燃料的油料也会因为谷物供给的减少而价格上涨,从而导致粮食运输价格的上涨,推动谷物价格更快上涨。所以经济系统是一个互相联系的系统,一种产品的价格变化可能会产生一系列的影响。

思考:各种物品的价格是如何相互影响的?

第一节　一般均衡

到目前为止,我们所讨论的市场全部都是局部均衡的市场,就是将某种产品或要素的市场单独取出来加以研究,而现在将进一步将相互联系的各个市场看成一个整体来加以分析,这就是一般均衡分析。

一、局部均衡与一般均衡

(一)局部均衡

局部均衡分析是为了使分析简化而假设其他情况不变,孤立地分析某种商品的市场价格和供求关系的变动。局部均衡分析中,一种商品的供给和需求仅和商品自身的价格有关,而与其他商品的价格无关。比如我们研究汽车市场时,只考虑汽车的价格和汽车供求之间的关系,而不考虑汽油或其他交通工具的影响。

但是,局部均衡虽然可以帮助简化我们的分析,解释一种商品价格变化和供求之间的关系,可在真实市场中,市场的各种商品之间是相互关联的,比如汽油价格的上涨,会导致汽车消费的下降,疫情导致的公共交通的停滞,可能增加对私人汽车的需求。因此,在局部分析之外,我们还应该考虑其他市场的影响,这就是一般均衡分析。

(二)一般均衡[①]

一般均衡分析是指考虑所有商品和生产要素市场的相互关系以及它们价格之间的相互影响、供求之间的相互作用,并且最终同时达到均衡的分析。经济学家认为,整个市场体系的所有市场是一个相互联系的整体,一个市场的价格和供求关系的变动,必定会影响该市场体系中所有市场的价格和供求关系,因此必须从整个市场体系中各市场的相互联系、相互影响的视角来分析和研究市场均衡问题。

下面我们来考察一个简化市场的情况,假设一个经济体只有四个市场,其中有两个要素市场分别是原油市场和煤炭市场,有两个产品市场分别是汽油市场和小汽车市场。汽油市

---

① 高鸿业.西方经济学:微观部分[M].8 版.北京:中国人民大学出版社,2021.

场以原油市场的原油为投入要素,汽油和小汽车又是互补品。

如果假定所有市场刚开始处于均衡状态,如图7-1所示。图7-1由图7-1(a)代表的原油市场、图7-1(b)代表的煤炭市场、图7-1(c)代表的汽油市场、图7-1(d)代表的汽车市场四个市场组成。在市场变动前,四个市场均形成了自身的均衡价格,各自的均衡价格用P_0表示(注意它们的值不一定相同)。

假如外部有供给冲击导致原油市场的原油减少,图7-1(a)的供给曲线将由SS向左移动到SS',这时原油的需求暂时不变,均衡价格即需求曲线DD与新的供给曲线SS'交于(Q_1,P_1)点,这是未考虑其他市场情况时原油市场的均衡价格和均衡产量。

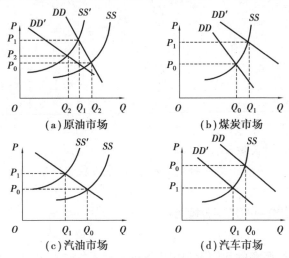

图7-1　市场之间的相互关系

但是扩展到一般均衡条件下,情况将有所不同,原油市场的变化可能影响它的互补品和替代品的价格,从而引起相关市场的变化,而相关市场的变化又会影响到原油市场,从而影响最终的均衡价格和均衡产量。

首先看图7-1(c)的汽油市场,原油是汽油的生产要素,原油价格的上涨将导致汽油的成本增加,供给减少,这时汽油的供给曲线将移动到SS'位置,新的均衡点为(Q_1,P_1)点,均衡产量减少、价格上涨。

其次来看图7-1(b)的煤炭市场,因为原油和煤炭是替代品,所以原油价格上升会造成煤炭需求增加,煤炭需求曲线将由DD向右移动到DD',从而均衡价格上升到P_1,均衡产量增加到Q_1。

最后来看图7-1(d)的汽车市场,由于图7-1(c)的汽油价格上涨,导致互补品汽车的需求将减少,小汽车的需求曲线向左移动到DD',小汽车的均衡价格下降到P_1,均衡产量减少到Q_1。

可见,原油价格的上涨将影响一系列相关互补品和替代品的市场,导致互补品的价格下降,替代品的价格上升,这些市场的价格变化又会反过来影响原油市场,导致原油市场需求的变化。例如,汽车市场价格的下降和数量减少会减少对原油的需求,煤炭价格的上升会增加原油的需求,最终原油的需求曲线可能因此左移或者右移,取决于两方面力量的大小。假定原油需求曲线向左移动到DD',那么原油市场新的均衡点就是(Q_2,P_2),而不是原来的

(Q_1, P_1)。

由于图 7-1(a) 中原油价格又发生了变化,那么这种变化又会影响其他市场,这些市场变化又会反馈到原油市场中,这样一直调整下去直到形成新的一般均衡状态。

一般均衡分析过程如下。

①一个市场的均衡被打破,会打破其他相关市场的初始均衡,引起它们的均衡价格和均衡产量的调整。

②所有这些市场的变化反过来又影响到最初的市场。

③调整会一直继续下去,直到最后所有市场又都重新达到均衡状态——新的一般均衡状态。

◆生活中的实例

在经济全球化的今天,随着信息技术的飞速发展,世界上的任何经济活动都不是孤立的。例如,纽约证券交易所的股市变化在一瞬间会影响东京、香港的股市,而香港的股市变动又会波及中国的经济。又例如,空中客车公司在飞机制造过程中所需要的零配件来自十几、几十个国家,任何一种关键配件供给的意外变动都可能影响到飞机的价格。要对这些错综复杂的关系进行研究,一般均衡理论是一个非常好的基础模型。

二、瓦尔拉斯的一般均衡模型

在如何求得一般均衡解的问题上,法国经济学家瓦尔拉斯开创了对这个问题研究的先河,他提出了一般均衡的数学模型。

瓦尔拉斯的一般均衡体系是按照从简单到复杂一步步建立起来的,他首先撇开生产、资本积累和货币流通等复杂因素,集中考察交换的一般均衡。在解决了交换的一般均衡以后,他又将生产的一般均衡加入到模型中,讨论了生产和交换的一般均衡。此外,他还根据现实经济中存在的资本积累和货币流通等现象,将一般均衡论进一步推广到货币市场领域和其他领域。虽然瓦尔拉斯提出了一般均衡的理论模型,但是他对一般均衡存在性的证明却是错误的,这个错误一直到 20 世纪二三十年代才被人发现并解决,但瓦尔拉斯作为一般均衡理论思想的提出者,对经济学的发展还是做出了巨大贡献。

◆名人有约

里昂·瓦尔拉斯(1834—1910),法国经济学家。瓦尔拉斯从 19 世纪 50 年代开始研究政治经济学,1870 年被聘为洛桑大学政治经济学教授,是洛桑学派主要代表人之一。瓦尔拉斯创建了一般均衡理论,一般均衡是研究所有市场都处于供求相等的均衡状态,他的一般均衡方法被后来的西方经济学界普遍采用。由于他在边际理论和一般均衡理论研究方面的杰出贡献,瓦尔拉斯被后人认为是"经济学家中最伟大的一位"。

第二节 经济效率

在前面的章节中,进入我们研究视野的经济主体基本上都是相互独立、自主决策、互不相干的个体,各自遵循利益最大化的目标来选择自己的行为和对策,并能够实现这一目标。但就社会整体来说,能否想当然地推出社会福利同样也能实现最大化的目标? 如果这个目标能够实现,又应当如何判断社会福利变化状况? 这就是我们这节要学习的经济效率问题。

一、帕累托最优

如何判断社会的福利大小,经济学中通常使用帕累托最优配置的概念来解释。帕累托最优配置是这样一种配置,是在该资源配置状态下,如果想增加某一个人的福利,就必须以牺牲其他人的福利为代价。利用帕累托最优配置标准,就可以对资源配置的好坏进行判断,如果满足帕累托最优配置标准,我们就可以说这个资源配置状态已经达到了最优状态,没有改进的余地了。如果改变既定的资源配置状态,能够使至少一个人的状况改善,而且又没有使其他任何一个人的状况变坏,则可以说这种改变是一种帕累托改进。

帕累托最优状态又被称作经济效率,满足帕累托最优状态就是具有经济效率的;反之,就是缺乏经济效率的。例如,如果产品在消费者之间的分配已经达到这样一种状态,即任何重新分配都会至少降低一个消费者的满足水平,那么这种状态就是帕累托最优的或最有效率的状态。类似地,如果要素在厂商之间的配置已经达到这样一种状态,即任何重新配置都会导致至少一个厂商的产量降低,那么这种配置状态就是最有效率的。

◆名人有约

维尔弗雷多·帕累托(1848—1923),意大利经济学家、社会学家,洛桑学派的主要代表人之一。帕累托1848年出生于法国巴黎,后成为瑞士洛桑大学教授,他开创性地运用立体几何方法来研究经济变量之间的关系,发展了瓦尔拉斯的一般均衡的数学体系。帕累托提出了在收入分配为既定的条件下,社会为了实现福利最大化,生产资源的配置所必须达到的状态,被称为"帕累托最优"状态。

◆生活中的实例

我国改革进程中推行的双轨制是运用帕累托改进的典型实例。双轨制就是不触动原来的计划经济,愿意享受计划经济好处的人继续享受,但同时在计划经济之外开辟了一个自由市场,愿意的人可以在其中交易。这就是一个帕累托改进,因为所有人中没有受损的,只有受益的,同时社会生产力也因为有了自由市场而冲破了不合理的约束并得到了解放,且全社会的财富增加了。

双轨制始于集市贸易,之后在各行各业里都得到了推行。比如城市交通,除了政府办的公共交通，私人也能办小公交和大公交竞争；在医疗系统，除了原有的低收费系统，还开辟了专家挂号，收费高一些；学校也有了私立的；连股票市场也有双轨制，原有的股票是非流通股，新股票是流通股，可以自由买卖；所谓的新人新办法、老人老办法也是双轨制。这些措施大大缓解了改革中可能有的矛盾，而且所有人的利益都没有受损。

双轨制面临的一个问题是如何并轨。就集市贸易来讲，现在已经完成了并轨，其实就是市场经济替代了计划经济，集市以外的大部分商品也都是市场经济替代了计划经济。但股票市场的并轨至今还没有完全解决，对私立学校也有许多争议。总体来看，双轨制是非常有效的改革办法，它大大地提高了资源配置效率，减少了对社会资源的浪费。改革开放以来我国创造的财富大幅度增加，在很大程度上就得益于双轨制。[①]

二、交换的帕累托最优

帕累托最优状态需要满足三个条件，包括交换的帕累托最优条件、生产的帕累托最优条件以及交换和生产的帕累托最优条件。当这三个条件同时满足时，就可以说资源的配置已经达到了最优状态。

首先来看交换的最优条件，为了简化分析，我们假定一个社会只有两个消费者 A 和 B，他们消费的产品也只有 X 和 Y 两种，这样我们就来分析 X、Y 两种商品如何在 A 和 B 两个消费者之间分配以使社会福利最大化的问题。

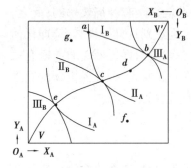

图 7-2 交换的埃奇沃斯盒状图

如图 7-2 所示，这是一个长方形盒子的形状，下边水平线代表这个经济体所能生产的产品 X 的数量 $\overline{X}$，垂直线代表经济体所能生产的产品 Y 的数量 $\overline{Y}$，X_A 代表消费者 A 所消费的产品 X 的数量，Y_A 代表消费者 A 所消费的产品 Y 的数量，X_B 和 Y_B 则分别代表消费者 B 所消费的产品 X 和产品 Y 的数量。在图中找到任意一点 a，a 所对应的点则满足：

$$X_A + X_B = \overline{X}$$
$$Y_A + Y_B = \overline{Y}$$

(7-1)

也就是说盒子中的任意一点代表消费者 A 和 B 所消费的产品 X 和 Y 的情况，这个盒子中的所有点涵盖了经济体中两种产品的所有分配情况，那么在这种情况下，如何分配产品使两个消费者 A 和 B 的效益最大化呢？我们可将无差异曲线引入这个模型中帮助我们分析，根据无差异曲线的特点，消费者 A 的无差异曲线应该是凸向 O_A 点的，如图中的 I_A、II_A 和 III_A 三条曲线，且离 O_A 点越远代表 A 的效用水平越高，即效用水平 $III_A > II_A > I_A$；消费者 B 的无差异曲线应该是凸向 O_B 点的，如图中的 I_B、II_B 和 III_B 三条曲线，且离 O_B 点越远代表 B 的效用水平越高，即效用水平 $III_B > II_B > I_B$。

在图中任选一点 a 点，假设该点代表一个初始分配点，由于表示效用水平的无差异曲线

① 邓先娥,汪芳. 经济学基础[M]. 3 版. 北京:人民邮电出版社,2019.

是连续的,那么 a 点必在消费者 A 的某条无差异曲线上,同时也在消费者 B 的某条无差异曲线上,那么消费者 A 和 B 的两条无差异曲线要么相交,要么相切。如果相交的话(如图所示是 II_A、I_B 两条无差异曲线相交),那么 a 点是不是帕累托最优状态配置的点呢? 不是,因为如果改变产品 X 和 Y 在消费者 A 和 B 之间的分配,例如将 a 点移动到 b 点,那么消费者 A 的效用水平将可以提高到 III_A,而这时消费者 B 的效用水平并不受影响。因此,存在帕累托改进的空间,a 点不是帕累托最优的资源分配点。同理,如果从 a 点移动到 c 点,那么消费者 B 的效用水平将会提高而消费者 A 的效用水平不变;如果 a 点移动到 d 点,那么 A 和 B 两个消费者的效用水平都得到了提高。因此,在交换的埃奇沃斯盒状图中,如果某一点是两条无差异曲线的交点,那么它就不是帕累托最优的点,它仍存在改进的空间,使至少一个人的效用提高而另一个人的效用没有降低。

如果考虑图中两条无差异曲线的切点如 c 点,在这一点还有没有帕累托改进的空间? 答案是没有的,因为如若从 c 点向右上方移动到 b 点,这时消费者 A 的效用水平提高了,却降低了消费者 B 的效用水平;同理,向左下方移动到 e 点会增加消费者 B 的效用水平却降低了消费者 A 的效用水平,而移动到 g 点或者 f 点会使消费者 A 和 B 的效用水平都下降。因此,我们可以得出结论,在埃奇沃斯盒状图中,如果某一点在消费者 A 和 B 的无差异曲线的切点的连线上,那么这一点就处于帕累托最优状态,没有帕累托改进的余地。将图 7-2 中类似 b、c、e 的切点连起来,得到连线 VV',我们把连线 VV' 称作契约曲线,用来表示两种产品 X 和 Y 在两个消费者 A 和 B 之间的所有最优分配的集合。在这个契约曲线上的所有点都达到了帕累托最优状态。

而在契约曲线 VV' 上的两个点,比如 c 点和 b 点,哪种分配效率更高一些呢? 这个我们是无法比较的,因为从 b 点移动到 c 点,会使消费者 B 的情况变好而消费者 A 的情况变坏,这就不是帕累托改进了,虽然这样会使产品分配在两个人之间更平均,但是这样降低了消费者 A 的效用,所以只要在契约曲线 VV' 上的点都是帕累托最优配置。

从以上的分析可以看出,在消费者 A 和 B 的无差异曲线的切点处达到了交换的帕累托最优,而在切点上的两条无差异曲线斜率相等。我们之前学过,无差异曲线的斜率的绝对值代表消费者消费的两种产品的边际替代率,因此,两条无差异曲线的斜率相等就表示两个消费者 A 和 B 消费的两种产品 X 和 Y 的边际替代率相等,即有

$$\mathrm{MRS}_{XY}^A = \mathrm{MRS}_{XY}^B \tag{7-2}$$

也就是说,边际替代率相等时,产品的分配就达到了交换的帕累托最优。

三、生产的帕累托最优

知道了交换的帕累托最优条件之后,我们很容易就可以将其推广到生产上去。假定一个经济体中只有两个生产者 C 和 D,每个生产者使用两种生产要素 L 和 K 进行生产,那么我们可以构造一个生产的埃奇沃斯盒状图,如图 7-3 所示。

和交换的埃奇沃斯盒状图类似,生产的埃奇沃斯盒状图中水平长度表示生产要素 L 的数量 $\bar{L}$,垂直高度代表生产要素 K 的总数量 $\bar{K}$,生产者 C 所使用的生产要素 L 的数量用 L_C 表示,生产者 C 所使用的生产要素 K 的数量用 K_C 表示;同理,生产者 D 所使用的生产要素分

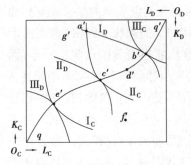

图 7-3　生产的埃奇沃斯盒状图

别用 L_D 和 K_D 表示,那么它们之间的相互关系可表示为:

$$L_C + L_D = \overline{L}$$
$$K_C + K_D = \overline{K}$$

(7-3)

盒状图中的每一点代表两种生产要素在两个生产者 C 和 D 之间的分配情况,那么哪些点代表帕累托最优的状态呢? 类似于消费者的无差异曲线,我们可以将等产量曲线引入模型来分析,如图 7-3 所示,生产者 C 的等产量曲线分别是 I_C、II_C 和 III_C,产量之间的关系是 $I_C < II_C < III_C$,生产者 D 的等产量曲线分别是 I_D、II_D 和 III_D,产量之间的关系是 $I_D < II_D < III_D$。类似于交换的帕累托最优条件分析,我们也可以在生产的埃奇沃斯盒状图里面寻找一点如 a' 点,这个点是不是帕累托最优的点呢? 不是,因为 a' 点代表的是两条等产量曲线的交点,当 a' 点向 b' 点移动时,生产者 D 的产量水平不变而生产者 C 的产量水平提高到了 III_C,因此,a' 点可以进行帕累托改进,它还不是帕累托最优的点。同理,我们可以将 a' 移动到 c' 点和 d' 点,这时生产的效率都会提高,不同的是改善的对象和结果不同,生产者 C 和 D 都没有遭受福利损失,是一种帕累托改进。

如果假定刚开始的资源分配在 c' 点,该点是两条等产量曲线相切的点,那么在这个点上就不存在帕累托改进的余地了,因为无论从 c' 移动到 b' 点、d' 点、e' 点或者是 f' 点,都会使生产者 C 或 D 中的某一方的产量遭受损失,这不是一种帕累托改进。我们可以将所有等产量曲线相切的点连接起来,它们的轨迹就构成了生产的契约曲线即 qq' 曲线,这条曲线上的点都是生产分配的最优组合。

下面我们来看看生产的帕累托最优具体要达到什么条件。在生产契约曲线 qq' 上的点都是生产者 C 和 D 的等产量曲线的切点,即两条等产量曲线斜率相等的点。前边我们学过等产量曲线的斜率的绝对值代表了要素的边际技术替代率,因此,我们可以用 C 和 D 两个生产者使用 L 和 K 两种生产要素的边际技术替代率 $MRTS_{LK}^C$ 和 $MRTS_{LK}^D$ 相等来表示生产的帕累托最优,即有公式:

$$MRTS_{LK}^C = MRTS_{LK}^D$$

(7-4)

生产契约曲线上的点都达到了帕累托最优状态,这时候如果我们调整生产要素的数量(比例),必然会使至少一种产品的产量减少,而我们考察生产契约曲线上的点,契约曲线上的每一点都代表了一种生产要素的分配方式,同时生产契约曲线上的点也是两条等产量曲线的切点,等产量曲线的取值代表的是产品的产量,所以生产契约曲线上的点也间接表示了两种产品(假设是 X 与 Y)的产量,这样,我们可以将这些产量组合转换到产品空间上就可以得到表示两种产品产量关系的生产可能性曲线(或者叫产品转换曲线),如图 7-4 所示。

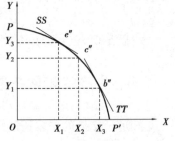

图 7-4　生产可能性曲线

生产可能性曲线的含义是在既定数量的生产要素情况下,社会所能生产的两种产品产量的各种最大组合。在生产可能性曲线上的任一点,比如 b'' 点,这一点对应着生产契约曲线上 b' 点,已经是帕累托最优状态,如果改变它的位置,只能减少某一产品的产量或者两种产品的产量都减少。生产可能性曲线以外的点是生产达不到的产量组合,线以内的点的产量虽然可以达到,但是却不是资源利用最大化的生产组合。

如果设产品 X 的变动量为 ΔX,产品 Y 的变动量为 ΔY,则它们的比率的绝对值 $|\Delta Y/\Delta X|$ 可以衡量单位产品 X 转换为产品 Y 的比率。该比率的极限则被定义为产品 X 对产品 Y 的边际转换率(MRT)。用公式表示为:

$$MRT = \lim_{\Delta X \to 0} \left| \frac{\Delta Y}{\Delta X} \right| = \left| \frac{dY}{dX} \right|$$

这就是产品 X 对产品 Y 的边际转换率,表示在既定要素数量和技术状况条件下,多生产一个单位产品 X 所要放弃的产品 Y 的数量,也可以理解为生产产品 X 的机会成本。由于要素的边际报酬递减等,边际转换率会逐渐递增,也就是说为了多生产一单位的产品 X,所要放弃的产品 Y 的数量会越来越多,因此,生产可能性曲线一般向右上方凸出。如果这个经济体的资源禀赋增加了,比如人口增加或者资本增加,那么生产可能性曲线可能向外即右上方移动;如果遇到战争或自然灾害导致经济体的资源减少,那么生产可能性曲线可能向内即左下方移动。

四、竞争性均衡与社会的帕累托最优

以上部分讨论了交换的帕累托最优条件和生产的帕累托最优条件,那么如何实现整个社会的帕累托最优呢? 假如一个社会只有生产和交换两种经济活动,那么生产和交换如何同时达到帕累托最优呢?

如图 7-5 所示,生产可能性曲线代表一定技术和资源条件下生产所能达到的最大产出组合。假如我们在生产可能性曲线上找一个随机的点 B,这一点所对应的产品 X 的产量为 X_0,所对应的产品 Y 的产量为 Y_0,该点表示了产品 X 与产品 Y 的一个最优产出组合(X_0, Y_0)。从这一点引出的两条垂线与横轴 OX 和纵轴 OY 正好构成一个埃奇沃斯盒状图,消费者所能消费的产品 X 与 Y 的最大量分别是 OX_0 和 OY_0。

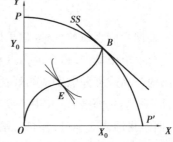

图 7-5 生产和交换的帕累托最优

假定仍是两个消费者 A 与 B 消费两种产品 X 与 Y,如果想让消费者满足交换的帕累托最优条件,需要在这个埃奇沃斯盒状图中的交换契约曲线 OB 上消费,那么如何才能找到同时满足交换和生产的帕累托最优解呢? 假设消费契约曲线上有任一点 E,该点的边际替代率可以用消费者 A 或 B 的无差异曲线的斜率的绝对值来表示,如果这一点的边际替代率和边际转换率不相等,也就是 $MRS_{XY} \neq MRT_{XY}$,那么我们可以证明此时并未达到帕累托最优的均衡条件。比如,假设此时的边际转换率是 1,边际替代率是 2,那么我们就愿意通过减少 1 单位 X 的消费来换取不少于 2 单位 Y 的消费,而多生产 1 单位 X 只需要减少 1 单位 Y 的生产,那么我们应该增加 X 的生产,这样,增加 1 单位 X 的消费就相当于代替了 2 单位 Y 消费的效用,而此时 Y 的产量只减少 1 单位而 X 的产量增加 1 单位,我们的效用就会增加相当于 1 单位 Y 消费的效用,这时,我们仍然有帕累托改进的余地。

假如 E 点的边际转换率等于边际替代率,也就是 $\text{MRS}_{XY} = \text{MRT}_{XY}$,那么这时就不存在帕累托改进的余地了,这时,我们实现了生产和交换的帕累托最优状态。

亚当·斯密曾经断言人们在追求自己幸福的同时,会在一只"看不见的手"的指导下,实现社会福利的最大化。虽然每个人考虑的都是自己的利益,但是他在追求自己利益的过程中,也会增进社会的福利,这便是经济学关于市场和社会福利之间关系的看法:在理想条件下,单个家庭和生产者在完全竞争的经济中,他们对利益最优化的追求,能够实现社会资源的帕累托最优配置以及社会福利的最大化。

首先我们将交换的帕累托最优条件、生产的帕累托最优条件以及交换和生产的帕累托最优条件进行归纳,这些帕累托最优条件虽然是在两个消费者、两种产品、两个生产者以及两种要素的情况下推导出来的,但是也很容易拓展到多个消费者、多种产品、多个生产者、多种生产要素的一般情况中去。

1. 交换的帕累托最优条件

任何两种商品的边际替代率对所有的消费者都相等,即

$$\text{MRS}_{XY}^{A} = \text{MRS}_{XY}^{B} \tag{7-2}$$

2. 生产的帕累托最优条件

任何两种生产要素的边际技术替代率对所有生产者都相等,即

$$\text{MRTS}_{LK}^{C} = \text{MRTS}_{LK}^{D} \tag{7-4}$$

3. 交换和生产的帕累托最优条件

任何两种产品的边际替代率都等于它们的边际转换率,即

$$\text{MRS}_{XY} = \text{MRT}_{XY} \tag{7-5}$$

根据我们之前的推导,如果以上三个条件同时满足的话,这个市场就是帕累托最优的。在完全竞争市场中,每个消费者和生产者都是市场价格的接受者,他们在既定的价格下配置自己的产品或资源以实现帕累托最优,而完全竞争市场中产品价格 P_X 对不同消费者是相同的,同理,产品价格 P_Y 和生产要素价格 P_L、P_K 等对任一个消费者或生产者都是相同的。这样,回顾我们之前学过的内容,消费者 A 想实现自己的效用最大化,那么资源配置最优的点应是在无差异曲线和预算线相切的地方,也就是处于任意两种产品的边际替代率等于两种产品的价格比的位置,即

$$\text{MRS}_{XY}^{A} = \frac{P_X}{P_Y} \tag{7-6}$$

同理,消费者 B 的效用最大化的条件也同样要满足:

$$\text{MRS}_{XY}^{B} = \frac{P_X}{P_Y} \tag{7-7}$$

由以上两式我们可以得到:

$$\text{MRS}_{XY}^{A} = \text{MRS}_{XY}^{B}$$

这就是交换的帕累托最优条件,因此,在完全竞争市场条件下,各个消费者的边际替代率相同,实现了交换的帕累托最优状态。

同样对生产者来说,如果生产者想在完全竞争市场中获得最大的利润,那么他们生产的条件就是需要使生产要素的边际技术替代率和这两种要素的价格比相等,即

$$\text{MRTS}_{\text{LK}}^{\text{C}} = \frac{P_{\text{L}}}{P_{\text{K}}} \qquad\qquad (7\text{-}8)$$

同理,生产者 D 的利润最大化的条件也同样要满足:

$$\text{MRTS}_{\text{LK}}^{\text{D}} = \frac{P_{\text{L}}}{P_{\text{K}}} \qquad\qquad (7\text{-}9)$$

这样在完全竞争市场中,要实现生产的帕累托最优,需要满足:

$$\text{MRTS}_{\text{LK}}^{\text{C}} = \text{MRTS}_{\text{LK}}^{\text{D}}$$

最后我们来看完全竞争市场中如何同时达到生产和交换的帕累托最优状态。我们知道,在完全竞争市场中,两种产品的边际转换率等于生产这两种产品的边际成本的比率,那么就有:

$$\text{MRT}_{\text{XY}} = \left| \frac{\text{MC}_{\text{X}}}{\text{MC}_{\text{Y}}} \right| \qquad\qquad (7\text{-}10)$$

而在完全竞争市场中,产品的边际成本与产品价格是相同的,那么综合式(7-6)和式(7-7)就有:

$$\text{MRT}_{\text{XY}} = \left| \frac{\text{MC}_{\text{X}}}{\text{MC}_{\text{Y}}} \right| = \frac{P_{\text{X}}}{P_{\text{Y}}} = \text{MRS}_{\text{XY}} \qquad\qquad (7\text{-}11)$$

可见,完全竞争市场中,由于其符合帕累托最优的条件,因此其均衡状态是满足帕累托最优的一种状态。

第三节　效率与公平

在经济问题中,我们始终追求市场的更高效率和资源的最优配置。但是,我们在追求效率的同时,不能忽视市场配置所造成的公平问题,也就是收入如何平等地得到分配的问题。

一、效率与公平的矛盾[①]

很多时候,市场会由于追求效率而影响公平。由于劳动效率的不同和财产禀赋的不同,会导致收入分配的不平等,这是市场机制运行的正常结果。即使在一个正常运行的市场经济中,每个人的条件不同,拥有的生产要素不同,得到的回报也不一样。由于市场经济条件下,收入分配状态是由要素的生产率决定的,生产率越高,收入就会越高,生产率越低,收入就会越低。如果为了简单的公平而使收入均等化,这会伤害高效率者工作的积极性,反映在市场中,就会抑制人们努力工作、钻研新技术、提高工作效率和促进科技进步,也会影响企业家才能的发挥,阻碍企业家的创新创造活动。

如图 7-6 所示,为了简化分析,假定一个社会由 1 和 2 两个社会成员组成,该社会的最大

---

① 高鸿业.西方经济学:微观部分[M].8 版.北京:中国人民大学出版社,2021.

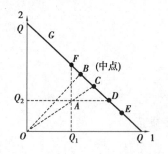

图7-6 效率提高而导致的分配变化

产量是 Q,亦即他们的收入。QQ 曲线表示了他们全部可能的收入分配方式,可以将所有收入全都分配给成员 1,也就是图中的 (Q,O) 点,也可以将所有收入都分配给成员 2,也就是图中的 (O,Q) 点,也可以在 QQ 曲线引出的直线上寻找任意一点进行分配。

假如初始分配点在 A 点,这一点很明显不是最有效率的点。因为它不在 QQ 曲线上,还有继续提高分配效率的空间;它也不是最公平分配的点,因为 OB 连线才是表示平均分配的线,A 点的分配情况是 $Q_1>Q_2$,成员 1 分到的更多一些。那么如何改善经济效率呢?

改善经济效率的情况有以下四种。

(1)$A \to B$:效率提高同时分配状况改善。B 点是 QQ 曲线的中点,从 A 点移动到 B 点,不仅经济效率提高了,而且分配得到了改善,两个成员分配到了同样数量的收入,这种分配的改善也是公平的体现。

(2)$A \to C$:效率提高同时分配状况不变。从 A 点到 C 点,效率也提高了,但是对于 1 和 2 这两个成员来说,他们的分配比例并没有什么变化。

(3)$A \to D$:效率提高同时分配状况恶化。从 A 点移动到 D 点,效率提高了,成员 1 分配的更多,而成员 2 却没有变化,这时候两人分配情况更加不均等,甚至有了恶化。而如果移动到 E 点,成员 2 的情况比刚开始更恶化了,这种情况甚至会导致两个成员之间的矛盾冲突。

(4)$A \to F$:效率提高同时分配状况先改善后恶化。从 A 点到 F 点移动时,成员 2 的收入逐渐增加,两个成员的收入分配逐渐接近,当经过 OB 连线时,两个成员的收入就平均了,之后成员 2 的收入逐渐超过了成员 1,这时的收入情况是成员 2 大于成员 1。

由以上几种情况来看,收入分配在效率提高的时候会有不同的结果,效率有时候会影响公平;同样地,如果我们过于追求公平,也会影响效率的提高。在西方的一些福利国家,由于社会的高福利,人们不用工作而单纯依靠国家的分配就能满足基本的生活需要,这就导致人们追求极度的舒适生活而选择"躺平",而这又会影响这些经济体的效率和国家的竞争能力。

◆生活中的实例

过分强调平等而影响效率的例子无论在我国和外国都不鲜见。我国过去曾经搞平均主义的收入分配,搞"一大二公"的无偿平调,"不患寡而患不均",结果是大大伤害了人们的积极性,大干不如小干,小干不如不干,于是大家不好好干,大家都吃不饱。这是我国 20 世纪 50—70 年代劳动生产率多年低下的重要原因之一。欧洲有些国家福利水平很高,税率也很高,产业工人纳税率有的甚至高达 35%,收入高的资本家、商人、演员、运动员等纳税率更高达 80%。所得税收主要用于拉平社会各阶层成员的收入,通过收入再分配使全体公民都过上大体相当于平均水平的生活。最高收入与最低收入的比例大约为 3:1,即使一个人终生没有为社会创造多少财富,年老退休后的收入比社会上收入最高者也少不了多少,结果形成了人们普遍依赖国家的心理。

二、效率优先与兼顾公平

如何解决效率与公平之间的矛盾？实际上，效率和公平对我们来说都很重要，提高效率能增加收入，扩大产出，增进公平能使社会分配更加平等，经济运行更加稳定。效率的提高并不一定意味着公平的增进，公平的增进也不一定有利于效率的提高。为了更好地找到效率与公平在不同条件下的最优组合，我们在解决收入分配问题时采取的较为普遍的一个思路是"效率优先，兼顾公平"。

（一）效率优先

效率优先，就是充分发挥市场机制的作用，让市场机制在收入分配领域充分发挥作用，谁的经济效率更高，谁的收入就更高。从帕累托最优的市场条件来看，完全竞争的市场可以实现经济资源的最优配置，可以使经济效率达到最大。因此，如果不干涉市场的运行，市场机制自然会提高经济运行的效率，刺激人们去努力工作，追求工作的高效率、高产出。于是我们就提出了建立社会主义市场机制的战略目标，并且逐渐由市场来主导资源和收入的分配。

（二）兼顾公平

然而，由市场完全主导收入的分配，也会带来一些问题。比如，贫穷的山村地区，他们并不是不努力，但是由于资源条件有限、教育缺失，人们的收入很难增加，也就无法形成资本进行储蓄和投资，生产效率更得不到提高。这就需要我们通过扶贫政策、教育政策、税收政策等一系列促进公平的政策来提高他们的收入，用"看得见的手"去引导资源的配置。

一是我们要减少和消除那些不符合经济规律的不合理不合法的收入。这些不合理不合法的收入不是实行市场经济的结果，而是市场失灵的表现，会对市场经济的正常运行造成破坏。比如依靠垄断获得的收入，不仅会使垄断者获得巨额的垄断利润，还会掠夺其他人的财富，损害整个社会的福利。二是我们要尽量使大家的机会均等。我们不应仅仅把目标定在结果公平上，还要着力打造一个公平的环境，使所有参加竞争的人能够在同一竞争赛道上进行公平的竞争。比如要消除一些就业市场的歧视，使女性和男性有较为平等的竞争机会，或者让大家接受更公平的教育，通过奖学金制度、助学贷款制度让那些无力负担教育成本的人也可以公平地享受教育。三是我们要对由于分配导致的贫困人群提供帮助。对贫困人群而言，由于自身能力、教育、信息等因素的影响，他们大多数的收入都用来购买生活用品，更甚者无法维持自己和家人的基本生活，一些重病所需的医疗费用就会使一个条件一般的家庭陷入贫穷。贫穷家庭中的子女很难获得适当的教育机会，也很大程度上会影响社会效率的提高，因此，我们就提出了小康社会要消除绝对贫困，保障大家的生活和医疗、教育方面的权利。

◆本章小结

一般均衡分析是指考虑所有商品和生产要素市场的相互关系以及它们价格之间的相互

影响、供求之间的相互作用，并且最终同时达到均衡的分析。一般均衡强调各种市场的整体联系，注重它们之间的相互依存关系，着重从全局的角度把握市场规律。

帕累托最优状态是一种资源配置状态，在该状态下，如果想增加某一个人的福利，就必须以牺牲其他人的福利为代价。如果对既定的资源配置状态加以改变，能够使至少一个人的状况改善，而且又没有使其他任何一个人的状况变坏，则可以说这种改变是一种帕累托改进。

交换的帕累托最优条件是任何两种商品的边际替代率对所有的消费者都相等，即有 $MRS_{XY}^{A} = MRS_{XY}^{B}$。生产的帕累托最优条件是任何两种生产要素的边际技术替代率对所有生产者都相等，即有 $MRTS_{LK}^{C} = MRTS_{LK}^{D}$。交换和生产的帕累托最优条件要满足任何两种商品的边际替代率和边际转换率相等，即有 $MRS_{XY} = MRT_{XY}$。

完全竞争市场满足交换的帕累托最优条件、生产的帕累托最优条件以及交换和生产的帕累托最优条件。

第八章

市场失灵与政府干预

📖 学习目标

了解市场失灵产生的原因及其分类;理解垄断对经济的影响,掌握其分析方法;理解外部性对经济的影响,掌握解决外部性的科斯定理;理解公共物品、公共资源的概念和区别;掌握信息不对称导致的市场失灵:逆向选择、道德风险。

📖 思维导图

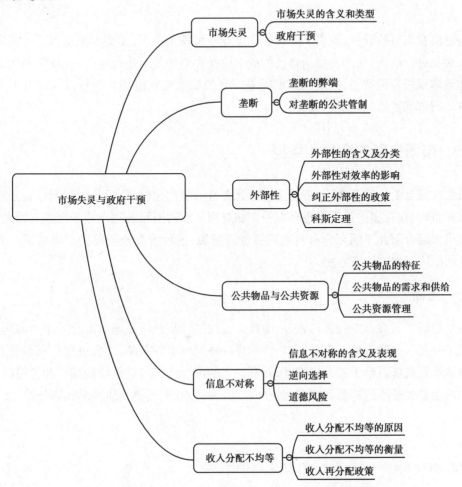

◆案例导入

20世纪初的一天,列车在绿草如茵的英格兰大地上飞驰。车上坐着英国经济学家庇古。他边欣赏风光,边对同伴说:列车在田间经过,机车喷出的火花(当时是蒸汽机车)飞到麦穗上,给农民造成了损失,但铁路公司并不用向农民赔偿。这正是市场经济的无能为力之处,称为"市场失灵"。

将近70年后,1971年,美国经济学家斯蒂格勒和阿尔钦同游日本。在高速列车(这时已是电气机车)上他们想起了庇古当年的感慨,就问列车员,铁路附近的农田是否受到列车的损害而减产。列车员说,恰恰相反,飞速驶过的列车把吃稻谷的飞鸟吓走了,农民反而受益。当然铁路公司也不能向农民收"赶鸟费"。这同样是市场经济无能为力的,也称为"市场失灵"。

思考:市场失灵到底是什么?

第一节　市场失灵

通过前边章节的分析,我们了解到在完全竞争市场条件下,消费者根据自己的效用曲线和收入情况进行消费,生产者根据自己的成本曲线和市场需求进行生产,市场资源配置最终可以达到帕累托最优状态,但是现实世界是否真的如此呢? 市场是否可以在没有干预的情况下自动调整到资源的最优配置呢?

一、市场失灵的含义和类型

虽然在完全竞争的条件下,市场可以达到自身的最优化配置,但是由于满足完全竞争的条件非常苛刻,在现实中几乎很难存在一个如亚当·斯密所说的完全竞争市场。因此,市场机制在很多场合下并不能充分有效地配置经济资源,这种情况我们称为市场失灵。导致市场失灵的原因一般有以下五种。[①]

(一)垄断

一个市场中只有很少的参与者,由少数企业控制着某种商品绝大部分的生产和销售,这就构成了垄断。垄断现象有很多,有一些是可以降低成本的垄断,比如供水厂只需要有一个企业修建水管就可以给千家万户供水,而有的垄断可能造成市场供给的减少和价格的提高,这种垄断会造成效率的降低和资源配置的扭曲,因此,我们还要具体情况具体分析。

[①] 吴汉洪.经济学基础[M].6版.北京:中国人民大学出版社,2021.

(二)外部性

在市场中的交易,生产者的成本会体现在市场成本中,消费者享受到的效用也会体现在市场需求中,但是在一些具有外部性的市场上,一个经济主体的经济活动可能对另一个经济主体产生一些额外的影响,而无法在市场价格中反映出来。比如,抽烟者在公共场所吸烟,会对其他人产生不好的影响,但是这个抽烟者并不需要对这些被动吸烟者给予经济补偿,这就产生了外部性。外部性指的是某一经济主体的经济行为对社会上其他人的福利造成了影响,但并没有为此付出成本或获得收益。

(三)公共物品

一般的商品我们可以将其分为两类:一类是我们通常所说的私人物品,这些物品被私人所购买和享用,比如我们的食物、衣服、住房等;另一类就是公共物品,这些公共物品是可供社会成员共同享用的,不具备排他性和竞争性的物品。排他性是指享用物品的人必须为物品付费。竞争性是指这些商品如果被某人所使用,则其他人就无法享用。比如我们的国防、公开的道路等这些都是公共物品。由于国防这类公共物品不具备排他性,因此无法排除那些不付费的人享受到这些公共物品的好处,这就会导致无人愿意付费从而出现市场供给不足。

(四)信息不对称

信息不对称是指参与市场的主体之间的信息不一致。在市场交易中,由于市场主体认知能力的差异或信息来源的不同,常常会有一方信息比另一方掌握信息多的情况,这时候掌握信息的一方就有可能利用自己的信息优势对另一方利益产生伤害,这就会损害正常的市场交易,会导致市场的萎缩和失灵。比如,车辆保险市场上,总是那些风险系数高的人更愿意投保险,这些人投保以后可能对自己投保的车辆管理更加随意,就会造成保费的增加和那些低风险系数的人逃离车辆保险市场。

(五)收入分配不均等

收入分配不均等也会造成市场失灵,由于市场竞争或其他因素,社会收入分配会出现不均等的现象,那些低收入的人群可能连日常生活都难以解决,就难以有资金投入到教育、医疗等这些改善自己生活的领域,他们由于缺乏收入而更加贫穷。而那些拥有资本的人,他们由于拥有更多的途径进行财富增值,这样富人的财富可能会越来越多,贫富之间差距会越来越大,这就会造成社会的更加不平等,甚至可能会出现社会动乱。因此,收入分配不均等也会造成市场失灵。

为了矫正这些市场失灵的现象,引导资源进行合理有效配置,政府会对经济活动进行一些干预。无论是在资本主义国家还是在社会主义国家,政府都在提升市场效率方面发挥了重要的作用。

二、政府干预[①]

在市场经济中,市场在资源配置方面起决定性作用,市场的各个经济主体在看不见的手的引导下,通过自由竞争,消费者获得效用最大化,企业家获得利润最大化,工人获得由竞争的劳动力市场决定的工资,土地所有者获得地租,整个经济体系达到一般均衡的最优状态。但是市场不是完美的,市场中存在垄断、外部性等现象,这些因素的影响会扭曲资源的配置,使真正的资源配置情况达不到帕累托最优的理想状态,这就需要政府来进行干预,以指导经济的运行,充分发挥市场的有效性。

一般情况下,政府干预市场的方式主要有两种。一种是通过政府颁布法律或经济政策对市场进行干预。这些法律和政策规定了一些限制性政策或鼓励性政策,规定了人们在经济中应该如何去做,哪些可以做,哪些不可以做,就像一只有形的手一样去指挥,政府的作用一般形象地称为"看得见的手"。另一种是政府通过国有企业直接参与经济活动。比如,有些国家管控的行业,一些公共物品如道路等,这些行业由于对经济影响大、规模报酬等因素,由政府控制的国有企业来管理资源效率会更高一些。

究竟是由政府干预多一些还是市场作用大一些,关于这两种资源配置方式的争议一直没有停止。一种思路认为,应该以自由主义经济的市场为主导,由市场机制配置资源,政府的干预只会扰乱市场的运行,这种自由主义的观点曾主导西方经济学很长时间。但由于西方的资本主义世界出现了很严重的经济危机,市场在长时间难以自行恢复,这种观点就逐步得到了修正。还有一种思路认为,政府应该完全控制和指导经济的运行,19世纪末20世纪初由于资本主义垄断等因素导致社会出现了贫富分化、经济动荡,说明了政府完全放任不管的经济最终会引发一系列问题,因此由政府完全管理经济的计划经济体制就出现了。计划经济体制下政府的干预涉及方方面面,由政府取代市场进行资源配置,这种模式刚开始确实取得了一定的成效,但是由于计划经济体制僵化导致的经济落后现象又让人们重新回归到以市场为主导的资源配置模式。当前主流的资源配置模式都是以市场资源配置为主导,以政府干预的资源配置模式为补充,同时利用"看不见的手"和"看得见的手"的作用,促进国家经济的协调发展和稳步增长,只不过在不同国家的表现不同,有的国家政府干预多一些,有的国家政府干预少一些,具体根据每个国家的国情和制度情况会有不同。

◆生活中的实例

2020年12月,国家市场监督管理总局依据《中华人民共和国反垄断法》对阿里巴巴集团在中国境内网络零售平台服务市场滥用市场支配地位行为立案调查。经查,自2015年以来,阿里巴巴集团滥用该市场支配地位,对平台内商家提出"二选一"要求,禁止平台内商家在其他竞争性平台开店或参加促销活动,并借助平台规则和数据、算法等技术手段,采取多

---

① 《西方经济学》编写组.西方经济学:上册、下册[M].2版.北京:高等教育出版社,2019.

种奖惩措施保障"二选一"要求执行,获取不正当竞争优势。根据《中华人民共和国反垄断法》规定,2021 年 4 月 10 日,市场监管总局依法做出行政处罚决定,责令阿里巴巴集团停止违法行为,并处以其 2019 年中国境内销售额 4557.12 亿元 4% 的罚款,计 182.28 亿元。

第二节　垄断

一、垄断的弊端

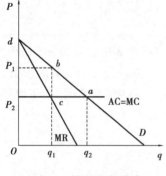

图 8-1　垄断和低效率

当一种产品的市场被个别生产者所控制的时候,就会出现垄断,垄断会导致市场无法进行充分竞争而扭曲资源的配置,本节我们就来讨论一下垄断导致的低效率。

在完全竞争的市场中,厂商的需求曲线和它面临的边际收益曲线是相等的,这时候厂商无法根据消费者的需求对价格进行控制,但是在垄断的情况下,厂商可以根据消费者的需求曲线进行价格歧视,从而获得垄断利润。比如,我们考虑一个比较简单的垄断市场,如图 8-1 所示,该垄断市场中的垄断厂商的平均成本与边际成本是相等的一条直线,即有:$AC = MC$,垄断厂商的需求曲线和边际收益曲线分别是 D 和 MR,根据企业利润最大化的原则,垄断企业会根据自己的边际收益和边际成本确定自己的产量在 q_1 点,此时企业的边际收益等于边际成本,垄断厂商的价格定为 P_1,这个价格明显高于边际成本。

这时,社会的福利达到了帕累托最优了吗? 答案是没有的,因为在 q_1 点垄断厂商的利润达到了最大化,但是消费者的需求价格却高于企业的边际成本,如果企业多增加一单位产量的生产,消费者愿意支付的价格也就是他可以享受的效用要高于企业增加的一单位产量的成本,此时社会福利会随着产量增加而提高。当增加产量到 q_2 点时,此时消费者的需求曲线和生产者的边际成本曲线相交,增加一单位产量生产的成本和消费者多消费一单位产品的效用相等,就没有帕累托改进的空间了,此时整个社会资源配置达到了帕累托最优状态。

那么如何让企业增加产量以达到社会的帕累托最优状态呢? 如果企业和消费者可以达成某种协议,让企业在 q_1 产量的基础上继续增加生产使产量达到 q_2 即可。这种协议的达成的前提条件是企业必须获得不少于原来 P_1bcP_2 面积的利润,这样企业才能让自己不受损失,然后消费者可与生产者协商将福利增加的部分即面积 abc 的部分进行福利分配,具体分配的比例由双方协商,这样双方的利益都可以增加。

但是现实的实际情况是,均衡产量 q_2 是很难达到的。因为双方会产生巨大的协商成本,生产者和消费者很难达成双方满意的利益分配的一致意见,而消费者之间更是由于人数众多利益难以协调而且互相之间有巨大的利益分歧,所以最终导致生产的最优产量无法达成,企业还是在 q_1 点的垄断产量上生产,给社会造成了福利损失。

类似的情况我们也可以拓展到寡头垄断市场和垄断竞争市场等条件下,实际上,由于存在垄断因素的市场中厂商面临的需求曲线是向右下方倾斜的,厂商定价都会按照边际收益等于边际成本的最大化利润原则进行定价,此时企业的定价总是超过企业的边际成本,就会出现产量不足的低效率状态。

不仅仅是由于垄断厂商的产量较小而造成的福利损失,垄断造成的寻租现象可能会对社会福利产生更大的影响。寻租是企业为了获得和维持垄断地位而进行的一系列非生产性的活动。企业为了维持市场的垄断地位,会千方百计地保持自身在该市场的优势,甚至不惜向市场的管理者行贿。经济学家们发现,如果仅仅由于产量无法达到 q_2 所造成的福利损失,最多只有面积 abc 的大小,但是为了获得市场单一生产者的垄断利润,企业间往往要进行一些非常激烈的竞争,企业要将其不多于 P_1bcP_2 面积的利润用来进行这些寻租活动,而这些寻租活动往往是非生产性的,会造成社会资源的极大浪费,有时还会带来社会风气的败坏和经营环境的恶化。

总之,寻租活动造成的经济损失表现在以下几个方面:一是寻租会影响市场资源的最优配置,造成市场资源配置的扭曲;二是寻租是一种非生产性的活动,会造成社会资源的浪费;三是寻租活动会造成官员的腐败和市场环境的恶化,使管理者成为一些利益集团,这些利益集团的寻租活动会造成一系列的浪费性的寻租竞争。

二、对垄断的公共管制

由于垄断往往会造成资源配置缺乏效率,因此,政府可以通过干预经济来实现资源的优化配置,如政府可以通过产量控制或价格管制优化资源配置。在图 8-1 的市场上,政府可以要求企业的生产产量必须达到 q_2,这样企业就无法获得垄断利润,而社会福利会增加。

除了边际成本等于平均成本的特殊情况外,我们再来看一下边际成本与平均成本曲线不同的情况,如图 8-2 所示,边际成本曲线向上穿过平均成本曲线,平均成本曲线先下降后上升。如果没有管制,垄断厂商会将产量定在 q_1,这时企业边际成本 MC 等于边际收益 MR,产品的定价为 P_1,此时企业会获得价格高于平均成本 AC 的超额利润。如果政府想让市场配置效率更高,将会让企业在 q_2 的产量进行生产,此时企业的定价等于边际成本。如果继续增加生产,消费者愿意付出的价格将低于企业的边际成本,社会福利将下降,所以产量为 q_2 时社会资源达到了最优配置,企业也获得了超出平均成本的一定利润。如果政府令企业产量达到 q_3 点,此时垄断厂商的定价为 P_3,企业的平均成本 AC 等于平均收益 AR,经济利润为 0。但是这时企业的边际成本已经高于消费者愿意付出的价格,增加一单位生产的成本反而要高于消费者获得的效益,企业的产量过高导致社会资源配置效率降低了。通过以上分析,我们可以看到在垄断情况下,企业自主生产选择的产量过低,价格太高,不满足帕累托最优条件,而在政府管制的零经济利润条件下,价格又太低,产量又过高,这时候仍然不满足帕累托最优条件。

下面我们看一下平均成本曲线持续下降的情况。平均成本一直下降,就会造成产量越高,成本越低,那么这种产品的市场一般会由产量最高而成本最低的垄断厂商控制,也就是通常所说的自然垄断。在图 8-3 中,自然垄断厂商会选择企业边际收益 MR 等于边际成本 MC 的点来生产,此时价格定为 P_1,产品价格高于企业平均成本,企业有经济利润。如果政府考虑到企业为自然垄断企业,要求企业提高产量到 q_3 时,社会达到帕累托最优资源配置,但是企业此时的平均成本高于企业的定价 P_3,企业会出现亏损,需要政府对其进行补贴才会继续生产。如果想让企业避免亏损,可以把产量设置在 q_2,这时企业的平均成本 AC 等于产品价格即平均收益 AR,企业的经济利润为 0。

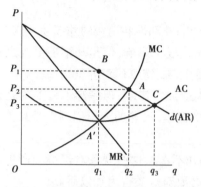

图 8-2　对成本递增厂商的价格管制

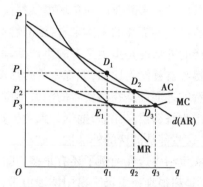

图 8-3　对成本递减厂商的价格管制

◆探索与思考

垄断会造成经济损失,但是华为、苹果等部分垄断企业也为社会带来了大量的创新技术,那么垄断究竟对社会福利是有利还是有弊呢?

第三节　外部性

一、外部性的含义及分类

本章引例说明了市场不是万能的,生活中有些人的行为虽然对其他人产生了经济影响,但是却并不需要为这些行为带给他人的经济损失付费,比如火车的火花飞到麦穗上给麦田造成了损失,可是火车公司却几乎不可能对这些损失付费。另外,有人给其他人带来福利,有时又很难从这些福利带来的收入上得到回报,比如火车赶走了吃庄稼的鸟,铁路公司也不能向种植庄稼地的农民收费。这些情况就是外部性导致的市场失灵。

外部性指的是某一经济主体的经济行为对其他人带来了影响,可是这些影响并没有体现在市场的交易中。这些影响表现在受到损失的受害者不能得到赔偿,也有的是受益者不需要为额外收益付出成本。在生活中我们常常可以看到一些有外部性的经济现象,一般地我们可将这些外部性分为以下几类。

①从外部性对外影响的结果来看,外部性可分为正外部性和负外部性。

正外部性(也称为外部经济)是指人们的经济活动给他人带来收益,但并未因此获得经济补偿。比如,养蜂人养的蜜蜂给旁边养花人的花园传粉,花园节省了人工授粉的成本,增加了花园的产量,但是养蜂人却并没有从种花人处得到收益。

负外部性(也称为外部不经济)是指人们的经济活动给他人带来损失,但并未因此而付出经济成本。比如,一条河流上游有一个造纸厂,下游有一个养鱼的鱼塘,上游排放的污水对下游造成了影响,使养鱼人不得不额外付出成本来清洁水质,提高了养鱼人的经济成本,但是造纸厂并没有因此向养鱼场提供补偿。

②从产生外部性的主体来看,外部性可分为生产的外部性和消费的外部性。

生产的外部性是指生产者的生产活动对其他人造成了影响,但是却不需要为之付出成本或获得收益补偿。比如,养蜂人养蜂活动对花园的影响,造纸厂对养鱼场的影响。

消费的外部性是指消费者的消费活动对其他人造成了影响,但是却不需要为之付出成本或获得收益补偿。比如,抽烟的人会损害周围人的健康,买花的人给周围人带来美好的感官刺激,这些都是消费的外部性。

现实生活中这样的例子还有很多,可以说是无处不在。这些现象对经济会产生一定的影响,但是却很难在市场交易中体现出来,所以,有必要对这类行为加以研究。

◆探索与思考

假设一个商业性果园在从事桃树种植,春天果园开花时很多附近居民会过来赏花拍照,生产中使用防虫剂,有害的气味飘向附近的居民区。

1. 这是正外部性还是负外部性的例子?

2. 如果仅考虑果园给居民区带来的污染,那么果园的桃子生产量对整个社会的福利来说是过多了还是过少了?

二、外部性对效率的影响

在无外部性的情况下,完全竞争的市场资源配置可以达到帕累托最优状态,但是外部性的存在会导致市场的成本和收益发生扭曲。下面我们来分析外部性对经济产生的影响。

(一)正外部性对经济的影响

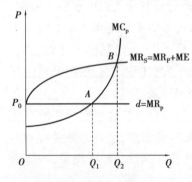

图8-4 正外部性的影响

当出现正外部性时,经济主体的行为会给其他人带来收益,但是他并不能从市场中获得这项利益的全部好处,这样就会导致资源配置失灵,一般情况下会导致市场提供的产品数量过少,下面我们对这种情况进行分析。

假如有一个市场如图8-4所示,在没有外部性的情况下,假设厂商的需求曲线和边际收益曲线为同一条水平直线 MR_p,厂商的边际成本曲线为 MC_P,这时厂商利润最大化的点在 A 点,厂商产量为 Q_1。但是在存在正外部性的情况下,整个社会的边际收益会因为有外部性收益 ME 而上移,这时整个社会的边际收益为 MR_s 曲线,社会边际收益与边际成本相等的点在 B 点,此时市场的最优产量为 Q_2。显然,Q_2 大于 Q_1,说明原来 Q_1 的产量相对于整个社会的最优产量来说是偏少了,而考虑到正外部性的整个社会收益,市场的产量应该增加到 Q_2,此时才达到了整个社会资源的最优配置。因此,正外部性造成的市场失灵结果是产量过少。

(二)负外部性对经济的影响

当出现负外部性时,经济主体的行为会给其他人带来损失,但是却并不需要因此付出代价,这样就会导致资源配置失灵。一般情况下负外部性会导致市场提供的产品数量过多,下面我们对这种情况进行分析。

假如有一个市场如图 8-5 所示,在没有外部性的情况下,假设厂商的需求曲线和边际收益曲线为同一条水平直线 MR_p,厂商的成本曲线为 MC_p,这时厂商利润最大化的点在 A 点,厂商产量为 Q_1。但是在存在负外部性的情况下,整个社会的边际成本会因为有外部性成本 ME 而上移,这时整个社会的边际成本为 MC_s 曲线,社会边际收益与边际成本相等的点在 B 点,此时市场的最优产量为 Q_2。显然,Q_1 大于 Q_2,说明原来 Q_1 的产量相对于整个社会的最优产量来说是偏多了,而考虑到负外部性的整个社会成本,市场

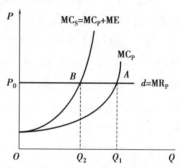

图 8-5 负外部性的影响

的产量应该减少到 Q_2,此时才达到了整个社会资源的最优配置。因此,负外部性造成的市场失灵结果是产量过多。

需要指出的是,我们讨论外部性,并不是要求外部性必须减少到零,外部性虽然对经济产生影响,但是由于世界的普遍联系性,完全取消外部性几乎是不可能的,比如想让一个工厂完全不排放任何影响环境的废物,成本会非常高。在现实生活中,将外部性所产生的成本或收益尽量与对社会的整体影响保持一致才是比较实际的办法。

◆ 生活中的实例

有一年在阿拉斯加的威廉·桑德王子岛附近,几百万加仑石油从埃克森公司的一艘油船上泄漏,造成了野生生物的大批死亡,渔场遭毁,自然环境受损。尽管埃克森公司声称花 10 亿多美元进行清理,但大部分损害需要好几年才能补救回来。为什么埃克森公司不建造一艘更安全一些的船,或者更为小心谨慎一些呢?

答案在于外部性:石油泄漏对埃克森公司的成本——即使是 10 亿美元——也可能小于由于损害环境而造成的全部成本。因为埃克森公司或者其他任何石油公司只承担成本的一部分,因此他们没有足够的动机去设计和购买对环境安全的船只,或者在其船员当中强调谨慎小心。

三、纠正外部性的政策

外部性会导致资源配置失当,使社会达不到帕累托最优状态。因此,依靠市场自身很难

消除外部性的影响,因为经济主体并不直接承担外部性的成本或收益,需要制定一些相关政策对市场外部性进行治理。

第一,通过行政命令要求一些有负外部性影响的厂商减少生产,或者减少其对外部的影响,有助于限制一些企业的负外部性。比如,当一个厂商产生的污染影响了周边的居民,可以要求厂商减少产量,或者使用更清洁的技术来控制其污染。但是通过行政命令的方式进行治理的经济效率并不高:一方面,企业减少产量也会造成社会福利的减少;另一方面,政府管制很难满足真正让经济资源达到最优配置的要求,比如,政府要求企业采用某种强制性的生产技术,可能导致企业采用这种生产技术以后反而会因不受限制而加大污染排放量。

第二,对产生正外部性的经济主体,政府给予财政补贴令其加大生产或增加消费;对产生负外部性的经济主体,政府对其征税使其降低产量或者减少消费量,这种税收通常被称为庇古税。如图8-5所示,如果厂商生产有负外部性,可以对厂商征收相当于 ME 曲线数量的税收,让企业的边际成本曲线和社会成本曲线趋于一致,这样企业就会减少产量达到社会最优产量水平。同样,也可以对图8-4中产生正外部性的企业进行补贴,使其边际收益曲线和社会边际收益曲线一致,达到资源的最优配置。

第三,合并企业。如果一个企业对另一个企业产生了污染,可以将这两个企业合并,那么这个污染的外部性就内部化了,企业将有动力减少污染,以达到企业边际成本等于边际收益的最优配置,也可以使社会资源配置效率达到帕累托最优。

四、科斯定理

除了以上几种可以控制外部性的影响的方法外,科斯还发现了一种办法,可以消除外部性以达到资源的最优配置,那就是明确产权。他通过深刻的剖析,发现产生外部性的主要原因在于产权的不明确,如果可以明确产权,经济主体将有动力去消除那些外部性对资源配置的影响。

假设有一个工厂,其烟囱冒出的烟尘使附近 5 户居民洗晒的衣物受到污染,每户损失 75 元,总计损失 375 元。又假设在市场经济条件下,如果不存在政府干预,只有两种治理办法:第一,在烟囱上安装除尘器,费用为 150 元;第二,每户居民装一台烘干机,费用为 50 元,总费用为 250 元。显然,第一种办法费用更低,属于最有效率的解决方案。不论财产所有权的分配界定给哪一方,即不论给予工厂烟囱冒烟的权利,还是给予居民衣物不受污染的权利,只要工厂与居民协商时,其协商费用为零,则市场机制自发调节总会使经济达到最有效率的结果,即采用安装除尘器的办法。

当给予工厂烟囱冒烟的权利时,居民们会联合起来共同为工厂义务安装除尘器(花 150 元,而不是 250 元,并免受 375 元的损失);当给予居民衣物不受污染的权利时,工厂会自动为自己的烟囱安装除尘器,而不必花 250 元给每户居民买一台烘干机,更不必赔偿他们 375 元的损失。

这是交易成本为零的情况。如果交易成本很高,让居民付出的成本超过遭受损失的 375 元,那么这个协议就难以达成。所以,在现实世界中,一方面,由于产权界定的难度很高,比如把不受污染的水资源界定给哪个企业或者居民就很有难度;另一方面,交易成本也很难为零,因为居民的数量很可能不止几户或者几十户,往往会有很多甚至成千上万户,他们为了协商将付出大量的时间和协商成本,这就使交易往往很难达成。

◆名人有约

罗纳德·哈里·科斯(1910—2013),美国经济学家。科斯1932年获得伦敦政治经济学院经济学学士学位,1951年获英国伦敦大学博士学位,后科斯移民美国,先后任教于纽约州立大学水牛城分校、弗吉尼亚大学和芝加哥大学,他是芝加哥学派代表人物之一。科斯在《企业的性质》一文中发现了交易成本的概念,并用交易成本解释了企业的规模问题;他在《社会成本问题》中提出通过产权完善可以解决外部性问题。科斯的思想启发了大批后续研究者的研究,并且促成了经济学中新制度经济学、法学中经济分析法学两大学派的产生和发展。

第四节　公共物品和公共资源

一、公共物品的特征

现实中物品多种多样,特点各异,但根据竞争性和排他性特征,可将物品划分为不同的种类。如果一种产品被提供以后,不能排除任何人消费,则称这种产品具有非排他性。比如,路灯具有非排他性,因为路灯一旦出售并安装后,不能阻止人们使用路灯,国防和新鲜空气也是非排他性物品。相反,如果能排除他人消费,则具有排他性。很多产品具有排他性,比如互联网,没有开通账号就不能登录互联网。

非竞争性是指一种产品在给定的产出水平下,增加额外一个人消费时该产品不会引起产品成本的增加。比如,公共电视台一旦建起后,额外增加一个观众不会增加公共电视台的成本,而私人提供的多数产品却有竞争性,如果一人多使用,那其他人将少使用。比如一定量的粮食,如果有人多消费,那么有人将少消费。

根据是否具有排他性和竞争性,产品可以分为四种类型:公共物品、公共资源、俱乐部物品和私人物品。

(1)公共物品。同时具有非排他性和非竞争性的产品,如国防、灯塔、基础研究等。

(2)公共资源。具有非排他性但是具有竞争性的产品称为公共资源物品。有些产品是非排他的,但是存在竞争性。比如,一个开放的牧场,如果放牧的牛羊多了,会影响整个牧场的质量,导致其他人无法放牧。

(3)俱乐部物品。具有非竞争性但有排他性的物品。例如,有线电视一旦铺好线路后,多一个观众的边际成本为零,因而是非竞争的,但可以限制没交费的观众观看电视,所以又是排他的。

(4)私人物品。同时具有排他性与竞争性的产品称为私人物品,如服装、汽车、粮食等。

二、公共物品的需求和供给[①]

为了确定公共物品的最优数量,首先我们要回顾一下私人物品最优数量的确定再进行对比说明。假如社会上只存在 A 和 B 两个消费者,他们的需求曲线分别为 D_A 和 D_B,如图 8-6(a)所示,市场的总需求应该是 A 和 B 两个消费者的需求量之和,也就是将 D_A 和 D_B 两条需求曲线水平相加得 D 曲线。这时市场的均衡点在市场需求曲线 D 和供给曲线 S 的相交点,即 H 点。此时消费者 A 和 B 的需求量分别是 OC 和 OF,市场的需求量为 Q_0,市场达到均衡状态。

公共物品的最优数量的确定如图 8-6(b)所示,依然假定有两个消费者 A 和 B,需求曲线分别是 D_A 和 D_B,不同于私人物品市场的是,这里的公共物品的市场需求曲线不是将 A 和 B 的需求量水平相加,而是垂直相加。因为公共物品是由全体社会成员共同享用,所以全社会享用的仍是共同的物品,比如路灯,大家的需求都是有路灯即可,不会因为马路上多一个行人就会增加一个路灯的消费,但是大家对路灯所愿意付出的价格是整个社会为安装路灯所愿意付出的价格之和。在图中就是将两个消费者的需求曲线垂直相加。从图 8-6(b)中可以得知,公共物品的均衡价格为 T,均衡数量为 Q_0。

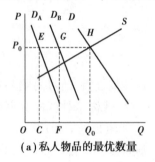 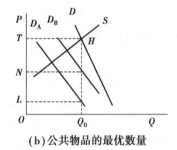

(a)私人物品的最优数量　　　　　　(b)公共物品的最优数量

图 8-6　私人物品和公共物品的市场均衡

虽然我们得到了理论上的公共物品的均衡,求出了公共物品的供给和需求数量,但是在实际中,我们很难实现公共物品的供求均衡。因为面对公共物品,会有很多消费者存在"搭便车"的心理,也就是求得免费使用公共物品的机会。由于公共物品具有非竞争性和非排他性,因而很难阻止那些不付费的人使用,比如,一个小区门口的路灯安装了,很难不让过路的人去使用这些路灯,排他的成本会很高。所以,公共物品这种非排他性和非竞争性的特征,会使它由于有人不想付费而常常导致供给不足,这时公共物品就往往需要由政府来提供。

◆生活中的实例

社区要执行灭蚊蝇计划,虽然根据抽样调查显示,社区成员对灭蚊蝇的真实总支付意愿大于实施该计划所需要的成本 5 万元,然而最终却因为大家都不愿意为这个项目主动付费,导致资金难以回收。因为蚊蝇到处飞动,没有一种排除不交费用人获得利益的办法,于是人

① 高鸿业.西方经济学:微观部分[M].8 版.北京:中国人民大学出版社,2021.

们会有一种"搭便车"心理和行为:即便我不支付费用,其他人支付以后我可以照样享受到利益。由于显示的支付意愿被压低,因此市场配置缺乏效率。因而需要政府公共部门提供公共物品。

三、公共资源管理

经济学中把有竞争性但无排他性的物品称为公共资源,例如河中的鱼、公共草原上的牧草。公共物品和公共资源指的是两种不同的物品,它们的性质既有共同之处也有差异。从排他性上分析,公共物品和公共资源都是无排他性的,也就是说无法阻止人们使用这些物品。从竞争性上分析,公共物品是没有竞争性的,而公共资源是有竞争性的,也就是对公共资源的使用会影响其他人的使用,比如,过度捕捞会导致长江中的鱼减少,其他捕鱼人就会受影响。

由于公共资源不具有排他性而有竞争性的特点,会产生"公地的悲剧"现象,也就是过度使用公共资源而导致资源退化的现象。具体可参见"生活中的实例"。类似的现象还有很多,比如,过度捕鱼导致长江中的鱼类灭绝,公园过度使用导致公园设施遭到破坏,节假日免费道路会造成车辆拥堵,这些都是公地悲剧现象。

◆生活中的实例

如果一个牧场由 100 户牧民共同拥有,假定最佳放牧数量为每户 50 头牛。当其中一户牧民将放牧的数量增加到 55 头牛时,将会导致资源的过度使用。但这户牧民得到了所增加放牧 5 头牛的全部收益,而其受到的损失仅仅为全部损失的 1/100。因此,这必然刺激大家增加放牧的数量。当所有人都这样做时,社会资源就处于低效配置状态。

如何解决公共资源过度使用的问题,通常有以下两种办法。

第一,管制和征收庇古税。管制就是对公共资源的使用进行控制,比如,可以控制草原上放牧羊群的数量,使其数量等于最优数量而不造成草原的破坏。征收庇古税就是对每一个使用公共资源的个体按照产出的数量征收一定的比例税。因为造成公共资源破坏的根本原因是使用资源带来的负外部性,所以通过庇古税能够内化这种负外部性,使其造成的边际私人成本和边际社会成本相等,从而减少个体的使用数量,使其不超过最优数量。

第二,界定财产权。界定财产权就是将公共资源的权利明确界定给相应的主体。比如,将草原牧场交给私人所有,私人的边际成本就和社会的边际成本一致了,这时土地的所有者就会保护牧场避免其遭受过度放牧的损失。在我国的广大农村地区,实行的就是土地承包责任制,集体经济组织(主要是村、组)将土地等生产资料承包给农户用于农业生产,它是我国现阶段农村的一项基本经济制度。

第五节　信息不对称

一、信息不对称的含义及表现

如果想达到资源的合理配置,完全竞争市场的一个基本前提是完全信息,即要求消费者和生产者对其可选择范围完全了解。消费者知道产品的质量和价格,生产者知道产品的成本和生产效率,这样他们就可以根据市场价格和市场信息决定自己的选择,从而实现自己的效用或利润最大化,实现资源的最优配置。可见,完全竞争市场以完全信息为基本前提。

然而,在现实生活中,经常会出现信息不完全、不对称的现象,信息不完全是指经济活动主体不能充分了解所需要的一切信息。比如,消费者去购买商品,可能对商品的产地、质量等信息不是充分了解,或者说是获得信息的成本太高而难以去了解。信息不对称是指市场交易的双方对有关信息的了解和掌握得不一样多的现象。比如,我们去购买二手车,可能卖家比买家更了解汽车的质量和使用情况。信息不完全和信息不对称都是信息不充分的现象,而导致信息不充分的原因可能是认知能力有限、掌握信息的成本太高,也可能是对方的机会主义倾向,就是故意隐瞒信息从而获得利益。此外,还有可能是信息商品的特殊性,信息商品很难提前了解到其价值,因为人们一旦知道它就不会再掏钱购买了,因此,信息出售者不可能让买家在购买之前就充分了解所售信息。

在社会政治、经济等活动中,一些成员拥有其他成员无法拥有的信息,由此造成信息的不对称。在市场经济活动中,各类人员对有关信息的了解是有差异的,掌握信息比较充分的人员,往往处于比较有利的地位,而信息贫乏的人员,则处于比较不利的地位。信息不对称主要表现为逆向选择和道德风险。

二、逆向选择

逆向选择是指在信息不对称的情况下,参与交易的一方隐瞒只有自己所掌握的信息(私人信息)而造成使自己获利、对方受损的现象。由于隐瞒信息发生在交易合同签订之前,因此,逆向选择也可以说是合同签订前的不对称信息所产生的欺骗。例如,在人寿保险市场上,投保人对自己的健康状况比保险公司更清楚,身体越差的人越想投保,而保险公司最希望健康人来投保。它们的保费是根据人们健康状况平均值计算出来的。如果投保人中不健康者最多,亚健康者次之,健康人最不想投保,保险公司的风险就会大大提高,如果因此提高保费,可能使一些亚健康者也不想投保了。公司的亏损如导致保费进一步提高,可能使更多亚健康者也不投保,最终导致保险市场瓦解。这种例子在各行各业的交易活动中都会存在。

再来看一个二手车市场,见表8-1。假定市场中有两种质量的车,分别是高品质的二手车和低品质的二手车,卖家了解自己车子的品质而买家不了解。对低品质的二手车,卖家期望收益是 5 000 元,对高品质的二手车,卖家期望获得收益是 10 000 元。由于买家不了解二手车的品质,他们就根据汽车的平均质量只愿意出 7 500 元来购买二手车。这样高品质的车主就不愿意出售自己的车子而退出市场,只剩下低品质的车留在市场中,这就会导致市场资源的配置出现问题。

表 8-1　二手车市场的逆向选择问题

项目	卖家	买家	市场
低品质	5 000	7 500	成交
高品质	10 000	7 500	卖家退出

三、道德风险

道德风险不同于逆向选择,道德风险是交易合同签订后代理方的行为不易为委托方觉察而造成委托方利益受损的现象。在这里,不易为委托方觉察的行为也是私人信息,是私人行为信息。掌握私人行为信息的一方隐藏了自己行为的信息欺骗交易另一方,是一种损人利己的行为。这种情况之所以称为道德风险,是因为受损者的风险是交易合同成立以后由隐瞒行动的一些参与人(代理方)的行为变得不道德、不合理所引起的。例如,买了车险的人不再非常用心地保管自己的车子,买了医疗保险的人总要医生多开些贵重药品,得到了贷款的人不再十分谨慎使用所贷资金等。

由信息不对称而产生的逆向选择和道德风险问题可以说在经济生活中经常出现并阻碍市场对资源的优化配置。例如,企业向银行申请贷款时,银行很难弄清每个借贷者的还贷能力。怎么办? 一个办法是提高利率以补偿一部分贷款得不到偿还的损失。这样就使一些信用好、风险低的借款人退出信贷市场,因为他们觉得利息过高,这就是逆向选择。银行提高利率的行为会诱使一些借贷人选择有更高收益但同时有更高风险的投资项目,这就是道德风险。这样做的结果会使银行的平均风险上升,预期收益降低。在这种情况下,银行宁可采用另一种办法:选择那些只愿接受较低利率但风险较小的客户放贷,而不选择在高利率水平上满足所有借款人的申请。这样,用利率这一市场手段实现对资金这一资源的优化配置就受到了阻碍。

还有一种常见的道德风险是委托代理关系现象。代理人受委托人委托,按照委托人的要求进行一些代理工作,在信息不对称的情况下,代理人对自己的工作努力程度更了解,而委托人却难以掌握代理人工作情况的信息,这时代理人就可能会偷懒,降低自己的努力成本,从而导致委托人利益受损。比如,在现代股份制企业中,所有者是股东,经营者是管理层,管理层在股东的委托下经营管理公司。在一些股权比较分散的公司,中小股东投资者很难有动力和能力去掌握经营者的全面信息,经营管理层掌握更多的经营信息,在这种情况下就可能出现内部人控制从而掏空企业资本的现象,从而损害投资者的利益。

第六节　收入分配不均等

一、收入分配不均等的原因

在市场经济条件下,由于市场机制的分配作用,生产要素的边际生产力的差别会导致要素收益的差别,而在私有制条件下,收入差别又会造成持有财富的差距,在市场机制的作用下,这种差距可能会出现放大效应,本身具有财富的人在资源分配中更有优势,可以利用财富获取更多的收益,而那些低收入的人,可能无力进行投资或者教育从而改变自己在分配中的地位,导致这类人持续的贫困,这些会造成收入分配的不均等。

萨缪尔森认为,市场制度分配收入的原则是公平的,但是历史的、社会的因素导致收入分配的巨大差距和不公平。具体地讲,导致收入分配不均等的原因有以下四方面。

1. 财产的差别

造成收入差别最主要的因素是财产占有的不均等[①]。富人的收入来源主要是财产的收入,而穷人没有财产,只能靠劳动获得收入。如果人们在进入市场前财富占有已经不平等,就是说人们并没有被赋予相等的货币购买力或选票,这种财富占有上的差别在进入市场竞争后必然导致不平等竞争和收入差距的扩大,因为优胜劣汰是竞争的法则。

2. 个人能力的差别

个人能力差别是造成劳动收入不均等的主要原因。人们的能力是有差别的,即使一个家庭内部也存在着明显的体力和智力的差别,这种差别对于人们之间的竞争自然会有影响。人们能力的差别一方面是由于遗传,另一方面是由于社会环境,即成长过程中所具有的政治、经济、文化条件。

3. 教育和训练机会的差别

是否能获得受教育和训练的机会,对于人们社会能力的发展和培养具有重要意义,从而也对人们在市场竞争中是否具有优势地位和获得更多收入具有重要影响。在封建等级社会,受教育是上层社会的特权。在市场经济社会,是否能获得受教育和训练的机会则取决于经济情况,昂贵的学费是贫穷家庭支付不起的。

4. 市场竞争的不完善或垄断势力的限制

市场制度的基础是参与市场竞争的各方具有平等的地位。如在商品市场上,生产者和消费者在平等地位基础上的公平竞争,才能决定商品的均衡价格并公平协调生产者和消费者的利益;在要素市场上,资本和劳动只有在平等地位基础上的公平竞争,才能决定合理的要素的均衡价格并公平分配社会财富。但是,如果出现了垄断,垄断势力会通过对市场价格的控制力,压榨市场交易对手,导致对方经济利益的损失和分配的不均衡,这是市场竞争不

---

① 尹伯成,刘江会.微观经济学简明教程[M].3 版.上海:格致出版社,2020.

完全的一个重要原因。

　　此外,种族歧视、性别歧视等社会现象也会造成收入分配的不平等。通过上述分析我们看到,收入分配不均等主要有历史的、社会的和市场制度不完善等多方面原因。市场竞争遵循优胜劣汰的原则,历史的、社会的原因形成的人们财富占有的不平等必然导致不平等竞争,而市场的竞争原则又必然使收入和财富进一步向竞争的优胜者集中,这是市场经济社会收入两极分化的一个重要原因。由于竞争的优胜者只是社会成员中的少数,因此市场竞争一方面极大地促进了社会经济效率的提高,另一方面又使社会大多数成员处在低收入、贫困的地位,这是不公平和不公正的。收入的两极分化不仅会导致社会成员严重的利益冲突,还会危害社会的安全、稳定和效率,所以,公平与效率的矛盾是市场经济社会必须妥善处理的一个基本矛盾。

二、收入分配不均等的衡量

　　衡量收入分配不平等的主要工具有洛伦兹曲线和基尼系数。

(一)洛伦兹曲线

　　洛伦兹曲线是美国统计学家洛伦兹提出的,是用来反映一国国民收入分配平等程度的曲线,通过该曲线可以直观地反映一国的收入分配状况。

　　见表8-2,假设有某一地区C,将该地区居民收入按从低到高排序,设置成五个组,每组人口都占总人口的20%,首先计算出每组收入占总收入的百分比,再将收入累计相加计算出收入累计百分比,最终人口累计和收入累计均为100%。

表8-2　C地区的收入分布数据

等级	人口累计百分比(%)	占总收入百分比(%)	收入累计百分比(%)
1	20	4	4
2	40	6	10
3	60	9	19
4	80	19	38
5	100	62	100

　　如图8-7所示,图中横轴表示人口累计的百分比,纵轴表示收入累计的百分比,将各组相对应的累计百分比描绘在平面坐标系中,即得到洛伦兹曲线 OEF。

　　图8-7中,对角线 OF 表示收入的均等线,均等线上收入累计百分比和人口累计百分比数值相等,代表收入绝对平均。实际收入分配线即洛伦兹曲线 OEF 与 OF 曲线越近,表示收入分配越平等,离得越远,表示收入分配越不平等。

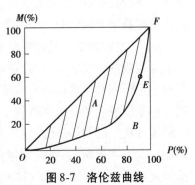

图8-7　洛伦兹曲线

由此可见,某地区收入分配越平均,洛伦兹曲线弯曲程度越小;收入分配越不平均,洛伦兹曲线弯曲程度越大。最极端的情况是:洛伦兹曲线继续弯曲下去,形成一个直角,此时的洛伦兹曲线被称为绝对不平等线。

(二)基尼系数

基尼系数是意大利统计学家基尼根据洛伦兹曲线计算出来的指标,用来衡量一国收入分配的平等程度。

如图 8-7 所示,计算基尼系数的公式为:

$$G = \frac{A}{A+B}$$

如果 C 地区的收入分配绝对平均,则有 $A=0$,$G=0$,即基尼系数为 0。如果 C 地区的收入分配绝对不平均,则有 $B=0$,$G=1$,即基尼系数为 1。基尼系数的范围是 0~1,越接近 0,表明该地区的社会收入分配越平等;越接近 1,表明该地区的收入差距越大。当地区贫富分化较小时,洛伦兹曲线弯曲程度越小,A 的面积越小,基尼系数越小;反之,当地区贫富分化较大时,洛伦兹曲线弯曲程度越大,A 的面积越大,基尼系数越大。

国际通用标准认为:基尼系数小于 0.2 表示收入分配绝对平均,0.2~0.3 表示收入分配比较平均,0.3~0.4 表示收入分配基本合理,0.4~0.5 表示收入差距较大,0.5 以上表示收入分配差距悬殊。

◆名人有约

洛伦兹,美国统计学家,他在 1905 年提出了用于衡量社会收入分配不公平程度的洛伦兹曲线,稍后意大利统计学家基尼于 1912 年根据洛伦兹曲线进一步提出了用于准确反映收入分配不平等程度的基尼系数。洛伦兹一生的实践经验丰富,他曾在不同的时间内分别任职于美国人口普查局、美国铁路经济局、美国统计局和美国州际商业委员会,在这些场所工作的经历让他掌握了丰富的经济研究数据。

三、收入再分配政策

通过市场机制进行收入分配,在带来经济增长的同时,易造成收入差距拉大,引起贫富分化,不仅对一国扩大需求不利,而且还会引起社会的不稳定。因此,各国政府一般采用收入再分配政策来缓解收入不平等问题。

第一,税收政策。政府主要通过所得税和财产税来实现收入分配的公平。例如,个人所得税是税收的一项重要内容,它是通过累进税制度来调节社会成员收入的不平等分配。累进税制是根据社会成员收入的高低确定不同的税率,对高收入者按高税率征税,对低收入者按低税率征税。累进税制有利于改善社会成员之间的收入不平等分配,从而有助于实现收入的平等化。随着经济的发展,工薪阶层工资水平正呈现不断增长趋势,我国的个人所得税的起征点也在不断地调高。据测算,个税起征点的上调,提高了中低阶层可支配收入,部分成员适用更低的税率,从而减轻了税收负担,增加了可支配收入。

第二,社会福利政策。社会福利政策包括两类:第一类是直接资助弱势群体,改善他们的生活水平;第二类是帮助弱势群体提高生存技能,间接提高他们的生活水平。

第一类福利政策包括政府提供失业救济、医疗保障和住房补贴等,这类政策能够直接改善资助对象的生活水平。例如,我国近年来大力推进社会保障,逐步完善城市和乡镇社会保障制度,扩大被保障人数和范围。同时,大力加强保障房制度建设,通过低房租向贫困人群出租住房,提供经济适用房,实行住房房租补贴等方法,减轻困难人群的住房负担。

第二类福利政策包括资助教育事业、向失业者提供劳动培训等,目的是提高他们的就业能力。直接资助弱势群体,改善他们的生活水平只是"授人以鱼",而通过教育和培训提高他们的生存技能,才是真正的"授人以渔"。

◆本章小结

市场失灵是指市场机制不能有效配置资源的情形。市场失灵的情形主要表现为垄断、外部性、公共物品、信息不对称、收入分配不均等。在存在市场失灵的情况下,需要政府进行干预。政府干预是指政府为实现一定的经济目标,通过采取适当的措施和手段对市场失灵进行治理的行为。

垄断是指对市场的直接控制和操纵。垄断会降低资源配置效率,对整个社会的福利造成损失。政府主要通过立法和政府管制对垄断加以限制。

外部性是指人们的经济活动对他人造成的非市场化影响。政府治理外部性的主要措施有政府管制、补贴和征税、合并企业与界定产权的科斯定理等。

公共物品是指在消费和使用上不具有竞争性和排他性的物品。通常情况下,公共物品由政府通过直接生产或间接生产的方式提供。公共资源是指具有非排他性但是具有竞争性的物品,为了避免过度使用对公共资源的破坏,可采取政府管制、征税或界定财产权的方式。

信息不对称是指参与经济活动的当事人一方比另一方拥有更多的相关信息。信息不对称会导致逆向选择和道德风险等市场失灵的情形。

财富分配、个人能力、教育和培训不足以及市场机制不完善等原因会造成收入分配不平等,衡量收入分配不平等的工具主要有洛伦兹曲线和基尼系数。

第九章

国民收入核算

📖 学习目标

理解国内生产总值的含义及核算方法;辨析国民收入核算中的五个指标之间的关系;区分国民生产总值与国内生产总值;掌握 GDP 的三种核算方法;能够阐述两部门、三部门、四部门经济恒等式。

📖 思维导图

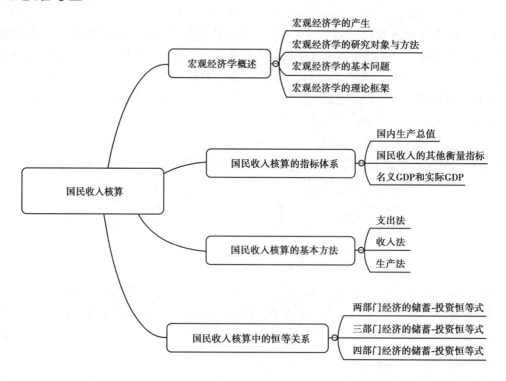

◆**案例导入**

20 世纪最伟大的发现之一——国内生产总值。国内生产总值(Gross Domestic Product, GDP)是 1934 年美国经济学家西蒙·库兹涅茨在一份国会报告中提出的概念。诺贝尔奖得主詹姆斯·托宾曾说"GDP"这一精确衡量经济产出的指标,美国以至全世界都依靠它来辨别我们所处的经济周期阶段,并对长期的经济增长做出估计。它是精致且不可或缺的国民收入和产出账户系统中最引人注目的成分。现代西方经济学的泰斗级大师保罗·萨缪尔森称"GDP"是 20 世纪最伟大的发现之一。GDP 能够给人们一幅关于经济运行状态的整体图画。这使国家治理者能够搞清楚:经济是过冷还是过热,是需要刺激还是需要紧缩,是否有衰退或者经受通货膨胀的威胁。

思考:GDP 有哪些重要作用?

第一节　宏观经济学概述

一、宏观经济学的产生

宏观经济学这个术语,一般认为,由挪威经济学家弗里希于 1933 年提出[1]。宏观经济学究竟什么时候产生,西方经济学界有不同的回答。根据经济学家熊彼特在《经济分析史》[2]中的分析,法国重农主义者和英国古典政治经济学家都可以作为宏观经济学的开创者或先驱,他们的宏观经济理论互相补充。法国重农主义学派的经济学家魁奈,最早从宏观经济运行的角度,分析了社会资本再生产过程,并把国民财富产生和增加的来源从流通领域转移到了生产领域(尽管他只承认农业是物质生产部分);英国古典政治经济学家在普遍的物质生产领域内考察国民财富的产生和增加,并且从国民收入核算的角度考察了宏观经济的运行。从社会资本再生产的角度来看,法国重农主义者在宏观经济发展史上的贡献难以忽视;从国民收入核算和国民财富增长的角度来看,英国古典政治经济学家在宏观经济学历史上的成就也不能被抹杀。

马克思指出,"最初研究政治经济学的,是像霍布斯、洛克、休谟一类的哲学家,以及像托马斯·莫尔、坦普尔、萨利、德·维特、诺思、罗、范德林特、坎蒂隆、富兰克林一类的实业家和政治家,而特别在理论方面进行过研究并获得巨大成就的,是像配第、巴尔本、孟德维尔、魁奈一类的医生"。在这些人当中,莫尔是空想社会主义者,坦普尔、萨利、维特是重商主义者,诺思、罗、范德林特、坎蒂隆、富兰克林则都可以归入重农主义者或古典政治经济学家的行列。从时间序列上看,从威廉·配第到魁奈,再到亚当·斯密、李嘉图,代表了早期宏观经济

---

① 厉以宁.宏观经济学的产生和发展[M].北京:商务印书馆,2021:1.

② 约瑟夫·熊彼特.经济分析史:第一卷[M].朱泱,等译.北京:商务印书馆,1991:255.

理论产生和发展的过程,法国的布阿吉尔贝尔、杜尔哥和英国的马西、西斯蒙第等都为宏观经济学的发展做出了重要的贡献。

1936年,凯恩斯《就业、利息和货币通论》的出版,标志着现代西方宏观经济学的产生。凯恩斯最早把经济学分为微观与宏观两部分。他把关于资源配置的理论称为微观经济学,而把产出与就业决定的资源利用理论称为宏观经济学。美国经济学家萨缪尔森继承了这种提法,在1948年出版的《经济学》中把经济学分为微观与宏观两部分。自此以后,这种分法被经济学家普遍接受。以凯恩斯为代表的现代西方宏观经济学,主要研究国民收入的变动及其与就业、经济周期波动、通货膨胀等问题之间的关系,因此又被称作收入理论。不仅如此,它通过收入分析得出,资本主义经济不可能通过自动调节以实现充分就业均衡,通常情况下出现的是小于充分就业的均衡。凯恩斯认为,社会总需求不足,即社会总消费支出和总投资支出不足是失业与生产过剩的原因,因此,只有通过扩大公共投资才能增加国民收入和扩大就业。

凯恩斯在《就业、利息和货币通论》中,主要研究的是封闭条件下的收入均衡,并未涉及对外经济关系。熊彼特在《经济分析史》中指出,凯恩斯撰写《就业、利息和货币通论》时,"经济学的核心严格说来仍是静态的,而且被认为其自身构成了一个完整的学说体系,甚至是包罗全部或差不多全部基本见解的体系。对于瓦尔拉来说,这是很明显的;对于马歇尔来说,情况亦复如此。……更多的积极成果是伴随着使总量理论'动态化'的努力而取得的"。[①] 此后,凯恩斯的追随者们对此进行了修补。如以萨缪尔森经济学为代表的新古典综合理论体系,以及新剑桥学派等。在承认凯恩斯所采取的分析方法基础上,沿着投资函数理论、消费函数理论、货币和通货膨胀理论、开放经济理论等方面对其"长期化""动态化""开放化"。

凯恩斯学派宏观经济理论的产生与发展,并不意味着20世纪30年代以前出现的各种宏观经济理论就此销声匿迹。它们在长时期内仍与凯恩斯经济学平行发展,尽管与凯恩斯经济理论相比,它们的影响要小得多。第二次世界大战结束以后,凯恩斯经济学成为当代西方经济学中的新正统派,大约保持了20年的极盛时期。自20世纪60年代后期起,由于资本主义世界出现了通货膨胀、失业、资源供给紧张、收入分配失调等多种并发症,凯恩斯的宏观经济理论不足以解释如此错综复杂的病情,也无法提供足以应对如此困难的经济情况的对策,于是在西方宏观经济学领域内发生了一个重要变化,现代各种非凯恩斯派宏观经济学发展起来,逐步成为能够与凯恩斯派宏观经济学相抗衡的力量。在现代非凯恩斯派西方经济学家看来,当前资本主义国家中的停滞膨胀是凯恩斯主义的产物。为了取代凯恩斯主义在现代西方经济学中的正统地位,现代非凯恩斯派的宏观经济学说,如货币主义理论、理性预期学说等便以凯恩斯主义的理论和政策主张作为自己批评的主要对象。宏观经济学的形成和发展历史,可用图9-1来概略描述。

---

① 约瑟夫·熊彼特.经济分析史:第三卷[M].朱泱,等译.北京:商务印书馆,1994:584-586.

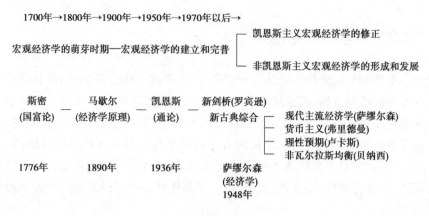

图9-1　宏观经济学基本发展脉络

二、宏观经济学的研究对象与方法

宏观经济学是研究国民经济总量的行为及其规律的学科,以整个国民经济为研究对象,通过研究经济中各有关总量的决定及其变化,来说明资源如何才能得到充分利用[①]。

宏观经济学的研究对象是整个经济。宏观经济学主要研究整体经济的运行方式与规律,从总体上分析经济问题。

宏观经济学的研究方法是总量分析方法。总量是指能反映整个经济运行情况的经济变量。一是个量的总和。例如,国民收入是组成整个经济的各个单位的收入的加总,总投资是各个厂商的投资之和,总消费是各个居民消费的总和,等等。二是平均值。例如,价格水平是各种商品与劳务的平均价格。总量分析就是研究这些总量的决定、变动以及其相互关系,从而揭示整个经济的运行状况。

三、宏观经济学的基本问题

宏观经济学研究现有资源利用状态、资源未能得到充分利用的原因、达到充分利用的途径等问题,具体包括以下三方面内容。

一是国民收入决定问题。国民收入是衡量一国经济资源利用情况和整个国民经济状况的基本指标。主要包括哪些因素会影响一个国家的国民收入水平,国民收入的决定和变动有什么规律等。

二是经济增长与经济周期问题。主要包括为什么有的国家经济增长速度快,而有的国家则比较慢? 为什么同一个国家不同时期的经济增长速度会有不同? 经济增长速度有没有科学的衡量标准?

三是失业和通货膨胀问题。主要包括为什么一国有时会出现严重的失业,有时会出现严重的通货膨胀,而有时又会出现二者并存的局面? 失业和通胀之间有什么内在的联系?

---

① 段玉强.西方经济学[M].郑州:河南大学出版社,2016:188.

四、宏观经济学的理论框架

宏观经济学是研究国家经济总体运行的科学,不考虑个体经济的差异,只考虑经济主体的加总。所有经济活动主体,归根结底不外乎家庭、企业和政府这三大类。因此宏观经济学在研究家庭消费和投资行为时,不考虑家庭有何差异或特点;在研究企业行为时,不考虑它是经营什么业务的企业,是生产什么,把所有企业都当作一种生产经营的经济部门;在分析政府行为时,也不去管是中央的还是地方的政府,坚持什么样的执政理念。宏观经济学也涉及国外的家庭、企业和政府,但是把它们当作一个整体性国外部门来对待。宏观经济学基本框架如图9-2所示。

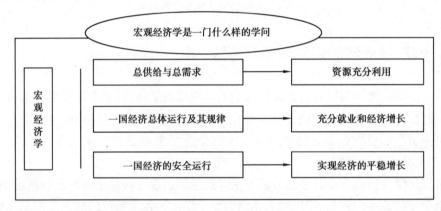

图9-2 宏观经济学基本框架

现代经济是市场经济。宏观经济学在宏观层面上研究市场活动时,只把各种市场归结为三大类:产品市场、货币市场和劳动市场。在产品市场上,无数商品和劳务形成供给、需求和交易价格、交易量;在货币市场上,所有金融资产(银行存贷款、证券、保险、信托等)形成供给、需求和交易价格、交易量;在劳动市场上,作为劳动供给方的劳动者和作为劳动需求方的企业、政府在进行交易并形成劳动价格和就业量。

正是对这三大经济部门在这三大类市场的交互作用的研究,构成了目前西方宏观经济学的基本理论框架。那些仅仅研究产品市场供求关系如何决定国民收入的理论模型,称为国民收入决定的最简单的理论模型,即国民收入决定的收入-支出模型;在上述模型中加入货币市场供求关系来研究国民收入决定的理论模型,称为国民收入决定的 IS-LM 模型;在IS-LM 模型中再加入劳动市场供求关系来研究国民收入决定的理论模型,称为国民收入决定的总需求-总供给模型,即 AD-AS 模型。前面两个模型研究总需求如何决定国民收入,第三个模型研究的是总需求和总供给如何一起决定国民收入。如果引进国际经济部门,那么决定国民收入的总需求中,除了产品市场和货币市场,还有国际市场。

第二节 国民收入核算的指标体系

一、国内生产总值

一个国家宏观经济运行的情况可以通过一些指标加以测度和核算。测度宏观经济运行情况的指标体系很丰富,其中最核心的指标是国内生产总值。国内生产总值是指经济社会(即一国或一地区)在一定时期内运用生产要素所生产的全部最终产品(产品和劳务)的市场价值[①]。

①GDP 是一个市场价值的概念。所谓市场价值就是产品或劳务的数量与市场价格的乘积,所以 GDP 的数值不仅受到计算期数量变动的影响,也会受到计算期价格水平变动的影响。

②GDP 只测定最终产品的价值,中间产品不计入 GDP。最终产品是指在一定时期内生产出来直接供人们消费的产品,中间产品是指生产出来后作为下一道生产程序投入品的产品。在实际经济中,某些产品既可以作为最终产品,也可以作为中间产品。例如,煤炭在用作燃料发电时是中间产品,而用作人们生活中的燃料时是最终产品。因此,把哪一部分煤炭计入最终产品,哪部分煤炭计入中间产品就不容易区分了。

我们以笔记本的核算为例,说明为什么 GDP 只测定最终产品的价值。

表 9-1 中,笔记本是最终产品,产品价值=35。

用增值法计算,产品价值=5+5+10+15=35。

如果不区分最终产品和中间产品,则会得到 70 个单位的总价值,其中含重复计算 35 个单位中间产品价值。所以,产品价值=70-35=35。

表 9-1 笔记本的各生产阶段的价值、成本和增值

生产阶段	产品价值	中间产品成本	增值
木材	5	——	5
纸浆	10	5	5
纸张	20	10	10
笔记本	35	20	15
合计	70	35	35

③GDP 是流量概念。流量是一定时期内发生的变量,存量是一定时点上存在的变量。GDP 可以年、季、月为统计期限。某年的 GDP 不能包括以前年度生产出来的产品和劳务,只能是当年生产出来的产品和劳务,不是年终的累积量。

---

① 高鸿业.西方经济学:宏观部分[M].8 版.北京:中国人民大学出版社,2021:368.

④GDP 是个地域概念。GDP 是指一个国家疆域内在一定期限内所创造的全部最终产品的市场价值,而不管境内的生产要素是不是本国的,经济主体是不是属于本国,它主要侧重衡量一国领土范围内所具备的生产能力。

⑤GDP 只衡量市场活动所产生的价值。从目的上看,人们生产产品和劳务可以分为两类:一是为市场交换而生产的产品和劳务;二是用于自己消费的自给性产品和劳务。自给性产品和劳务因为不用于市场交换,因而没有价格,所以不能计入 GDP。如家政公司的家政工作人员替别人打扫房屋时获得的收入计入 GDP,而家庭主妇清扫自家房屋不属于市场交易活动,不产生收入,也无法反映到 GDP 指标中。

二、国民收入的其他衡量指标

在国民收入核算体系中,除了国内生产总值以外,还有国内生产净值、国民生产净值、国民收入、个人收入、个人可支配收入等相关概念,这些概念和国内生产总值、国民生产总值一起统称为国民收入,即广义的国民收入。

①国内生产净值(NDP)。它是指一国国境以内在一年内创造出来的财富净增加值,即总值减折旧的价值。GDP 是一个国家一年内全部最终产品的市场价值,最终产品的价值既包括当年新增加的产值,也包括生产过程的资本消耗即折旧的价值。

②国民收入(NI)。这里的国民收入是指狭义的国民收入,是一国生产要素在一定时期内提供服务所获得的报酬的总和,即工资、利息、租金和利润的总和。国民生产净值中扣除企业间接税和企业转移支付,加上政府补助金就得到这一狭义的国民收入。企业间接税和企业转移支付是列入产品价格的,但并不代表生产要素创造的价值,因此,计算狭义的国民收入时必须扣除。相反,政府给企业的补助金不列入产品的价格,但成为生产要素收入,因此应当在计算时加以考虑。

③个人收入(PI)。它是指个人实际得到的收入。国民收入不等于个人收入。一方面,国民收入中有三个主要项目不会成为个人收入:公司未分配利润、公司所得税和社会保险税;另一方面,政府转移支付(包括公债利息)虽然不属于国民收入(生产要素报酬),却会成为个人收入的一部分。因此,国民收入减去公司未分配利润、公司所得税和社会保险税,加上政府转移支付,就得到个人收入。

④个人可支配收入(DPI)。个人可支配收入是指缴纳了个人所得税以后,可以为个人所支配的收入。

国民收入核算中这五个总量的关系是:

①GDP－折旧＝NDP

②NDP－间接税＋企业转移支付＋政府补助金＝NI

③NI－公司未分配利润－公司所得税－社会保险税＋政府转移支付＝PI

④PI－个人所得税＝消费＋储蓄＝DPI

◆生活中的实例

2019 年新型冠状病毒感染疫情发生后,针对疫情防控和经济社会发展的要求,党中央、国务院陆续部署出台了一系列聚焦支持疫情防控、减轻企业社保费负担、支持小微企业和个体工商户发展以及稳外贸扩内需四个方面的税费优惠政策,着力发挥税收职能作用,全力参与疫情防控工作,支持企业复工复产,服务经济社会发展大局。

三、名义 GDP 和实际 GDP

GDP 是用货币价值来衡量的,因此,GDP 的变动有两个影响因素:一是所生产的产品和劳务数量的变动;二是产品和劳务价格的变动。对于一国来讲,由于价格上升而导致的 GDP 上升是没有任何意义的,因为产品和劳务的数量没有增加,人们的消费水平没有得到提高。所以,有必要将国内生产总值变动中的价格因素抽象出来,只研究产品和劳务的数量变化。这就需要区别名义国内生产总值和实际国内生产总值两个概念。

名义国内生产总值是用当年的价格计算出来的国内生产总值,而实际国内生产总值是用基年的价格计算出来的价值。例如,2000 年美国的 GDP 有两种核算方法:一种是用 2000 年的价格乘以 2000 年生产的全部最终产品的数量,这样得到的是当年的名义国内生产总值;另一种是用 1990 年的价格(假设基准年为 1990 年)乘以 2000 年生产的全部最终产品的数量,这样得到的是当年的实际国内生产总值。

$$GDP \text{ 折算指数} = \text{名义 } GDP \div \text{实际 } GDP$$

◆名人有约

阿瑟·奥肯在论述 GDP 的适用性时,给出了恰当的回答:"毫不奇怪,国家的繁荣并不能确保社会的幸福。正如个人的发展并不能确保家庭的幸福一样。GDP 的增长绝不可能抵消由一场不受欢迎并未能取胜的战争所带来的紧张局势,不可能消除由于种族偏见所引起的长期的良心冲突,不可能平定泛滥的黄潮,也不可能阻止年轻人对其独立性的空前强调。尽管如此,经济的繁荣……毕竟还是成功地实现我们的抱负的先决条件。"

◆生活中的实例

诺贝尔经济学奖获得者科斯在《变革中国》中感叹道:"中国人的勤奋,令世界惊叹和汗颜,甚至有一点恐惧。"如果以性别来区分,究竟是中国男性更勤奋,还是女性的贡献更多呢?答案是中国女性。根据世界银行公布的数据,2019 年我国女性劳动参与率超过 70%,位于全球第一,其中 25~55 岁之间的女性劳动参与率更是高达 90%。女性劳动参与率上升对于增加我国的 GDP 具有重要作用。

第三节　国民收入核算的基本方法

一、支出法

用支出法核算 GDP,就是通过核算在一定时期内整个社会购买最终产品的总支出,即最终产品的总卖价来计量 GDP①。最终产品的购买者就是产品和劳务的最后使用者。在现实生活中，产品和劳务的最后使用，除了居民消费，还有企业投资、政府购买及净出口。因此，用支出法核算 GDP，就是核算经济社会（一个国家或一个地区）在一定时期内消费、投资、政府购买以及净出口这几方面支出的总和。

（一）消费支出

消费支出指居民个人消费支出或私人消费支出，用字母 C 表示。包括购买耐用消费品（如小汽车、电视机、洗衣机等）、非耐用消费品（如食物、衣服等）和劳务（如医疗、旅游、理发等）的支出。建造住宅的支出不包括在内。

（二）投资

投资指增加或更换资本资产（包括厂房、住宅、机械设备及存货）的支出，用字母 I 表示。包括固定资产投资和存货投资。固定资产投资是指非居民购买的新生产的建筑和耐用生产设备的市场价值总额，加上居民购买的新建住房的市场价值。存货投资是指厂商持有的存货价值的变动。

资本品（如厂房和设备等）不是中间产品。中间产品在生产别的产品时全部被消耗掉，但资本品在生产别的产品过程中只是部分地被消耗。因为住宅像别的固定资产一样是长期使用，慢慢地被消耗，所以住宅属于投资而非消费。资本品由于损耗造成的价值减少称为折旧。折旧不仅包括生产中资本品的有形磨损，还包括资本老化带来的无形磨损。例如，一台手机虽然未开封使用，但是技术快速更新后，其价值产生贬值。

存货投资是企业掌握的存货价值的增加（或减少）。如果年初全国企业存货为 1 000 亿美元而年末为 1 200 亿美元，则存货投资为 200 亿美元。存货投资可能是正值，也可能是负值，因为年末存货价值可能大于也可能小于年初存货价值。

投资是一定时期内增加到资本存量中的资本流量。假定某国在 2020 年投资 900 亿美元，该国 2020 年末资本存量可能是 5 000 亿美元。由于机器和厂房等会不断磨损，假定每年要消耗即折旧 400 亿美元，则上述 900 亿美元投资中就有 400 亿美元要用来补偿旧资本消耗，净增加的投资只有 500 亿美元。这 400 亿美元因是用于重置资本设备的，故称重置投资。净投资加重置投资称为总投资。用支出法计算时的投资，指的是总投资。

◆**生活中的实例**

经济学家将"投资"（有时称为实际投资）定义为耐用资本品的生产。而在一般用法上，投资通常是指诸如购买福特汽车公司的股票或去开个存款户头这类东西。为了不致混淆，经济学家将这种投资称为金融投资。例如，我从我的保险柜里取出 5 000 美元购买网络股票，这并不是宏观经济学家所称的投资，所发生的只是我将一种形式的金融资产转变为另一种形式的金融资产。只有生产出有形的资本品时，经济学家才认为形成了投资。

---

① 高鸿业.西方经济学：宏观部分［M］.8 版.北京：中国人民大学出版社，2021：370.

(三)政府购买

政府对产品和劳务的购买(G),是各级政府购买产品和劳务的支出,如政府花钱设立法院、提供国防、建筑道路、开办学校等方面的支出。但要强调的是,不是所有的政府支出都要记入 GDP,因为政府有一类支出具有无偿转移支付的性质,只是简单地把收入从一些人或一些组织转移给另一些人或另一些组织,没有相应的产品或劳务的交换发生。如转移支付、公债利息等,这部分政府支出不计入 GDP。

(四)净出口

净出口指进出口的差额。用 X 表示出口,用 M 表示进口,则($X-M$)就是净出口。进口应从本国总购买中减去,因为进口表示收入流到国外,不是用于购买本国产品的支出;出口则应加进本国总购买量之中,因为出口表示收入从国外流入,是用于购买本国产品的支出。因此,只有净出口才应计入总支出,它可能是正值,也可能是负值。

用支出法计算 GDP 的公式可写成:

$$GDP = C+I+G+(X-M)$$

二、收入法

收入法指用要素收入,即企业生产成本核算 GDP。严格来说,最终产品市场价值除了生产要素收入构成的成本外,还有间接税、折旧、公司未分配利润等内容,因此用收入法核算的国内生产总值应包括以下一些项目。

①工资、利息和租金等生产要素的报酬。工资包括所有对工作的酬金、津贴和福利费,也包括工资收入者必须缴纳的所得税及社会保险税。利息在这里指人们为企业提供的货币资金所得的利息收入如银行存款利息、企业债券利息等,但政府公债利息及消费信贷利息不包括在内。租金包括出租土地、房屋等租赁收入及专利、版权等收入。

②非公司企业主收入,如医生、律师、农民和小店铺主的收入。他们使用自己的资金,自我雇用,其工资、利息、利润、租金常混在一起作为非公司企业主收入。

③公司税前利润,包括公司所得税、社会保险税、股东红利及公司未分配利润等。

④企业转移支付及企业间接税。这些虽然不是生产要素创造的收入,但要通过产品价格转嫁给购买者,故也应视为成本。企业转移支付包括对非营利组织的社会慈善捐款和消费者呆账,企业间接税包括货物税或销售税、周转税。

⑤资本折旧。它虽不是要素收入,但包括在应回收的投资成本中,所以也应计入 GDP。

把上述五个部分加起来,得到收入法计算国内生产总值的公式:

$$GDP = 工资+利息+利润+租金+间接税和企业转移支付+折旧$$

从理论上说,收入法核算出来的国内生产总值和支出法核算出来的国内生产总值应该是相等的,但是实际核算当中常有误差,因而还要加上一个统计误差。

三、生产法

生产法又称增值法，是从生产的角度出发，把所有企业单位投入的生产要素新创造出来的产品和劳务在市场上的销售价值，按产业部门分类汇总而成。从全社会的角度来看，一个国家一年内所生产的最终产品(包括产品和劳务)的市场价值总和，就是国内生产总值，因此在计算时不应包括中间产品价值，以避免重复计算。但在实际经济中，最终产品和中间产品是很难分清的，为此采用增值法，即只计算在生产各阶段上所增加的价值。商业、服务等部门按增值法计算。卫生、教育、行政等无法计算增值的部门按该部门职工的工资收入来计算，以工资代表他们所提供的劳务的价值。

从理论上说，这三种方法核算的结果应该是完全一致的。但在实践中，通常难以取得完备资料，这三种方法所得出的结果往往并不一致。国民经济核算体系以支出法为基本方法，如果按收入法与增值法计算出的结果与此不一致，就要通过误差调整项来进行调整，使之达到一致。

◆名人有约

"现代热力学之父"威廉·汤姆森在1883年对土木工程师协会的谈话中说道："当你能衡量你所谈论的东西并能用数字加以表达时，你才真的对它有了几分了解；反之，你的了解就是肤浅的和不能令人满意的。尽管了解也许只是认知的开始，但是在思考上则很难说你已经步入了科学的阶段。"

第四节 国民收入核算中的恒等关系

为了以后各章的分析方便，我们假定可支配收入必然等于GDP，只涉及对投资支出的简化，不考虑折旧、间接税与企业转移支付，因而也就不考虑GDP、NDP以及总投资与净投资之间的区别。本书中的国民收入与GDP如同收入与产出一样也是可以互用的。

一、两部门经济的储蓄-投资恒等式

两部门指假设一个经济社会中，只有消费者(家庭)和企业(厂商)两类经济主体。在两部门经济中，没有税收、政府支出及进出口贸易，在这种情况下，国民收入的构成情况如下。

第一，生产的产量等于售出的产量。但那些没有售出的产量呢？我们可以将积累的存货量作为投资的一部分，将厂商增加存货理解为厂商把商品卖给了自己，因此，所有的产量不是被消费就是被用于投资。售出的产量可以被看作消费支出与投资支出之和。据此我们可以写成：

$$Y = C + I \tag{9-1}$$

第二,在储蓄(S)、消费(C)、GDP 之间建立联系。从供给方面看,国民收入的构成为:国民收入=工资+利息+租金+利润。收入如何分配? 部分被用于消费,部分将被储蓄起来。因此存在:

$$Y=S+C \tag{9-2}$$

式中,S 表示私人部门的储蓄。恒等式(9-2)告诉我们,全部收入不是被用于消费,就是被用于储蓄。同时,恒等式(9-1)(9-2)可以合并为:

$$C+I=Y=C+S \tag{9-3}$$

恒等式(9-3)左边表示需求的各组成部分,右边表示收入的分配。该恒等式强调生产的产量等于售出的产量。生产的产值等于得到的收入,而得到的收入又被花费在商品上或储蓄起来。

恒等式(9-3)稍加变动,就可以反映储蓄与投资之间的关系。从恒等式(9-3)两边减去消费,得到:

$$I=Y-C=S \tag{9-4}$$

恒等式(9-4)表明,在这个简单的经济中,投资恒等于储蓄。这就是储蓄-投资恒等式。

人们可用各种方式考虑这种关系背后所包含的内容。在一个非常简单的经济中,个人能够储蓄的唯一方式是从事物质的投资活动,例如存储谷物或修建灌溉水渠等。在略微复杂的经济中,人们可以认为投资者用从储蓄者个人那里得来的借款为其投资提供资金。

对于储蓄-投资恒等式,有以下三点需要注意。

第一,上述储蓄-投资恒等式是根据储蓄和投资的定义得出的。即国内生产总值等于消费加投资,国民总收入等于消费加储蓄,国内生产总值等于国民总收入。这样,才推导出储蓄-投资的恒等关系。这种恒等关系就是两部门经济中的总供给和总需求的恒等关系。只要遵循这些定义,储蓄和投资一定相等,而不管经济是否处于充分就业,是否处于通货膨胀,是否处于均衡状态。

第二,储蓄和投资恒等,是从国民收入会计核算角度看,事后的储蓄和投资总是相等的。这一恒等式绝不意味着人们意愿的或者说事前计划的储蓄总会等于企业想要的或者说事前计划的投资。在现实经济生活中,储蓄主要由居民进行,投资主要由企业进行,个人储蓄动机和企业投资动机也不相同。这就会形成计划储蓄和计划投资的不一致,形成总需求和总供给的不均衡,引起经济的收缩和扩张。

第三,这里所讲储蓄等于投资,是对于整体经济而言,至于某个人、某个企业或某个部门,可以通过借款或贷款,使投资大于或小于储蓄,所以不一定存在储蓄和投资恒等。

二、三部门经济的储蓄-投资恒等式

三部门经济,假设一个经济社会中,存在消费者(家庭)、企业(厂商)、政府部门三类经济主体。政府的经济活动表现在两方面:一方面有政府收入,主要是向企业和居民征税;另一方面有政府支出,包括政府对产品和劳务的购买,以及政府给居民的转移支付。

把政府经济活动考虑进去之后,国民收入的构成如下。

①从支出角度看,国内生产总值等于消费、投资和政府购买的总和,可用公式表示为:

$$Y = C + I + G$$

公式中政府支出仅指政府购买。因为转移支付（包括政府给居民的救济性收入及津贴）已经给予了居民，所以由转移支付形成的需求实际上已经包括在居民的消费和投资中。如果再加入到公式中，等同于重复计算。

②从收入角度看，国内生产总值仍旧是所有生产要素获得的收入总和，即工资、利息、租金和利润的总和。总收入除了用于消费和储蓄，还要先纳税。然而，居民一方面要纳税，一方面又得到政府的转移支付收入，税金扣除了转移支付才是政府的净收入，也就是国民收入中归于政府的部分。假定用 T_0 表示全部税金收入，t_r 表示政府转移支付，T 表示政府净收入，则有：

$$T = T_0 - t_r$$

这样，从收入方面看国民收入的构成是：

$$Y = C + S + T$$

社会总产出等于总销售（总支出）、总产出价值又等于总收入，可以将三部门经济中国民收入构成的基本公式概括为：

$$C + I + G = Y = C + S + T$$

公式简化为：

$$I + G = S + T$$

或

$$I = S + T - G$$

式中，$T-G$ 可看作政府储蓄，因为 T 是政府净收入，G 是政府购买支出，二者的差额即政府储蓄，可以是正值，也可以是负值。这样，$S+T-G$ 也就表示储蓄（私人储蓄和政府储蓄的总和）和投资恒等。

三、四部门经济的储蓄-投资恒等式

在上述三部门经济的基础上，加入一个国外部门就构成了四部门经济。在四部门经济中，由于有了对外贸易，国民收入的构成从支出角度看就等于消费、投资、政府购买和净出口的总和，用公式表示是：

$$Y = C + I + G + (X - M)$$

从收入角度看，国民收入构成的公式可写成：

$$Y = C + S + T + K_r$$

这里，$C+S+T$ 的意义和三部门经济中的意义一样，K_r 代表本国居民对外国人的转移支付。例如，对外国遭受灾害时的无偿捐款，这种转移支付也来自生产要素的收入。

这样，四部门经济中国民收入构成的基本公式就是：

$$C + I + G + (X - M) = Y = C + S + T + K_r$$

简化后得到：

$$I + G + (X - M) = S + T + K_r$$

这一等式，也可以看成四部门经济中的储蓄-投资恒等式。

因为这一等式可转化为以下公式：

$$I = S + (T-G) + (M-X+K_r)$$

式中，S 代表居民私人储蓄；$(T-G)$ 代表政府储蓄；$(M-X+K_r)$ 则可代表外国对本国的储蓄。因为从本国的立场看，M（进口）代表其他国家出口商品，从而是他国获得的收入，本国的支出；X（出口）代表其他国家从本国购买产品和劳务，从而是他国的支出，本国的收入；K_r 是本国的支出，他国的收入。可见，当 $M+K_r>X$ 时，外国对本国的收入大于支出，于是就产生储蓄；反之，则有负储蓄。这样，$I = S + (T-G) + (M-X+K_r)$ 就代表四部门经济中总储蓄（私人、政府和国外）和投资的恒等关系。

上面我们逐一分析了两部门、三部门和四部门经济中国民收入构成的基本公式，以及储蓄和投资的恒等关系。在分析时是把折旧和企业间接税撇开的，实际上，即使把它们考虑进来，上述收入构成公式及储蓄和投资的恒等关系也都成立。如果上述 Y 指 GDP，则上述所有等式两边的 I 和 S 分别表示把折旧包括在内的总投资和总储蓄。如果 Y 指 NDP，则等式两边的 I 和 S 分别表示不含折旧的净投资和净储蓄；如果 Y 指 NI，则 C、I、G 是按出厂价计量的，等式两边减少了一个相同的等于间接税的量值。可见，不论 Y 代表哪一种国民收入概念，只要其他变量的意义能和 Y 的概念相一致，储蓄-投资恒等式就总是成立的。

◆本章小结

宏观经济学研究社会总体的经济行为及其后果，因此，其研究对象和方法都与微观经济学不完全相同。

核算国民经济活动的核心指标是国内生产总值 GDP，它是经济社会（一国或地区）在一定时期内运用生产要素所生产的全部最终产品（产品和劳务）的市场价值。

核算 GDP 可以用生产法、支出法和收入法。用支出法计得的国内生产总值 GDP = $C+I+G+(X-M)$。用收入法计得的国内生产总值 GDP = 工资+利息+利润+租金+间接税和企业转移支付+折旧。

国民收入是衡量社会经济活动成就的一个广泛概念，实际上包括国内生产总值、国内生产净值、国民生产总值、国民生产净值、国民收入、个人收入和个人可支配收入，这些概念之间相互联系。

国民收入核算体系中存在着储蓄和投资的恒等式关系。在两部门、三部门和四部门经济中，这一恒等式分别是：$I=S$，$I=S+(T-G)$，$I=S+(T-G)+(M-X+K_r)$。

国内生产总值有名义和实际之分。某个时期名义国内生产总值和实际国内生产总值之间的差别，可反映这一时期和基期相比的价格变动程度。

第十章

国民收入决定

📖 **学习目标**

　　掌握消费函数、储蓄函数和乘数理论;理解两部门经济中的均衡产出决定模型、三部门经济中的均衡产出决定模型和四部门经济中的均衡产出决定模型;掌握投资的概念及影响因素;掌握 IS 曲线和 LM 曲线的概念及移动;掌握货币需求动机和货币需求函数;了解利率的决定;掌握 IS-LM 模型的分析方法和凯恩斯的主要理论内容。

📖 **思维导图**

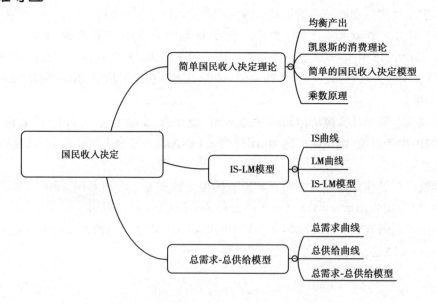

◆ **案例导入**

　　18 世纪,荷兰的曼德维尔博士在《蜜蜂的寓言》一书中讲过一个有趣的故事:一群蜜蜂为了追求豪华的生活,大肆挥霍,结果这个蜂群很快兴旺发达起来。而后来,由于这群蜜蜂改变了习惯,放弃了奢侈的生活,崇尚节俭,结果却导致了整个蜜蜂社会的衰败。蜜蜂的故事说的是"节俭的逻辑",在经济学上叫"节俭悖论"。众所周知,节俭是一种美德,既然是美德,为什么还会产生这个悖论呢? 宏观经济学的创始人凯恩斯对此给出了让人们信服的经济学解释。他认为从微观上分析,某个家庭勤俭持家,减少浪费,增加储蓄,往往可以致富;但从宏观上分析,节俭对于经济增长并没有什么好处,公众节俭→社会总消费支出下降→社会商品总销量下降→厂商生产规模缩小→失业人口上升→国民收入下降、居民个人可支配收入下降→社会总消费支出下降……1931 年他在广播中断言,节俭将促成贫困的"恶性循环"。他还说"如果你们储蓄五先令,将会使一个人失业一天"。凯恩斯的解释后来发展成为凯恩斯定理,即需求会创造自己的供给,一个国家在一定条件下,可以通过刺激消费、拉动总需求来达到促进经济发展和提高国民收入的目的。当然,我们必须要科学地看待"节俭悖论"。"节俭悖论"的产生是有其特定的时空条件的,只有在大量资源闲置、商品供过于求、社会有效需求不足或存在严重失业时,才有可能出现这种悖论所呈现的矛盾现象。

思考:"节俭悖论"说明了,当社会上每个人都节俭的时候,国民收入往往会下降,从而最终导致每个人生活水平都会下降,了解"节俭悖论"的内涵对于我国这样一个崇尚节俭的社会具有积极的意义,我们应该根据自身的收入水平适当消费。

第一节　简单国民收入决定理论

现代西方宏观经济学的奠基人凯恩斯学说的中心就是国民收入决定理论。凯恩斯主义理论涉及四个市场:产品市场、货币市场、劳动市场和国际市场。仅包括产品市场的国民收入决定理论称为简单的国民收入决定理论。

简单的国民收入决定模型基于四个假设。

第一,资源没有得到充分利用。即总供给可以适应总需求的增加而增加。

第二,价格水平既定。即社会总需求变动时,只会引起产量和收入变动,使供求相等,而不会引起价格变动。

第三,利息率水平既定。即不考虑利息率变动对国民收入水平的影响。

第四,投资水平既定。即在总需求中只考虑消费对国民收入的影响。

由于假定国民收入处在低于充分就业的水平,且低于充分就业的原因在于需求不足,故国民收入决定理论实际上只由需求方决定。

一、均衡产出

和总需求相等的产出被称为均衡产出或收入①。若生产(供给)超过需求,企业存货会增加,企业就会减少生产;若生产低于需求,企业库存会减少,企业就会增加生产。总之,企业要根据产品销量来安排生产,一定会把生产定在和产品需求相一致的水平上。由于两部

---

① 高鸿业.西方经济学:宏观部分[M].8 版.北京:中国人民大学出版社,2021:386.

门经济中没有政府和对外贸易,总需求就只由居民消费和企业投资构成,于是,均衡产出可用公式表示为:

$$Y = C + I$$

式中,Y、C、I分别代表剔除了价格变动的实际产出或收入、实际消费和实际投资,不同于上一章里表示的名义产出或收入、名义消费和名义投资。还要指出的是,公式中的C和I代表居民和企业实际希望持有的消费和投资,即意愿消费和投资的数量,而不是国民收入构成中实际发生的消费和投资。举例来说,假定企业部门由于错误估计形势,生产了 1 200 亿美元产品,但市场实际需要的只是 1 000 亿美元产品,于是就有 200 亿美元产品成为企业的非意愿存货投资或称非计划存货投资。存货投资是企业拥有的存货价值的变动。存货是处于生产过程中的产品和待出售成品的存量,包括原材料在制品和企业暂时持有的待售产品。企业要正常持续生产经营,必须保有一定数量的存货。符合生产经营所需要的存货变动是意愿存货投资或计划存货投资,超过生产经营所需要的存货变动就是非意愿或非计划存货投资。这部分存货投资在国民收入核算中是投资支出的一部分,但不是计划投资的一部分。因此,在国民收入核算中,实际产出就等于计划支出(或称计划需求)加非计划存货投资。但在国民收入决定理论中,均衡产出指与计划需求相一致的产出。因此,在均衡产出水平上,计划支出和计划产出正好相等。因此,非计划存货投资等于零。

均衡产出是和总需求相一致的产出,也就是经济社会的收入正好等于全体居民和企业想要有的支出。假定企业生产 100 亿美元产品,居民和企业要购买产品的支出也是 100 亿美元,则这 100 亿美元的生产就是均衡产出或者说均衡收入。换句话说,社会经济要处于均衡收入水平上,就有必要使实际收入水平引起一个相等的计划支出量,因为只有这样才能使这一收入水平继续被维持下去。若用E代表支出,Y代表收入,则经济均衡的条件是$E = Y$。这个关系可用图 10-1(a)表示。在图中,纵轴表示支出(单位为亿美元),横轴表示收入(单位为亿美元),从原点出发的45°线上的各点都表示支出和收入相等。例如,A点表示支出和收入各为 100 亿美元。

均衡产出指与总需求相等的产出这一点,可在图 10-1(b)中得到表现。在图中,假定总支出(即总需求量)为 100 亿美元,则总产出(总收入)为 100 亿美元时就是均衡产出,B为均衡点。若产出大于 100 亿美元,非意愿存货投资 IU 就大于零,企业要削减生产;反之,企业会扩大生产。因此,经济总要趋于 100 亿美元产出水平。再假定总需求为 90 亿美元,则均衡产出必为 90 亿美元。若总需求为 110 亿美元,则均衡产出为 110 亿美元。

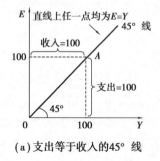

(a)支出等于收入的45°线

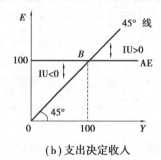

(b)支出决定收入

图 10-1　均衡产出

从均衡产出概念可见,要增加均衡产出,关键是要增加总需求,因为均衡产出水平决定于总需求或者说总支出水平。

均衡产出或收入的条件 $E=Y$,也可用 $I=S$ 表示,因为这里的计划支出等于计划消费加投资,即 $E=C+I$,而生产创造的收入等于计划消费加计划储蓄,即 $Y=C+S$(这里,Y、C、S 也都是剔除了价格变动的实际收入、实际消费和实际储蓄),因此,也就是等式两边消去 C,则得:

$$I=S$$

需再次说明,这里的投资等于储蓄,是指经济要达到均衡,计划投资必须等于计划储蓄。而国民收入核算中的 $I=S$ 则是指实际发生的投资(包括计划和非计划存货投资在内)始终等于储蓄。前者为均衡的条件,即计划投资不一定等于计划储蓄,只有二者相等时,收入才处于均衡状态;而后者所指的实际投资和实际储蓄是根据定义而得到的实际数字,从而必然相等。

二、凯恩斯的消费理论

(一)消费函数

消费是人们为满足自身的各种需要而购买商品和劳务的经济活动。影响人们消费的因素有很多,如消费者的收入水平、商品价格的水平、消费者自身的偏好、风俗习惯等,其中,具有决定性作用的是收入水平。消费函数是用来描述消费与收入之间依存关系的函数。在其他条件不变的情况下,消费随着收入的增加而增加,但是随着人们收入的增加,增量收入中用于消费的比重将逐渐递减,也就是说随着人们收入的增加,消费以递减的速度增加。消费函数可以表示为:

$$C=C(Y)=\alpha+\beta Y$$

式中,C 代表消费;Y 代表收入;α 是收入为零时的消费,称为自发消费,是个人的基本生活消费。β 的经济含义指增加的每单位收入中用于消费部分的比率,βY 是随着收入变化而变化的消费量,βY 被称为引致消费。消费曲线如图10-2所示。

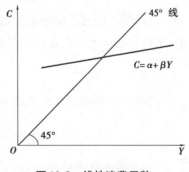

图 10-2　线性消费函数

消费曲线与纵轴相交在原点以上,向右上方倾斜且倾斜角小于45°。与纵轴相交于原点以上表明:即使收入降低到零,消费也大于零($\alpha>0$)。向右上方倾斜表明:随着收入的增加,消费也将增加(收入增加 ΔY,消费增加 ΔC)。倾斜角小于45°表明消费的增加不如收入的增加快($\Delta C<\Delta Y$)。实际上,消费虽是随收入增加而增加,但增加的幅度越来越小于收入增加的幅度。由此引入两个表示消费与收入关系的概念,即平均消费倾向(APC)和边际消费倾向(MPC)。平均消费倾向是指消费在收入中所占的比例,其计算公式如下:

$$\text{APC}=\frac{C}{Y}$$

边际消费倾向是指增加的每单位收入中用于消费部分的比率,即消费函数中的系数 β。

由定义可知,边际消费倾向的取值范围是 $0 \sim 1$,其计算公式如下:

$$MPC = \frac{\Delta C}{\Delta Y}$$

当收入增量和消费增量均为无穷小时,边际消费倾向的计算公式还可以写成导数形式:

$$MPC = \lim_{\Delta Y \to 0} \frac{\Delta C}{\Delta Y} = \frac{dC}{dY}$$

(二)储蓄函数

储蓄是收入中未被消费的部分。既然消费随收入增加而增加的比率是递减的,则可知储蓄随收入增加而增加的比率递增。储蓄与收入的这种关系就是储蓄函数,其公式是:

$$S = S(Y) = Y - C = Y - C(Y) = -\alpha + (1-\beta)Y$$

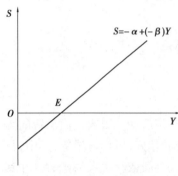

图 10-3　线性储蓄函数

式中,S 代表储蓄;Y 代表收入;$-\alpha$ 为自发储蓄;$1-\beta$ 的经济含义指增加的每单位收入中用于储蓄部分的比率;$(1-\beta)Y$ 是随着收入变化而变化的储蓄量,也被称为引致储蓄。储蓄曲线如图 10-3 所示。

图中储蓄曲线与横轴相交于点 E,这时收支平衡。在 E 点以右,有正储蓄;E 点以左,有负储蓄。随着储蓄曲线向右延伸,它与横轴的距离越来越大,表示储蓄随收入而增加,而且增加的幅度越来越大。

由此引入两个表示储蓄与收入关系的概念,即平均储蓄倾向(APS)和边际储蓄倾向(MPS)。平均储蓄倾向是指储蓄在收入中所占的比例,其计算公式如下:

$$APS = \frac{S}{Y}$$

边际储蓄倾向是指增加的每单位收入中用于储蓄部分的比率,即储蓄函数中的系数 $1-\beta$。边际储蓄倾向的取值范围是 $0 \sim 1$,其计算公式如下:

$$MPS = \frac{\Delta S}{\Delta Y}$$

当收入增量和储蓄增量均为无穷小时,边际储蓄倾向的计算公式还可以写成导数形式:

$$MPS = \lim_{\Delta Y \to 0} \frac{\Delta S}{\Delta Y} = \frac{dS}{dY}$$

(三)消费函数和储蓄函数的关系

由于全部的收入分为消费和储蓄,因此消费函数与储蓄函数的关系如下。

①消费函数和储蓄函数互为补数,二者之和等于总收入。

$$C(Y) + S(Y) = Y$$

②平均消费倾向(APC)与平均储蓄倾向(APS)的和为 1。

$$\because Y = C + S$$

$$\therefore \frac{Y}{Y} = \frac{C+S}{Y}$$

即 APC+APS=1

③边际消费倾向(MPC)与边际储蓄倾向(MPS)的和为1。

$\because \Delta Y = \Delta C + \Delta S$

$\therefore \dfrac{\Delta Y}{\Delta Y} = \dfrac{\Delta C + \Delta S}{\Delta Y}$

即 MPC+MPS=1

由于假定消费函数和储蓄函数都是线性函数,并且这两个函数又是互补的,因此,可以在图中画出这两个函数的图形。下面以具体的消费函数和储蓄函数为例来说明问题。

设自发消费水平为100,边际消费倾向为0.75,由此可得消费函数和储蓄函数分别为:

$$C = 100 + 0.75Y, S = -100 + 0.25Y$$

我们用纵轴代表消费或储蓄,横轴代表国民收入,如图10-4所示。

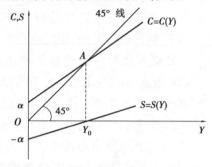

图10-4 消费曲线和储蓄曲线的关系

(四)家庭消费函数和社会消费函数

宏观经济学关心的是整个社会的消费函数,即总消费和总收入之间的关系。社会消费函数是家庭消费函数的总和。然而,西方经济学家认为,社会消费函数并不是家庭消费函数的简单加总。从家庭消费函数求取社会消费函数时,还要考虑一系列影响因素。

一是国民收入的分配。人们越是富有,越有能力储蓄,因此,不同收入阶层的边际消费倾向不同。富有者边际消费倾向较低,贫穷者边际消费倾向较高。因此,国民收入分配越不均等,社会消费曲线就越是向下移动,反之亦然。

二是政府税收政策。如政府实行累进个人所得税,将富有者原来可能用于储蓄的一部分收入征收过来,以政府支出形式花费掉。按西方经济学者的说法,这些支出通常成为公众的收入,最终用于消费。这样,社会中消费数量增加,社会消费曲线会向上移动。

三是公司未分配利润在利润中所占比例。公司未分配利润无形中是一种储蓄,如分给股东,则必定有一部分会被消费掉,因此,公司未分配利润在利润中所占比例大,消费就少,储蓄就多;反之,则消费就多,储蓄就少,即社会消费曲线就会向上移动。

影响社会消费函数的因素还有很多,因此,社会消费曲线并非家庭消费曲线的简单加总,但在考虑了种种限制条件后,社会消费曲线的基本形状仍和家庭消费曲线有很大的相似之处。

以上所述消费函数只是凯恩斯所提出的一种消费函数,它假定消费是人们收入水平的函数,这是西方消费函数最简单的形式,被称为凯恩斯的绝对收入消费理论。凯恩斯的《就业、利息和货币通论》一书出版以后,这一简单的消费函数不断得到补充、修改,产生了其他一些理论,如杜森贝利的相对收入假说、弗里德曼的永久收入假说以及莫迪利安尼的生命周期假说等。

三、简单的国民收入决定模型

(一)两部门经济的总供求分析

均衡的国民收入是指总需求与总供给相等时的国民收入,在国民收入核算中,社会各部门对产品和劳务的总支出代表了整个社会的总需求水平,参与生产的所有社会生产要素得到的收入则代表了整个社会的总供给水平。当整个社会的总支出等于总收入,也就是说总需求等于总供给时,整个国民经济处于均衡状态,如图 10-5 所示。

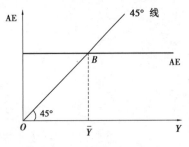

图 10-5　均衡国民收入决定

均衡的收入指与总需求相等的产出,这可以在图 10-5 中得到体现。图中,假定总需求为 100 亿美元,则总产出为 100 亿美元时就是均衡的产出或收入。若实际产出大于 100 亿美元,说明供给大于需求,企业要削减生产。反之,企业会扩大生产。因此,经济总要趋于 100 亿美元产出。

两部门经济是指一个只有企业和居民两个部门的简单社会。其总支出由两个部分构成:消费支出(C)和投资支出(I)。其总收入最终分解成两个部分:储蓄(S)和消费(C)。由此,可以得到两部门经济中的总需求与总供给的构成:

$$总支出 = 总需求(AD) = C+I$$
$$总收入 = 总供给(AS) = C+S$$

由此可得到国民收入均衡的条件是:

$$C+I = C+S$$

即

$$I = S$$

(二)消费函数与均衡国民收入的决定

在两部门经济社会中,总需求由消费与投资构成,即 $Y = C+I$,其中消费 $C = \alpha + \beta Y$,此时如果知道投资即可求出国民收入。为了使分析简化,在国民收入决定的简单模型中,把投资看作一个外生变量,是一个不随着利率和国民收入水平的变化而变化的常量。根据这个假定,可设 $I = I_0$(I_0 为常量),此时,均衡国民收入决定模型如下:

$$Y = AD$$
$$AD = C+I$$
$$C = \alpha + \beta Y$$
$$I = I_0$$

解联立方程组,可得均衡国民收入为:

$$Y = \frac{\alpha + I_0}{1-\beta}$$

可见,如果知道了消费函数和投资水平,就可以根据上述公式求出均衡的国民收入。假设消费函数 $C=800+0.8Y$,投资为 400 亿美元,则均衡收入为 6 000 亿美元,见下式:

$$Y=\frac{800+400}{1-0.8}$$

下面用列表和作图形式说明均衡收入的决定。表 10-1 给出了消费函数 $C=800+0.8Y$ 及自发投资为 400 亿美元时均衡收入决定的情况。

表 10-1 均衡国民收入决定   单位:亿美元

收入	消费	储蓄	投资
3 000	3 200	−200	400
4 000	4 000	0	400
5 000	4 800	200	400
6 000	5 600	400	400
7 000	6 400	600	400

从表 10-1 中可以看出:

第一,当收入为 6 000(亿美元)时,总需求 $Y=5\ 600+400=6\ 000$(亿美元),总供给 $Y=C+S=5\ 600+400=6\ 000$(亿美元)。此时,总需求等于总供给,说明 6 000 美元是均衡的国民收入。

第二,当收入为 5 000 亿美元时,总需求 $Y=4\ 800+400=5\ 200$(亿美元),总供给 $Y=C+S=4\ 800+200=5\ 000$(亿美元)。在这种情况下,总需求大于总供给,厂商扩大生产是有利可图的,厂商会增雇工人、扩大产量,从而使收入向均衡的国民收入靠拢。

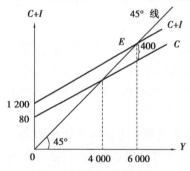

图 10-6 均衡国民收入决定

第三,当收入为 7 000 亿美元时,总需求 $Y=C+I=6\ 400+400=6\ 800$(亿美元),总供给 $Y=C+S=6\ 400+600=7\ 000$(亿美元)。在这种情况下,总供给大于总需求,厂商只有减少产量才能销出其滞销的存货,厂商会减雇工人、降低产量,从而使收入向均衡的国民收入靠拢。

均衡国民收入的决定也可以用图形来表示,图 10-6 展示了如何通过消费加投资曲线与 45°线相交决定均衡的国民收入。图中横轴表示收入,纵轴表示消费加投资,在消费曲线(C)上加投资(I)得到消费投资曲线 $C+I$,这条曲线即是总支出(总需求)曲线。由于假定投资为 400 亿美元,因此,总需求曲线与消费曲线总是平行的,两条线之间的垂直距离即为 400 亿美元,总需求曲线与 45°线相交于 E 点,E 点的收入水平是 6 000 亿美元,此时,总需求与总供给相等,决定了 6 000 亿美元是均衡的国民收入。

(三)储蓄函数与均衡国民收入的决定

由上述分析可知,当国民收入处于均衡状态时,投资等于储蓄,即 $I=S=Y-C$,同时储蓄函数 $S=-\alpha+(1-\beta)Y$,将这两式联立,即可得由储蓄函数决定的均衡国民收入:

$$I=S=Y-C$$

$$S = -\alpha + (1-\beta)Y$$
$$I = I_0$$

可见,通过储蓄函数求出来的均衡国民收入决定模型与根据消费函数求出来的均衡国民收入决定模型完全相同。

仍以上例来说明,消费函数 $C = 800 + 0.8Y$,则储蓄函数 $S = -800 + 0.2Y$,投资为 400 亿美元,当国民收入处于均衡状态时,投资等于储蓄,也即储蓄等于 400 亿美元,则均衡收入为 6 000 亿美元。可见,通过储蓄函数求得的均衡国民收入与通过消费函数求得的均衡国民收入完全相同。因为储蓄函数与消费函数本是一对互补的函数,如图 10-7 所示。

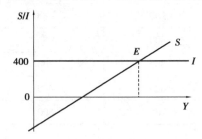

图 10-7　储蓄曲线与投资曲线相交决定收入

图中横轴表示收入,纵轴表示储蓄和投资,S 代表储蓄曲线,I 代表投资曲线。由于投资是不随收入变化而变化的自发投资,因而投资曲线与横轴平行,其间距始终等于 400 亿美元。投资曲线与储蓄曲线相交于点 E,与 E 点对应的收入为均衡收入。同理,也可以用表格来说明储蓄函数是如何决定均衡国民收入的,其原理和方法与消费函数完全相同。总之,无论使用消费函数,还是使用储蓄函数,求得的均衡收入都一样。

四、乘数原理

乘数,即均衡国民收入的变化量与引起这一变动的变量的变化量之间的比率[1]。根据这个定义,投资乘数指收入的变化与带来这种变化的投资支出变化的比率[2]。在宏观经济学中,乘数有双重含义:一是指均衡国民收入的变化量与引起这一变动的变量的变化量之间的比率;二是特指投资乘数。

为什么国民收入影响因素的变化会引起国民收入成倍的变化呢? 下面以投资乘数为例来说明这个问题。假定在一个两部门经济社会中,投资增加了 1 000 亿美元,边际消费倾向是 0.8,当 1 000 亿美元被用于购买投资品时,投资品生产部门得到 1 000 亿美元的收入,导致社会收入第一次增加 1 000 亿美元。由于边际消费倾向是 0.8,这增加的 1 000 亿美元中的 800 亿美元被用来购买消费品,消费品生产部门得到 800 亿美元的收入,导致社会收入第二次增加了 800 亿美元。同样,消费品生产部门也会将 800 亿美元中的 640 亿美元用于消费,导致社会收入第三次增加了 640 亿美元。依此类推,国民收入最终增加的情况见表 10-2。

① 段玉强. 西方经济学[M]. 郑州:河南大学出版社. 2016:209.

② 高鸿业. 西方经济学:宏观部分[M]. 8 版. 北京:中国人民大学出版社,2021:398.

表 10-2　国民收入增加的次数及增量

收入增加次数	每次收入增加数量	以 $b\Delta I$ 表示的每次增量
第一次	1 000	ΔI
第二次	$1\,000\times0.8=800$	$\beta\Delta I$
第三次	$1\,000\times(0.8)^2=640$	$\beta^2\Delta I$
…	…	…
第 n 次	$1\,000\times(0.8)^{n-1}$	$\beta^{n-1}\Delta I$
收入总量增加	$1\,000+1\,000\times0.8+1\,000\times(0.8)^2+\cdots+1\,000\times(0.8)^{n-1}$	$\Delta I+\beta\Delta I+\beta^2\Delta I+\cdots+\beta^{n-1}\Delta I$

由上表的第二列可以计算出国民收入增量,计算过程如下:

$$\Delta Y=1\,000+1000\times0.8+1\,000\times0.8^2+1\,000\times0.8^3+\cdots$$

$$\Delta Y=1\,000\times(1+0.8+0.8^2+0.8^3+\cdots)$$

$$\Delta Y=1\,000\times\left(\frac{1}{1-0.8}\right)=5\,000(亿美元)$$

也就是说,投资增加 1 000 亿美元,最终导致国民收入增加了 5 000 亿美元。同样,根据上表的第二列,可以计算出国民收入增量与投资增量之间用边际消费倾向表示的倍数关系:

$$\Delta Y=\Delta I+\beta\Delta I+\beta^2\Delta I+\beta^3\Delta I+\cdots$$

$$\Delta Y=\Delta I\times(1+\beta+\beta^2+\beta^3+\cdots)$$

$$\Delta Y=\Delta I\times\left(\frac{1}{1-\beta}\right)$$

可见,在两部门经济中,投资乘数

$$K=\frac{\Delta Y}{\Delta I}=\frac{1}{1-\beta}=\frac{1}{1-\mathrm{MPC}}=\frac{1}{\mathrm{MPS}}$$

也就是说,乘数大小与边际消费倾向(边际储蓄倾向)有关,边际消费倾向越大或者说边际储蓄倾向越小,乘数就越大,投资增加带来的国民收入增量也就越大。

国民经济各部门之间确实存在着乘数理论所反映的这种连锁反应,国民收入的增加也大于最初总需求的增加。但乘数发挥作用是需要一定条件的,只有在社会上各种资源没有得到充分利用时,总需求增加才会使各种资源得到利用,产生乘数作用。如果社会上各种资源已经得到充分利用,或者某些关键部门(如能源、原料或交通)存在着制约其他资源利用的"瓶颈状态",乘数作用也无法发挥。此外,乘数作用是双向的,即当总需求增加时,所引起的国民收入的增加要大于最初总需求的增加;当总需求减少时,所引起的国民收入的减少也要大于最初总需求的减少。所以,西方经济学家形象地把乘数称为一把"双刃剑"。

第二节　IS-LM 模型

一、IS 曲线

(一)投资函数与利率

上一节关于国民收入决定的简单模型里,投资和消费及政府支出都已作为总需求的组成部分,但那时净投资只是作为一个既定的外生变量参与总需求的决定。但实际上,投资并不是一个外生变量,而是一个应当放到模型中来分析的内生变量,因此,要研究国民收入的决定,必须研究投资本身如何决定。决定投资的因素很多,主要有实际利率水平、预期收益水平和投资风险。在假定预期收益既定,不考虑风险的情况下,投资支出受利率水平高低的影响,当利率水平上升时,投资支出下降,而利率水平下降时,投资支出上升,即投资支出和利率水平呈反向变动。请注意:第一,这里的利率是指实际利率,而不是名义利率,所谓实际利率是指名义利率扣除通货膨胀率以后的利率水平;第二,这里的利率不是指某种具体的利率,如半年期储蓄存款利率或一年期贷款利率等,而是指市场利率,即针对某时期,在整个货币市场上,当货币需求和货币供给相等时的利率。假定投资函数是个线性方程,则有:

$$I = I(r) = e - dr$$

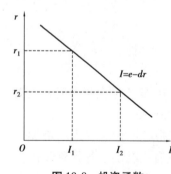

图 10-8　投资函数

式中,I 代表私人投资支出;r 代表利率;e 代表自发投资,即利率为零时的投资支出;d 代表投资支出的利率弹性,即当利率变化一单位时投资的变化量,这里的 d 为正值。如图 10-8 所示,纵轴代表利率,横轴代表投资支出,投资曲线是一条向右下方倾斜的曲线,当利率为 r_1 时,投资支出是 I_1,当利率为 r_2 时,投资支出为 I_2,即投资与利率呈反方向变动关系。

(二)IS 曲线的推导

IS 曲线是指产品市场均衡时,利率和国民收入组合的轨迹。产品市场均衡是指产品市场上总供给与总需求相等。

在两部门经济中,总需求 $AD = C + I$,总供给 $AS = S + C$。

产品市场均衡的条件是 $I = S$。如果消费函数是 $C = \alpha + \beta Y$,则均衡的国民收入是:

$$Y = \frac{\alpha + I}{1 - \beta}$$

在上述均衡国民收入决定模型中,假定经济中不存在货币市场,因而投资支出是一个既定的量,而在一个包括产品市场和货币市场的两部门经济中,投资不再是既定量,而是利率的函数:

$$I = e - dr$$

在这种情况下,均衡国民收入的决定模型就变成公式:

$$Y = \frac{\alpha + e - dr}{1 - \beta}$$

$$\Rightarrow r = \frac{\alpha + e}{d} - \frac{1 - \beta}{d}Y$$

由上式可以看出,要使产品市场保持均衡,即投资等于储蓄,则均衡的国民收入和利率之间存在着反方向变化的关系。现在举例来说明这一点,假设投资函数 $I = 1\,250 - 250\,r$,消费函数 $C = 500 + 0.5\,Y$,将上述数据代入上式,可得:

$$\Rightarrow r = \frac{\alpha + e}{d} - \frac{1 - \beta}{d}Y = 7 - \frac{1}{500}Y$$

则利率与均衡国民收入之间的反方向变动关系和一一对应关系见表10-3。

表 10-3　IS 曲线利率与国民收入间的对应关系

利率 r	1	2	3	4	…
国民收入 Y	3 000	2 500	2 000	1 500	…

以纵轴代表利率,横轴代表收入,则可以得到一条反映利率和收入间相互关系的曲线如图10-9所示。这条曲线上任何一点都代表一定利率和收入的组合,在这些组合中,投资和储蓄是相等的,也就是说产品市场是均衡的,这条曲线就是 IS 曲线。从图10-9中可以看出,IS 曲线是一条向右下方倾斜的曲线,其经济含义是:在其他条件不变的情况下,利率下降,投资需求增加,总需求增加,均衡国民收入增加;反之,当利率上升时,投资需求下降,总需求减少,均衡国民收入减少。

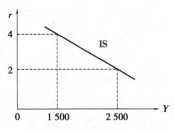

图 10-9　两部门 IS 曲线

二、LM 曲线

(一)货币的需求

IS 曲线是描述产品市场达到均衡时,利率与收入之间关系的曲线。LM 曲线描述的是货币市场的均衡,货币的实际供给量(用 M 表示)由国家加以控制,可以看作是一个外生变量。因此,货币需求是 LM 曲线分析的重点。

人们接受货币不是因为货币本身,而是因为用货币能够购买到所需要的产品和劳务。货币与其他非货币形态的金融资产(如股票、债券、商业票据)的区别在于其具有使用上的灵活性,即可以直接购买到产品和劳务。非货币形态的金融资产与现金相比,有利的方面是指其可以获取收益(如股票可以获得股息,债券可以获得利息等),不利的方面是非货币形态的金融资产不能直接实现和产品、劳务的交换,需要先变成现金。因此,凯恩斯认为人们对货币有"流动性偏好",即人们宁愿牺牲利息、股息等收入而持有一定量的不生利息的货币来保持财富的心理倾向。一般来说,人们持有货币的动机有三种:交易性动机、预防性动机和投机性动机。

1. 交易性动机

货币的交易性需求是指人们为了进行日常的交易需求而持有的货币数量。由于收入和支出在时间上不是同步的,因而个人和企业必须有足够的货币资金来支付日常交易需求的开支。个人和企业出于这种交易动机所需要的货币量,取决于收入水平、惯例和商业制度等因素,而惯例和商业制度在短期内一般不会有太大变化,所以出于交易动机的货币需求量主要决定于收入,收入越高,交易数量越大,所交换的产品和劳务的数量越多,从而为应付日常开支所需的货币量就越大。

2. 预防性动机

预防性动机又称谨慎动机,指为预防意外支出而持有部分货币的动机。如个人或企业为应付事故、失业、疾病等意外事件而需要事先持有一定数量的货币。因此,如果说货币的交易需求产生于收入和支出间缺乏同步性,则货币的预防性需求产生于未来收入和支出的不确定性。从整个社会角度来看,预防性动机大体上也和收入成正比,是收入的函数。因此,如果用 L_1 表示交易性动机和预防性动机所产生的全部实际货币需求量,用 Y 表示实际收入,则这二种货币需求量与收入的关系可以表示为 $L_1=L_1(Y)$,或者 $L_1=kY$。其中,L_1 为出于上述两种动机所需货币量同实际收入的比例关系,Y 为具有不变购买力的实际收入。

3. 投机性动机

投机性动机是指人们为了抓住有利的投资机会而持有一部分货币的动机。人们的金融资产有两种形式,即货币和非货币金融资产,持有货币没有收益,而持有非货币金融资产如债券可以获得一定收益。一般来说,非货币金融资产(如债券、股票)的价格都随着利率的变化而变化。如债券的价格与利率的关系是:利率上升,债券的价格下降;利率下降,债券的价格上升。投机者就是利用利率水平与非货币金融资产的价格之间的变化关系进行投机活动的,预计债券价格将上涨(即预计利率将下降)的人,会用货币买进债券以备日后以更高价格卖出;反之,预计债券价格将下跌的人,会卖出债券保存货币以备日后债券价格下跌时再买进。这种预计债券价格将下跌(即利率上升),而需要把货币保留在手中的情况,就是对货币的投机性需求。可见,对货币的投机性需求取决于利率,如果用来表示投机性需求,则这一货币需求量和利率的关系可表示为 $L_2=L_2(r)$ 或者 $L_2=-hr$。

(二)货币需求函数

对货币的总需求是人们对货币的交易需求、预防需求和投机需求的总和。货币的交易需求和预防需求取决于收入水平,而货币的投机需求取决于利率,因此,对货币的总需求函数为:

$$L=L_1+L_2=kY-hr$$

式中,L、L_1、L_2 都是代表对货币的实际需求,即具有不变购买力的实际货币需求量。名义货币量和实际货币量是有区别的,名义货币量是不管货币购买力如何,仅计算其票面值的货币量。把名义货币量折算成具有不变购买力的实际货币,必须用价格指数加以调整。如用 M、m 和 P 依次表示名义货币量、实际货币量和价格指数,则有 $M=Pm$。

由于 $L=kY-hr$ 仅代表对货币的实际需求量或者说需要的实际货币量,因此,名义货币需

求函数还应是实际货币需求量乘以价格指数,即

$$L \cdot P = (kY - hr)P$$

货币需求函数如图 10-10 所示。

图 10-10(a)中的垂线 L_1 表示为满足交易动机和预防动机的货币需求曲线,它和利率无关,因而垂直于横轴。L_2 曲线表示满足投机动机的货币需求曲线,它起初向右下方倾斜,表示货币的投机需求量随利率下降而增加,最后为水平状,表示"流动性偏好陷阱"。

图 10-10(b)中的 L 曲线则是包括 L_1、L_2 在内的全部货币需求曲线,其纵轴表示利率,横轴表示货币需求量,由于具有不变购买力的货币一般用 m 表示,因此横轴也用 $L(m)$ 表示。这条货币需求曲线表示在一定收入水平上货币需求量和利率的关系,利率上升时,货币需求量减少,利率下降时,货币需求量增加。

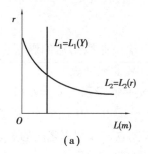 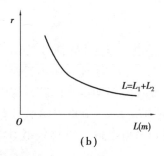

(a)　　　　　　　　　(b)

图 10-10　货币需求函数

(三)货币的供给

货币供给是一个国家在某一个时点上所保持的不属于政府和银行所有的硬币、纸币和银行存款的总和。一般来说,货币供给量是由政府用货币政策来调节的,因而是一个外生变量,其大小与利率高低无关,因此货币供给曲线是一条垂直于横轴的直线。如图 10-11 中的直线 m,这条货币供给曲线和货币需求曲线的交点决定利率的均衡水平 r_0。它表示只有当货币供给等于货币需求时,货币市场才达到均衡状态。如果市场利率水平 r_2 低于均衡利率时,则说明货币需求超过供给,这时人们感到手中持有

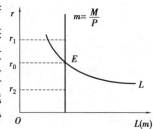

图 10-11　货币供给函数

的货币太少,就会卖出有价证券,证券价格将会下降,也就是说利率水平会上升,对货币需求的减少要持续到货币供求相等时为止。相反,当利率 r_1 高于均衡利率时,说明货币供给超过货币需求,这时人们感到手中持有的货币太多,就会用多余的货币买进有价证券,于是有价证券的价格上升,也就是说利率水平将下降,这种情况也一直要持续到货币供求相等时为止。只有当货币供求相等时,利率才不再变动。

(四)LM 曲线的推导

利率是由货币的供给与需求共同决定的,而货币的供给量由一国货币当局控制,因而可以看作是一个外生变量。在货币供给量既定的情况下,货币市场的均衡只能通过调节货币的需求来实现。

假定 m 代表实际货币供给量,则货币市场的均衡是 $m=L=kY-hr$。L_1 是货币的交易需求(由交易动机和预防动机引起),它随着收入增加而增加。L_2 是货币的投机需求,它随着利率上升而减少,因此,国民收入增加使货币交易需求增加,利率必须相应提高,从而货币投机需求减少,才能维持货币市场的均衡。反之,收入减少时,利率必须相应下降,否则,货币市场就不能保持均衡。

这也就是说,给定 m 时,$m=kY-hr$ 的公式可以表示为货币市场均衡条件下的收入与利率的关系,这一关系的图形就被称为 LM 曲线。由于货币市场均衡时 $m=kY-hr$,因此,国民收入与利率的关系可以写成:

$$Y=\frac{hr}{k}+\frac{m}{k}$$

$$r=\frac{kY}{h}-\frac{m}{h}$$

这两个公式都可以作为 LM 曲线的函数表达式,由于该曲线图形的纵坐标表示的是利率,横坐标表示的是收入,因此一般用后面的式子作为 LM 曲线的表达式。

下面用一个例子来说明这个问题。假定对货币的交易需求函数 $m_1=L_1(Y)=0.5Y$,货币投机需求函数 $m_2=L_2(r)=1\,000-250\,r$,实际货币供给量 $m=1\,250$ 亿美元,则货币市场均衡时 $1\,250=0.5\,Y+1\,000-250\,r$,可得 $r=0.002\,Y-1$,则国民收入和利率之间的关系见表10-4。

表10-4 LM 曲线中国民收入与利率的对应关系

国民收入 Y	1 000	1 500	2 000	2 500	⋯
利率 r	1	2	3	4	⋯

注:$r=1,2,3\cdots$是指 $r=1\%,2\%,3\%\cdots$

根据这些数据,可以作图10-12,图中这条向右上方倾斜的曲线称为 LM 曲线。此线上的任一点都代表一定利率和收入的组合,在这样的组合下,货币需求和供给都是相等的,也就是说货币市场是均衡的。LM 曲线的经济含义是在其他条件不变的情况下,在国民收入上升时,货币需求将增加,为使货币市场保持均衡,市场利率必须相应提升;反之,在国民收入下降时,货币需求将减少,为使货币市场保持均衡,市场利率必须相应下降。

由上面的分析可知,在 LM 曲线上的点所对应的国民收入和利率的组合都是货币市场均衡时的组合。换言之,不在 LM 曲线上的点所对应的国民收入和利率的组合都不能使货币市场实现均衡。如图10-13 中的 A 点所表示的国民收入和利率的组合,反映了货币市场存在着过度需求的情况。从图10-13 中可以看出,与 A 点对应的均衡收入是 Y_A,显然 A 点的利率水平偏低,从而导致了货币需求偏高。同理,B 点所表示的国民收入和利率的组合反映了货币市场存在着过度供给的情况。从图10-13 中可以看出,与 B 点对应的均衡国民收入是 Y_B,显然 B 点的利率水平偏高,从而导致了货币供给偏高。

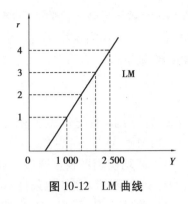

图 10-12　LM 曲线

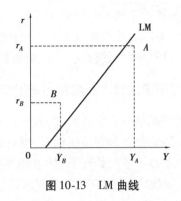

图 10-13　LM 曲线

三、IS-LM 模型

(一)IS-LM 模型的推导

前面的分析表明,在 IS 曲线上有一系列利率与相应国民收入的组合可使产品市场达到均衡,在 LM 曲线上,又有一系列利率和相应国民收入的组合可使货币市场达到均衡。对于宏观经济来说,均衡意味着产品市场和货币市场同时达到均衡,因此,只有 IS 曲线和 LM 曲线结合起来才有可能找到一个同时能使产品市场和货币市场达到均衡的收入与利率的组合。

一般来说,IS 曲线可以写成 $I(r) = S(Y)$,LM 曲线可以写成 $m = L_1(Y) + L_2(r)$,由于货币供给量被视作给定的量,因此,在这个二元方程组中,变量只有利率和收入,解出这个方程组,就可得到 r 和 Y 的一般解。

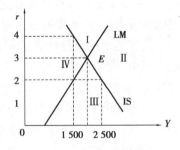

图 10-14　IS-LM 模型的四个区域

除 E 点以外,图 10-14 中所有的点均不能同时使产品市场和货币市场达到均衡,从图中可以看出,IS 曲线和 LM 曲线将坐标平面平分成四个区域 I、II、III、IV。这四个区域中都存在着产品市场和货币市场的非均衡状态。例如,区域 I 中的任何一点,一方面在 IS 曲线右上方,因此有投资小于储蓄的非均衡;另一方面又在 LM 曲线左上方,因此有货币需求小于供给的非均衡。其余三个区域中的非均衡关系也可以这样推知。这四个区域中的非均衡关系见表 10-5。

表 10-5　IS-LM 模型中的非均衡区域

区域	产品市场	货币市场
I	$I<S$ 有超额产品供给	$L<M$ 有超额货币供给
II	$I<S$ 有超额产品供给	$L>M$ 有超额货币需求
III	$I>S$ 有超额产品需求	$L>M$ 有超额货币需求
IV	$I>S$ 有超额产品需求	$L<M$ 有超额货币供给

各个区域中存在的各种不同组合的 IS、LM 非均衡状态会得到调整,IS 不均衡导致国民

收入变动,投资大于储蓄会导致国民收入上升,投资小于储蓄会导致国民收入下降;LM 不均衡会导致利率变动,货币需求大于货币供给会导致利率上升,货币需求小于货币供给会导致利率下降。这种调整最终都会趋向均衡利率和均衡国民收入。

(二)均衡国民收入和均衡利率的变动

有了消费函数或者储蓄函数,投资函数,货币的交易性需求、预防性需求和投机性需求函数和一个既定数量的货币供给量,就可以导出一个 IS-LM 模型。

在其他条件不变的情况下,如果 IS 曲线向右上方移动,均衡国民收入增加,均衡利率上升;如果 IS 曲线向左下方移动,均衡国民收入减少,均衡利率下降。在其他条件不变的前提下,如果 LM 曲线向左上方移动,均衡国民收入减少,均衡利率上升;如果 LM 曲线向右下方移动,均衡国民收入增加,均衡利率下降。因此,各种 IS 曲线和 LM 曲线位置因素的变化都会改变均衡国民收入和均衡利率。具体而言,有以下七种情况。

①消费增加,IS 曲线向右上方移动,引起均衡国民收入增加,均衡利率上升。当消费减少时,IS 曲线就会向左下方移动,引起均衡国民收入减少,均衡利率下降。

②储蓄增加,IS 曲线会向左下方移动,引起均衡国民收入减少,均衡利率下降。当储蓄减少时,IS 曲线就会向右上方移动,引起均衡国民收入增加,均衡利率上升。

③投资增加,IS 曲线会向右上方移动,引起均衡国民收入增加,均衡利率上升。当投资减少时,IS 曲线就会向左下方移动,引起均衡国民收入减少,均衡利率下降。

④政府购买支出增加或者税收减少时,IS 曲线会向右上方移动,引起均衡国民收入增加,均衡利率上升。政府购买支出减少或者税收增加时,IS 曲线就会向左下方移动,引起均衡国民收入减少,均衡利率下降。

⑤当货币的交易性需求和预防性需求增加时,LM 曲线会向左上方移动,引起均衡国民收入减少,均衡利率上升。当货币的交易性需求和预防性需求减少时,LM 曲线就会向右下方移动,引起均衡国民收入增加,均衡利率下降。

⑥当货币的投机性需求增加时,LM 曲线会向右下方移动,引起均衡国民收入增加,均衡利率下降。当货币的投机性需求减少时,LM 曲线就会向左上方移动,引起均衡国民收入减少,均衡利率上升。

⑦当货币供给增加时,LM 曲线会向右下方移动,引起均衡国民收入增加,均衡利率下降。当货币供给减少时,LM 曲线就会向左上方移动,引起均衡国民收入减少,均衡利率上升。

均衡国民收入和均衡利率变化后,又会引起其他宏观经济变量的变化。例如,当均衡国民收入增加后,就会引起消费需求的增加。当考虑到劳动力市场时,国民收入的增加还会引起就业量的增加和失业率的下降。当均衡利率下降后,就会引起投资需求的增加,从而引起总需求的增加,等等。

◆名人有约

约翰·希克斯(John Richard Hicks),出生在英格兰的瓦尔维克郡,后来分别在伦敦经济学院、剑桥大学、曼彻斯特大学等任职。其研究领域十分广泛,在福利经济学、经济史、微观经济学等领域均做出了突出贡献,在专著《价值与资本》中对凯恩斯理论进行研析,并提出了

IS-LM 分析,充分运用了一般均衡的思想。

第三节 总需求-总供给模型

一、总需求曲线

总需求是指整个经济社会在每一价格水平(这里的价格水平是指社会总价格水平,而不是指某一种具体商品的价格)上对产品和劳务的需求总量。社会总需求决定了社会总支出水平,因此通常用社会总支出水平来衡量总需求,在一个对外开放的经济社会中,经济主体包括居民、厂商、政府和国外,其各自的支出分别为消费需求、投资需求、政府购买需求和净出口需求。如果用 AD 代表总需求、C 代表消费需求、I 代表投资需求、G 代表政府购买需求、$X-M$ 代表净出口需求,则 $AD = C+I+G+X-M$。

(一)总需求函数

总需求函数是指总需求量和价格水平之间的关系。它表示在某个特定的价格水平下,经济社会需要多高水平的产量。在以价格水平为纵轴、产出水平为横轴的坐标系中,总需求函数的几何表示被称为总需求曲线。总需求曲线描述了与每一价格水平相对应的私人和政府的支出,如图 10-15 所示。总需求曲线可以从 IS-LM 模型中推导出来。

在图 10-15 中,横轴 OY 代表产出水平(总需求量),纵轴 OP 代表价格水平,总需求曲线 AD 是一条向右下方倾斜的曲线。这说明了总需求与价格水平呈反向变动,即价格水平上升,总需求减少;价格水平下降,总需求增加。其原因有以下三个方面。

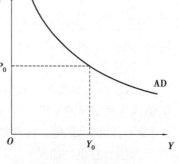

图 10-15 总需求曲线

①利率效应:价格水平变动,引起利率同方向变动,进而使投资和产出水平反方向变动的现象,即价格水平↑(↓)⇒利率↑(↓)⇒投资和总需求量↓(↑)。

②实际货币余额效应:价格水平上升,使人们所持有的货币及其他以固定货币价值衡量的资产的实际价值降低,人们会变得相对贫穷,消费水平相应减少,即价格水平↑(↓)⇒财富和实际收入水平↓(↑)⇒消费水平和总需求量↓(↑)。

③税收效应:价格水平上升,使人们的名义收入增加,会使人们进入更高的纳税档次,从而使人们税负增加,消费水平下降,即价格水平↑(↓)⇒名义收入↑(↓)⇒可支配收入↓(↑)⇒消费水平↓(↑)。

总需求之所以与价格水平呈反方向变动,可以用 IS-LM 模型来解释。在 IS-LM 模型中,货币供给量是指实际货币供给量,取决于名义货币供给量和价格水平,即 $m = \dfrac{M}{P}$。当名义货币供给量不变时,实际货币供给量与价格水平呈反向变动,即价格上升,实际货币供给量减少,价格水平下降,实际货币供给量增加。在货币需求不变的情况下,实际货币供给量减少使利率上升,利率上升又使投资减少,总需求减少;反之,实际货币供给量增加使利率下降,利率下降又使投资增加,总需求增加。这样,总需求与价格水平就呈反方向变动关系。

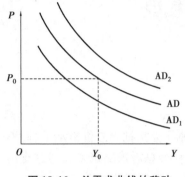

图 10-16　总需求曲线的移动

（二）总需求曲线的移动

总需求的变动会引起总需求曲线的移动。总需求增加时,总需求曲线向右上方平行移动;总需求减少时,总需求曲线向左下方平行移动。总需求由消费需求、投资需求、政府购买需求和国外的净出口需求四个部分构成,当这四个部分中的任何一部分发生变动时,总需求曲线都将发生变化。例如,在其他条件不变时,居民的消费欲望增强,消费需求增加导致总需求增加,总需求曲线向右上方移动。在图 10-16 中表现为 AD 平行移动到 AD_2。再如,在其他条件不变时,政府实施紧缩性的财政政策,其购买需求下降导致总需求下降,总需求曲线向左下方平行移动,在图 10-16 中表现为 AD 平行移动到 AD_1。

二、总供给曲线

总供给是经济社会在每一价格水平上提供的产品和劳务的总量。总供给取决于资源利用的情况,在不同资源利用的情况下,总供给与价格水平之间的关系是不同的。

（一）总供给曲线分类

所谓总供给曲线是表明产品市场和货币市场同时达到均衡时,总供给与价格水平之间关系的曲线,如图 10-17 所示。从图中可以看出,总供给曲线有三种情况。

1. 资源未充分利用阶段,即 A—B 段

这时总供给曲线是一条与横轴平行的线,这表明总供给的增加不会引起价格水平的变动,造成这种情况的原因只有一个,即社会上有大量资源闲置,所以可以在不提高价格水平的情况下,增加总供给。这种情况是由凯恩斯提出来的,所以这种水平的总供给曲线也称为"凯恩斯主义总供给曲线"。

2. 资源接近充分利用阶段,即 B—C 段

这时总供给曲线是一条向右上方倾斜的线,这表明总供给的增加会引起价格的变动,这是因为在资源接近充分利用的情况下,产量增加会引起生产要素价格的上升,从而成本增加,进而导致总价格水平上升。这种情况是在短期中存在的,所以这种向右上方倾斜的总供给曲线被称为"短期总供给曲线"。

3. 资源充分利用阶段,即 C 以上部分

这时总供给曲线是一条垂线,这表明无论价格水平如何上升,总供给也不会增加。这是因为从长期来讲,人类所拥有的

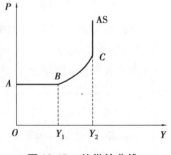

图 10-17　总供给曲线

资源总是有限的,当资源已得到充分利用时,即经济中实现了充分就业,即包括资本、劳动和自然资源在内的所有生产要素都得到充分利用的状态,无论如何提高价格,总供给也不会增加。从长期的角度来看,资源总是会实现充分就业的。因此,这种垂直的总供给曲线被称为"长期总供给曲线"。

(二)总供给曲线的移动

凯恩斯主义供给曲线的存在有两个前提条件:一是货币工资和价格均具有刚性,即只会上升不会下降;二是时间较短,即使不存在刚性工资和价格,工资和价格也没有足够的时间来进行调整。

长期总供给曲线的存在也有两个前提条件:一是货币工资和价格可以迅速自行调节,使实际工资处于充分就业的水平,从而使产量或国民收入总是处于充分就业的水平;二是在长期中,即使货币工资和价格不能迅速自行调节,工资和价格也有足够的时间来进行调整,使实际工资处于充分就业的状态。从现实经济运行来看,很难具备"凯恩斯主义供给曲线"和"长期总供给曲线"存在的前提条件,因此这两条总供给曲线是两种极端情况。

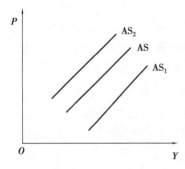

图 10-18　总供给曲线的移动

但是短期总供给曲线是可以变动的,在价格不变的情况下,影响短期总供给的因素主要包括两个方面:技术进步因素和资源供给因素。在价格不变的情况下,生产技术提高了,同样的资源供给会有更大的产出水平,因此,总供给增加,总供给曲线向右下方移动($AS \rightarrow AS_1$)。在价格和生产技术不变的情况下,资源供给增加也会产生更高的产出水平,因此,总供给增加,总供给曲线向右下方移动($AS \rightarrow AS_1$);反之,如果资源供给减少,则总产出水平下降,即总供给减少,总供给曲线向左上方移动($AS \rightarrow AS_2$),如图 10-18 所示。

三、总需求-总供给模型

总需求-总供给模型是将总需求曲线和总供给曲线结合在一起来说明均衡国民收入与均衡价格水平如何决定的模型,如图 10-19 所示。

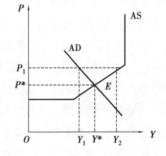

图 10-19　总需求-总供给模型

在图 10-19 中,总需求曲线 AD 与总供给曲线 AS 交于 E,此时总需求等于总供给,国民经济处于均衡状态,E 点对应的 Y^* 即为均衡国民收入,均衡价格水平为 P^*。

这里应当指出的是,总供求的均衡是通过市场的内在机制自动实现的。当价格水平高于 P^*,例如为 P_1 时,总需求会由 Y^* 减少到 Y_1,总供给却由 Y^* 增加到 Y_2,总供给大于总需求会造成价格总水平下降直到 P^* 为止。如果价格水平低于 P^*,总需求会大于总供给,价格总水平会上升,直到均衡时为止。

与 IS-LM 模型不同的是,总需求-总供给模型综合考虑了产品市场、货币市场和劳动市场三个市场的均衡,同时也分析了国外对于本国的需求情况(即净出口 $X-M$ 部分),因而更加接近现代宏观经济体系的实际运行情况,对于一个对外开放的国家的经济运行状况也更有解释能力。

◆生活中的实例

俄乌冲突发生后,由于营商环境不够安全,俄罗斯和乌克兰两个国家投资和出口都会受到严重影响,在其他影响因素不发生变动的情况下,总需求曲线向左移动,总体经济受到较大影响,在制定具体国家政策时就要充分挖掘投资潜力,争取更多的出口和投资机会才能保持经济发展。

◆本章小结

消费与收入的依存关系称为消费函数和消费倾向,消费倾向有边际消费倾向和平均消费倾向。储蓄倾向也有边际和平均之分。与总需求相等的产出称为均衡产出,或者说均衡的国民收入。

投资与利率之间具有反方向依存关系,这就是投资函数。根据产品市场均衡,即投资=储蓄,可以得到一条反映利率和收入相互关系的曲线,即 IS 曲线。当投资、储蓄、政府支出、税收以及进出口发生变化时,IS 曲线就会移动。利率决定于货币需求和货币供给,货币需求按凯恩斯的说法决定于交易、谨慎和投机三大动机,货币供给是既定量,当货币市场均衡时,利率和国民收入之间的关系称为 LM 曲线。当货币供给和价格水平发生变化时,会引起 LM 曲线的变化。IS-LM 曲线交点的利率和收入就是产品市场和货币市场同时达到均衡的利率和收入。IS-LM 曲线的移动会引起均衡的利率和收入的变化。

总需求-总供给模型的论述可以说是到目前为止对全部宏观经济理论作出的总结。这一论述涉及了三个市场和一个总量市场函数,即产品、货币和劳动力市场和一个短期总量市场函数。总需求曲线表示社会需求方面的产量和价格水平之间的关系,这一关系来自假设价格不变的 IS-LM 模型。去掉该模型中的价格不变的假设,即可得到需求方面的产量和价格水平之间的关系。总需求曲线向右下方倾斜。总供给曲线表示社会供给方面的产量与价格水平之间的关系。根据资源是否达到充分利用,将总供给曲线分为三种情况:凯恩斯主义的总供给曲线、短期的总供给曲线和长期的总供给曲线。总需求和总供给曲线的交点决定总产量和价格水平。在短期内,总需求曲线移动比较频繁,它的左右移动会带来产量和价格水平的变化。在长期内,总供给曲线不易移动,但是来向外部的冲击可以使它从充分就业的位置向左移动,从而导致失业和价格上升,即滞涨状态。

第十一章

失业与通货膨胀

📖学习目标

　　了解失业与通货膨胀的影响和治理方法;理解失业与通货膨胀的类型与原因;通过菲利普斯曲线理解失业与通货膨胀之间的关系;能够对现实中的失业与通货膨胀提出初步解决对策。

📖思维导图

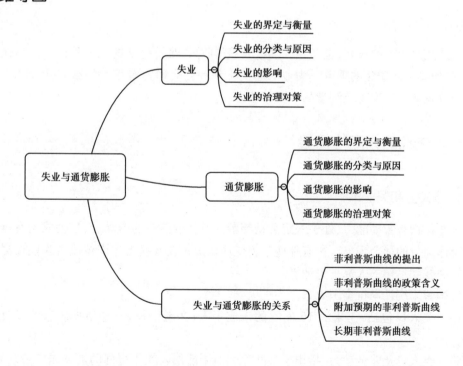

◆案例导入

　　2022年,受俄乌冲突带来的不确定性、疫情导致的供应链中断等因素影响,欧洲多国能源和食品价格飙升,通胀率持续上升。

英国零售联盟发布报告指出,由于食品、服装、燃料和能源价格持续飙升,英国民众正面临一场严重的生活成本危机。报告说,最不富裕家庭承受的压力最为显著,平均每户在2022年的可支配收入将下降19.5%,用于非必需品的支出减少850英镑(约合7 100元人民币)。在普通家庭中,购买生活必需品后剩下的平均可自由支配收入将减少6.5%,即430英镑(约合3 592元人民币)。分析数据显示,英国3月份食品杂货价格通胀率达到5.2%,是自2012年4月以来的最高水平。英国上涨的物价源于劳动力成本、小麦和食用油等基本商品的成本提升,同时还受到英国脱欧、疫情后经济复苏的市场需求以及乌克兰危机等叠加影响。

德国联邦统计局公布的初步统计数据显示,受供应瓶颈、能源价格大幅上涨等因素影响,德国3月通胀率为7.3%。其中,德国3月份能源价格环比上涨39.5%,食品价格环比上涨6.2%。联邦统计局当天在声明中指出,乌克兰危机带来的不确定性和疫情导致的供应链中断都助推了产品价格大幅上涨。作为欧洲最大的经济体,德国的高通胀率也令欧洲央行承压。欧洲央行行长拉加德表示,欧洲将在短期内面临更高的通胀和更低的增长。

思考:1. 造成欧洲本次通货膨胀的原因有哪些?
2. 通货膨胀对经济有什么影响?

第一节　失业

就业是每个人的权利,也是绝大多数人获得收入、维持生活的主要手段。但是在现实生活中,失业是无法避免的现象。失业对居民福利和社会稳定有很大的影响,因此减少失业、实现充分就业成为宏观经济学的主要目标之一。

一、失业的界定与衡量

(一)失业和失业率

失业是指有劳动能力、处于法定劳动年龄并有就业愿望的劳动者,失去或没有得到有报酬的工作岗位的社会现象。所有那些未曾受雇以及正在变换工作岗位或者未能按当时的实际工资率找到工作的人都是失业者。

美国劳工统计局将全国人口分为三大类。

第一类人口包括:①未满16周岁的未成年人;②现役军人;③精神病患者以及劳教人员等。

第二类人口是非劳动力,指出于某些原因而未能加入就业行列的潜在成年劳动者,主要包括:①操持家务者;②在校学习者;③年老退休者;④病残者。

第三类人口是劳动力,主要包括:①就业者,具体又分为工作者和非工作者。工作者是指正在工作岗位的人;非工作者是指在职中的请假、休假以及临时不工作的人。②失业者,具体又分为被解雇者、自愿离职者、再次求职者和初次求职者。被解雇者是指就业者中被工作单位解雇的人员；自愿离职者是指就业人员中自动退出就业行列者，例如要寻找条件更好、待遇更高工作的人员；再次求职者是指被解雇的和自愿离职的再次寻求工作的人员；初次求职者是指刚成年的初次寻求工作的人。[①]

失业一般用失业率来衡量。失业率并不是指失业人数占总人口的比率，而是指失业人数占劳动力人数的比率。

设 N 代表劳动力人数，E 代表就业者人数，U 代表失业者人数，则有：

$$N = E + U$$

$$失业率 = \frac{U}{N}$$

（二）自然失业率

宏观经济学认为，一个经济社会不存在周期性失业，只存在摩擦性失业和结构性失业的就业状态可以视为充分就业。充分就业并不意味着失业率为0，由于摩擦性失业和结构性失业总是存在，经济社会在任何时期总有一定比例的失业人口，此时的失业率就是自然失业率。自然失业率就是指经济处于充分就业时的失业率，或者是劳动市场处于供求均衡稳定状态时的失业率。这里的稳定状态是指既不会造成通货膨胀也不会导致通货紧缩的状态。

假定劳动力人数 N 不变，现在重点考察劳动力在就业与失业之间的转换。设 l 代表离职率，即每个月失去工作的就业者比例；f 代表就职率，即每个月找到工作的失业者比例。如果找到工作的人数等于失去工作的人数，劳动市场就达到供求稳定状态，即

$$U \cdot f = E \cdot l = (N-U) \cdot l$$

$$自然失业率 = \frac{U}{N} = \frac{l}{l+f}$$

上式表明，自然失业率取决于离职率 l 和就职率 f。离职率越高，自然失业率越高；就职率越高，自然失业率越低。

与自然失业率相联系的一个概念是自然就业率，是指充分就业人数占劳动力总数的比率。一个经济社会的自然失业率与自然就业率之和为100%，这意味着自然失业率和自然就业率是一枚硬币的两个方面。

一个经济社会的自然失业率是多少，并没有明确的标准，它会随着人口结构、技术进步、产业升级等因素的变化而变化。不同国家在不同时期，自然失业率有不同的数值范围，各国政府可以依据具体实际情况来确定本国在特定时期是否实现了充分就业。以美国为例，20世纪70年代自然失业率为 $4.5\% \sim 5.5\%$，20世纪80年代自然失业率为 $5.5\% \sim 6.5\%$。

二、失业的分类与原因

失业可以分为自愿性失业和非自愿性失业。自愿性失业是指劳动者要求得到的实际工

---

① 高鸿业. 西方经济学：宏观部分[M]. 8 版. 北京：中国人民大学出版社，2021：16.

资超过了现行市场工资水平或不愿接受现行工作条件而未被雇用造成的失业。这种失业是劳动者的主观原因造成的,无法通过相应的经济政策来消除。非自愿性失业是指劳动者愿意接受现行工作条件和工资水平仍未被雇用而造成的失业。这种失业是由社会客观原因造成的,可以通过相应的经济政策来消除。经济学中的失业是指非自愿性失业。

根据失业的原因,非自愿性失业又分为摩擦性失业、结构性失业、周期性失业三类。

(一)摩擦性失业及其原因

摩擦性失业是指劳动者在正常流动过程中产生的失业,或者是劳动者在寻找工作或转换工作中出现的短暂性的、过渡性的失业。

造成摩擦性失业的原因是多方面的。一是部门转移。现实中,企业和家庭需要的产品类型随着时间而变化,产品需求的变动会引起对生产这些产品的劳动需求的变动。同时,由于不同地区生产不同的产品,可能某个地方的劳动需求在增加,而另一个地方的劳动需求在下降。劳动需求在不同行业和地区之间的构成变动称为部门转移。现实中部门转移总在发生,且劳动者在不同部门之间的流动也不是即刻的,改变部门需要时间,因此造成摩擦性失业。二是工作匹配。在劳动市场上,劳动者想获得令人愉快并且体面的高薪工作,企业想得到能够胜任特定工作且索要工资水平合理的好员工,求职者和空缺职位的信息不对称,工作匹配需要时间,因此造成摩擦性失业。三是劳动者具有不同的偏好与能力,工作也有不同的属性,找到一份合适的工作需要时间和努力,因此自愿或被迫离开工作岗位的劳动者在找到新工作之前,都将会经历一段失业的时间。由此可见,现实中摩擦性失业难以避免,在任何时期都存在。

摩擦性失业人数主要取决于两个因素。一是劳动力的流动性。一段时期内劳动力的流动性越大,摩擦性失业人数就越多。劳动力的流动性主要是由经济结构、社会制度、社会文化和劳动力构成状况决定的,年轻人的流动性相对年老人而言会更高。二是寻找工作的时间。劳动者寻找工作所需要的时间越长,摩擦性失业人数就越多。该时间的长短主要取决于供求双方获取信息的难易程度、寻找工作的成本、承受失业的能力、社会保障制度等因素。供求双方信息越不对称,劳动者寻找工作的时间越长。另外,如果失业者的生活有一定保障或者可以领取失业救济,他们可能会花费更多时间去寻找更满意的工作。

(二)结构性失业及其原因

结构性失业是指劳动力的供给和需求不匹配所造成的失业。其特点是既有失业,又有职位空缺。失业者或者没有合适的技能,或者居住地点不当,因而无法填补现有的职位空缺,往往需要进行技能培训或者地区迁移才能找到工作。因此,结构性失业通常比摩擦性失业持久。

造成结构性失业的原因主要有两方面。一是经济结构的变化。经济发展和技术进步带来产业结构、产品结构、地区结构等发生调整,进而引起劳动力需求结构发生变化,现有劳动者的知识、技能、观念、区域分布等不适应这种变化,就会形成结构性失业。一般来说,年长者调整的速度慢于年轻者,所以在结构性失业人口中,年长者所占比例高于年轻者。二是工资刚性,即工资不能调整到使劳动力供给等于需求的水平。在工资刚性的情况下,劳动者失业并不是因为他们不积极寻找最适合于他们个人技能的工作,而是因为愿意工作的人数与可以得到工作的人数之间存在不匹配,即现行工资水平过高,超过了市场均衡工资,导致劳动供给量超过劳动需求量。

工资刚性的原因有三个:最低工资法、效率工资和工会的垄断力量。

①最低工资法。为了减少贫困和降低收入不平等,一些国家先后颁布了最低工资法案,将最低工资提高到市场均衡工资水平以上,企业对劳动的需求减少,消费者对劳动的供给增加,最终导致市场上劳动供给量超过劳动需求量。

②效率工资。效率工资理论认为,高工资使劳动者的生产效率更高。一是高工资减少了劳动力的更替。在现实中,劳动者辞职有很多原因,如接受了其他企业更好的职位、改变职业或迁移到另一个地方。企业给劳动者支付的工资越高,劳动者留在企业的激励就越大。企业通过支付高工资减少了劳动者辞职的频率,不仅减少了用于雇用和培训新人所花费的时间和金钱,而且保证了企业各项业务工作的连续性。二是高工资提高了劳动者的努力程度。一般来说,企业不可能完全监督其员工的努力程度,员工必须自己决定工作的努力程度。员工可以选择努力工作,也可以选择偷懒以及冒着被发现和被解雇的风险。在这种情况下,企业通过支付高工资减少道德风险问题。工资越高,员工被解雇的代价越大。通过支付高工资,企业可以促使更多的员工不偷懒,从而提高生产效率。削减工资虽然可以减少企业的工资总额,但是会降低劳动者的生产效率和企业利润,因此尽管存在超额劳动供给,企业也不能削减工资。

③工会的垄断力量。在西方国家有大量工会存在,工会对于劳动力市场无疑具有很大的影响力,甚至可以成为劳动供给的垄断者。工会通过集体谈判达成有关一揽子经济和工作制度方面的协议①,如决定什么人做什么工作、如何付酬以及怎样制定工作规章。这种集体协议是一项复杂的工作,劳资双方在"给"和"取"二者之间讨价还价,最终会通过谈判签订长期劳动合同,预先规定企业和员工的未来行为,工资因此会在一个合同生效期固定不变,合同到期后也不一定能得到迅速调整。

(三)周期性失业及其原因

周期性失业是指由于经济衰退中有效需求不足,整体经济产出水平下降引起劳动力需求减少而造成的失业,又称需求不足型失业。周期性失业往往与经济周期波动相一致。在经济复苏和繁荣阶段,总需求增加,生产扩大,就业人数增加;在经济衰退和萧条阶段,消费和投资需求不足,生产缩减,劳动力的需求小于劳动力的供给,企业大量裁员,从而形成周期性失业。并且由于工资刚性,工资水平在劳动力供过于求的情况下也很难下降,这必然导致比较普遍的失业。

一般来说,摩擦性失业和结构性失业与经济运行周期无关,引起的失业人口较少且相对稳定,在经济社会的任何时期都存在,统称为自然失业。而周期性失业引起的失业人口众多,意味着经济形势严峻,通常需要较长时间才能恢复,因此周期性失业是政府最关注的问题之一。

---

① 保罗·萨缪尔森,威廉·诺德豪斯.经济学[M].萧琛,等译.19 版.北京:商务印书馆,2013:236.

(四)失业的经济学解释

失业现象从表面上看就是过多的劳动力去追逐过少的工作岗位。为了更好地理解失业问题,我们用经济学的需求-供给分析框架来对失业现象进行解释。

如图 11-1 所示,横轴表示劳动力数量,纵轴表示劳动力价格,即工资率。曲线 D 为劳动需求曲线,曲线 S 为劳动供给曲线。

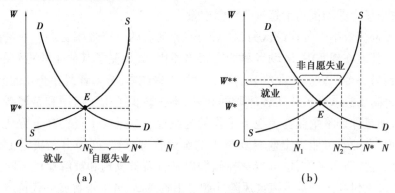

图 11-1　失业的经济学解释

图 11-1(a)为完全竞争的劳动市场,市场均衡点在 E 点,即在 W^* 的均衡工资率上,企业愿意雇用接受这个工资水平的合格劳动者,雇用数量为 N_E。另有数量为 $N^* - N_E$ 的劳动者虽然愿意工作,但是要求较高的工资。这部分劳动者不愿意在现行的市场工资率下工作,所以他们被认为是自愿失业的。在现行工资率下,自愿失业者可能更偏好闲暇或其他活动,而不是工作。相对于较低收入的工作,他们更愿意享受福利和失业保险。

图 11-1(b)是非出清的劳动市场,它用来说明工资刚性怎样导致非自愿失业。例如一次经济波动使劳动市场上的工资率从 W^* 提高到 W^{**}。在过高的工资率下,寻找工作的劳动者的数量大于企业提供的工作职位数量。愿意在工资率 W^{**} 下工作的劳动者数量是 N_2,而企业愿意雇用的劳动者数量则为 N_1,出现劳动力供给过剩,$N_2 - N_1$ 表示非自愿失业的数量。在劳动力供给过剩的情况下,企业雇用劳动者时将会提出更严格的技能要求,只会雇用能力更强、更有经验的劳动者。[①]

三、失业的影响

高失业率不仅是社会问题而且是经济问题。之所以是社会问题,是因为它会使失业人员面对收入减少或损失的困境,个人情绪以及家庭关系、社会关系等也会受到损害;之所以是经济问题,是因为它意味着扔掉那些本可由失业工人生产的商品和服务,是一种资源的浪费。失业主要会带来社会和经济两方面的影响。

(一)失业的社会影响

失业的社会影响虽然难以估计和衡量,但它最易为人们所感受到。首先,失业对个人和

① 高鸿业.西方经济学:宏观部分[M].8 版.北京:中国人民大学出版社,2021:8.

家庭不利。失业导致家庭没有收入或收入受损,家庭的需求得不到满足,生活质量下降,从而威胁着作为社会单位和经济单位的家庭的稳定,家庭关系将因此受到损害。心理学研究表明,失业者在情感上也会遭受沉重打击,失去自尊和自信。其次,失业对社会不利。失业人员因生活窘迫、心理失衡等问题,易从事违法犯罪活动,所以高失业率常常与吸毒、高离婚率、高犯罪率联系在一起,严重影响社会稳定。最后,失业对国家不利。失业不仅使政府财政收入减少,还会增加失业救济等财政支出。

(二)失业的经济影响——奥肯定律

失业的经济影响可以从机会成本的角度来理解。当失业率上升时,经济中本可由失业者生产出来的产品和劳务就损失了。从产出核算的角度看,失业者的收入损失就等于产出的损失。因此,产出的损失是计量周期性失业损失的主要尺度,它表明经济处于非充分就业状态。奥肯定律从定量的角度描述了周期性失业导致的产出损失。

一般来说,经济繁荣高涨时,总产出增加,工作机会较多,就业也会增多,失业率会下降;经济衰退和萧条时,总产出减少,工作机会较少,就业也会减少,失业率会上升。基于经济周期中失业率变化与产出变化之间的关系,20 世纪 60 年代,美国经济学家阿瑟·奥肯根据美国的经济统计数据提出了奥肯定律:失业率每高于自然失业率 1 个百分点,实际 GDP 将低于潜在 GDP 2 个百分点。或者说,相对于潜在 GDP,实际 GDP 每下降 2 个百分点,实际失业率就会相对于自然失业率上升 1 个百分点。其计算公式如下:

$$\frac{y-y_{\mathrm{f}}}{y_{\mathrm{f}}} = -\alpha(u-u^{*})$$

式中,y 为实际产出;y_{f} 为潜在产出;u 为实际失业率;u^{*} 为自然失业率;α 为大于零的参数。

奥肯定律描述了失业率与 GDP 增长率之间反方向变动的关系。根据奥肯定律,可以通过失业率的变动来预测 GDP 的变动,也可以通过 GDP 的变动来预测失业率的变动。假定经济社会的自然失业率为 4%,如果实际失业率为 6%,比自然失业率高 2 个百分点,则实际 GDP 将比潜在 GDP 低 4 个百分点。GDP 偏离其潜在值的百分比被称为 GDP 缺口。

由此可见,失业意味着生产要素未得到充分利用,失业率的上升会伴随着实际 GDP 的下降。如果政府想要防止失业率上升,那么实际 GDP 必须保持与潜在 GDP 同样的增长速度。如果政府想要让失业率下降,那么实际 GDP 的增长速度必须快于潜在 GDP 的增长速度。

奥肯定律曾经比较准确地预测了美国的失业率。1979—1982 年,美国经济经历了滞胀时期,实际 GDP 没有增长,而潜在 GDP 每年增长 3%,三年共增长 9%,根据奥肯定律推测失业率会上升 4.5%。而美国官方 1979 年公布的失业率为 5.8%,1982 年公布的失业率为 9.7%,三年间实际失业率上升 3.9%,与预测相当接近。

需要注意的是,奥肯定律提出的经济增长与失业率之间的具体数量关系只是对特定时期的美国经济所做的描述,对美国其他时期以及其他国家的经济运行未必完全适用。因此,奥肯定律的主要意义在于揭示经济增长与失业率之间的反方向变动关系,而不在于其具体数值。

◆名人有约

阿瑟·奥肯(1928—1980),美国经济学家。1956 年获哥伦比亚大学经济学博士学位后任教于耶鲁大学,1961 年开始历任肯尼迪总统经济顾问委员会成员,1968 年被任命为肯尼迪总统经济顾问委员会主席。他倾向于凯恩斯主义,长期致力于宏观经济理论及经济预测的研究,并从事政策的制定及分析。他在理论上的主要贡献是分析了失业与产出的替换关系,提出了"奥肯定律"。

四、失业的治理对策

(一)控制自然失业率

当经济社会不存在周期性失业,只剩下摩擦性失业与结构性失业时,就实现了充分就业。自然失业率就是指经济处于充分就业时的失业率,即摩擦性失业人数与结构性失业人数的总和占劳动力人数的比率。

自然失业率不仅受到客观经济条件的影响,还受到许多制度性因素(失业救济制度)和政策性(最低工资法)因素的影响,因此政府可以通过一定措施来降低自然失业率,促进 GDP 增长。

降低自然失业率需要针对自然失业的不同情况来采取不同的策略。对于摩擦性失业,政府可以采取以下措施:一是完善劳动力市场,全方位提供就业服务,建立多层次、多种类的就业服务机构,预测并发布劳动力供求信息,举办各种招聘会,开展就业指导,帮助劳动者就业;二是通过多种渠道及时提供劳动力供求信息,促进信息公开化,加速劳动力的流动;三是反对就业歧视,针对弱势群体出台就业扶持政策,对吸纳弱势群体就业的企业给予税收等方面的优惠;四是调整最低工资政策,降低最低工资指导线,以增加劳动需求,减少失业;五是调整失业保险制度,失业保险金给付标准不宜过高,给付时间不宜过长,否则会延长失业者寻找工作的时间。

对于结构性失业,政府可以采取以下措施:一是加强职业技能培训,大力发展职业技术教育,开展职前培训、在职培训、转岗培训等,提高劳动者的就业能力;二是降低培训成本,对职业技能培训实行免费或优惠政策;三是鼓励创业,对创业者提供资金支持或税收减免政策。

(二)减少周期性失业

周期性失业主要是经济衰退中的有效需求不足引起的,政府一般采取扩张性财政政策和货币政策来刺激总需求,进而减少周期性失业。当经济萧条、周期性失业增加时,可以通过增加政府采购和政府转移支付、兴办基础设施和公共工程、降低税率减少税收、扩大货币供应量降低利率等手段刺激消费和投资,最终增加总需求,带动 GDP 增长和就业增加。

第二节 通货膨胀

通货膨胀也是当代经济生活的主要问题之一,无论是发达国家,还是发展中国家或新兴国家,都会经常受到通货膨胀的困扰。和失业一样,通货膨胀是经济运行状况的主要指示器。通货膨胀不仅影响经济增长,也影响普通大众的日常生活。因此,通货膨胀成为政府和民众普遍关心的问题。

一、通货膨胀的界定与衡量

通货膨胀是指经济社会中的大多数产品和劳务的价格在一段时间内普遍、持续上涨的现象。首先,普遍上涨不是指某一种或某几种产品或劳务的价格上涨,而是指大部分产品和劳务的价格上涨;其次,持续上涨不是指季节性、偶然性或暂时性上涨,而是指一段时间内不断地、持续地上涨。

描述通货膨胀的主要工具是通货膨胀率,通货膨胀率一般用价格指数来表示。

价格指数是指所有产品和劳务交易价格总额的加权平均数,又称为物价总水平或一般物价水平。现实经济中,人们购买各种商品时有的购买量大,有的购买量小;各种商品价格有的贵,有的便宜;一些商品价格在上涨,另一些商品价格却可能在下降,各种商品价格涨跌幅度也不尽相同。基于这些复杂情况,价格指数应当考虑不同商品交易量在计算中的不同权重,计算所有商品价格总额的加权平均数值。

现实经济中有成千上万种不同商品的价格,为了简化分析,一般选取一些主要的商品和劳务组成一个市场篮子,市场篮子既划定了商品和劳务的种类,又明确了每种商品和劳务的数量。通过计算市场篮子中各种商品价格总额的加权平均数来表示价格指数。

假定经济中一个特定的市场篮子由 A、B、C 三种商品组成,其中 A 为 3 个,B 为 2 个,C 为 6 个。给定这三种商品的基期价格和现期价格,见表 11-1。

表 11-1　一个特定的市场篮子

商品种类	商品数量	基期价格(元)	现期价格(元)
A	3	2	5
B	2	3	6
C	6	4	7

该市场篮子的价格指数可表示为:

$$价格指数 = \frac{按现期价格计算的市场篮子总额}{按基期价格计算的市场篮子总额} \times 100\% = \frac{5\times3+6\times2+7\times6}{2\times3+3\times2+4\times6} \times 100\% = 191.7\%$$

假定基期物价总水平为 1,则该市场篮子现期物价总水平比基期物价总水平上涨了 191.7% − 1 = 91.7%,这就意味着从基期到现期的通货膨胀率为 91.7%。

通货膨胀率就是指物价总水平从一个时期到另一个时期变动的百分比,用公式表示为:

$$\pi_t = \frac{P_t - P_{t-1}}{P_{t-1}} \times 100\%$$

式中,π_t 表示 t 时期的通货膨胀率;P_t 表示 t 时期的物价总水平;P_{t-1} 表示 $t-1$ 时期的物价总水平。

衡量通货膨胀率的价格指数按照覆盖产品和劳务的范围不同一般有三种。

①GDP 折算指数:是指名义 GDP 与实际 GDP 的比率。由于 GDP 的计算对象包括全部最终产品和劳务,因而 GDP 折算指数能够全面反映一般物价水平。

②消费价格指数(CPI):是指通过计算城市居民日常消费的一个市场篮子的生活用品和劳务的价格水平变动而得到的指数。主要反映居民购买的生活消费品和服务的一般价格水平。计算 CPI 时一般挑选对居民生活影响较大的一组商品和劳务组成一个固定的市场篮子,所以 CPI 只能大致反映居民生活成本的变化,不能全面精确反映。

③生产者价格指数(PPI):是指通过计算生产者在生产过程所有阶段所获得产品(包括制成品和原材料)的价格水平变动而得到的指数。主要反映工业企业产品的一般价格水平。

GDP 折算指数与 CPI 有一定区别:首先,GDP 折算指数反映所有最终产品和劳务的一般价格水平,CPI 主要反映消费品的一般价格水平;其次,GDP 折算指数只包括国内生产产品的价格,不包括进口产品的价格,而 CPI 包括进口消费品的价格;最后,CPI 在不同时期给市场篮子的各种产品价格分配固定权重,以便进行对比分析,GDP 折算指数给各种产品价格分配的权重在不同时期根据实际情况会有所变动。

由此可见,价格指数按照商品权重不同又可分为两种。

①固定权重价格指数:是指不同时期使用一篮子固定权重的商品价格进行加权平均计算得到的指数。固定权重意味着这一篮子商品的权重在不同时期(基期和现期)都是不变的,这样便于进行对比分析,但是不能反映商品结构的变化。其计算公式为:

$$FPI = \frac{一篮子固定商品按当期价格计算的价值}{一篮子固定商品按基期价格计算的价值}$$

CPI 就是一种固定权重价格指数。

②可变权重价格指数:是指不同时期使用不同权重的商品价格进行加权平均计算得到的指数。可变权重意味着不同时期可以根据实际情况来变动商品的权重,这样能够反映商品结构的变化。其计算公式为:

$$VPI = \frac{当期产出按当期价格计算的价值}{当期产出按基期价格计算的价值}$$

GDP 折算指数就是一种可变权重价格指数。

此外,价格指数按照计算时期不同也可分为两种。

①基期加权价格指数:是以基期数量计算的加权价格指数,又称为拉氏价格指数或者拉斯拜尔公式,因为这种指数是德国人拉斯拜尔在 1864 年提出的。其计算公式为:

$$L_P = \frac{\sum P_1 Q_0}{\sum P_0 Q_0} \times 100$$

式中,L_P 表示拉氏价格指数;Q_0 表示基期的数量;P_0 和 P_1 分别表示基期和现期的价格。拉氏价格指数会夸大价格上升的影响。CPI就是一种拉氏价格指数。

②计算期加权价格指数:是以现期数量计算的加权价格指数,又称为帕氏价格指数或者帕煦公式,因为它是德国人帕煦在1874年提出的。其计算公式为:

$$P_P = \frac{\sum P_1 Q_1}{\sum P_0 Q_1} \times 100$$

式中,P_P表示帕氏价格指数;Q_1表示现期的数量;P_0和P_1分别表示基期和现期的价格。帕氏价格指数会低估价格上升的影响。GDP折算指数就是一种帕氏价格指数。

二、通货膨胀的分类与原因

从不同的角度考察通货膨胀,会有不同的分类。

(一)按照物价上涨的程度划分

按照物价上涨的程度,通货膨胀可以分为三种。

①温和的通货膨胀,即年通货膨胀率在10%以内。一些经济学家认为,温和的通货膨胀虽然使物价水平有所上升,但能增加社会总需求,对收入和就业的增长有适当的刺激作用,因此对经济社会的发展是有利的。目前,许多国家都存在这种温和的通货膨胀。

②奔腾的通货膨胀,即年通货膨胀率在10%~100%。发生这种通货膨胀时,物价上涨幅度大,货币流通速度加快,货币购买力急剧下降,人们对货币的信心动摇,更愿意大量囤积物品而不愿意持有货币,金融市场陷于瘫痪,经济运行秩序受损,经济社会产生动荡。

③恶性的通货膨胀,又称为超级通货膨胀,即年通货膨胀率在100%以上。发生这种通货膨胀时,价格持续猛涨,货币购买力猛降,人们对货币完全失去信任,金融体系完全崩溃,出现严重经济危机,甚至还会引起社会动乱或政权更迭。恶性通货膨胀通常发生于战争期间或社会大动乱之后,例如第一次世界大战后德国曾经历过每个月通货膨胀率达到332%的情况,苏联解体后,俄罗斯的物价在5年内上涨了大约1000倍。近几年,委内瑞拉的恶性通胀难消,其2015年的通货膨胀率达到181%,2016年为800%,2017年达到4000%,2018年达到约1700000%。

(二)按照人们对通货膨胀的预期程度划分

按照人们的预期程度,通货膨胀可以分为两种。

1. 预期的通货膨胀

当物价水平每年按一定速度上升时,人们便会预计未来物价水平将以大约同等速度继续上升,人们进行日常经济活动时就会把这个通货膨胀率考虑在内。例如企业在商品出售时考虑通货膨胀因素会预先提高售价,工会进行工资谈判时考虑通货膨胀因素会预先要求给劳动者增加工资等。预期的通货膨胀具有自我维持的特点,像物理学上运动中物体的惯性一样,会年复一年地持续下去,因此又称为惯性的通货膨胀。预期的通货膨胀一般不会对经济造成实质损害,因为经济主体已经提前采取了相应措施,从而抵消其消极影响。

2. 非预期的通货膨胀

非预期的通货膨胀即物价上涨发生得比较突然,超出人们的预料。例如俄乌冲突导致国际原油价格突然上涨,继而引起国内汽油价格大幅上升。非预期的通货膨胀没有被经济主体提前预见,一般会对经济产生实质性的影响。

(三)按照通货膨胀的形成原因划分

按照通货膨胀的形成原因,通货膨胀可以分为五种。

1. 需求拉动型通货膨胀

需求拉动型通货膨胀,又称为超额需求通货膨胀,是指总需求超过总供给所引起的一般价格水平的持续上涨,即过多的货币追逐过少的商品。

如图 11-2 所示,图中横轴表示总产出(国民收入),纵轴表示一般价格水平。总供给曲线 AS 起初呈水平状,总产出较低,经济社会中有大量闲置资源,此时总需求的增加不会引起价格水平的上涨,只会引起总产出的增加。当总产出达到 y_1 时,经济社会中的资源接近充分利用,此时继续增加总需求,就会遇到生产过程中的瓶颈现象,即由于劳动、原材料、生产设备等要素不足而使成本提高,引起价格水平的上涨,总产出也在增加,这称为半通货膨胀。当总产出达到充分就业的产量 y_f 时,经济社会的资源达到完全充分利用,此时继续增加总需求只会引起价格水平的上涨,总产出不会再增加,这称为完全通货膨胀,凯恩斯称之为"真正的通货膨胀"。无论总需求的过度增长是来自消费需求、投资需求、政府需求或国外需求,都会导致需求拉动型通货膨胀。

2. 成本推动型通货膨胀

成本推动型通货膨胀又称供给通货膨胀,是指在总需求不变的情况下供给成本提高所引起的一般价格水平的持续上涨。

成本提高会导致总供给减少,总供给曲线向左上方平移。如图 11-3 所示,在总需求不变的情况下,只有总供给发生变化。当总供给曲线为 AS_1 时,它与总需求曲线 AD 的交点 E_1 决定的总产出为 y_1,价格水平为 P_1。当总供给曲线由于成本提高而向左平移到 AS_2 时,总产出下降至 y_2,价格水平上升至 P_2。当总供给曲线由于成本进一步提高而向左平移到 AS_3 时,总产出进一步下降至 y_3,价格水平进一步上涨至 P_3。

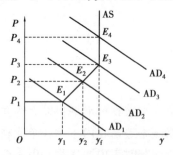

图 11-2　需求拉动型通货膨胀

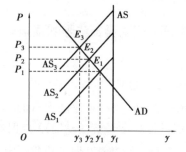

图 11-3　成本推动型通货膨胀

成本推动型通货膨胀主要是由工资、利润、原材料成本的提高造成的。

工资推动的通货膨胀是由不完全竞争的劳动力市场导致的过高工资所引起的。在完全竞争的劳动力市场上,工资率完全取决于劳动力的供求,此时工资的提高不会引发通货膨胀。而在不完全竞争的劳动力市场上,工会组织利用其垄断地位要求厂商提高工资,厂商迫于压力提高工资后,会将提高的工资计入产品成本,成本增加导致产品和劳务的价格提高。工资的增加一般从个别部门开始,但由于各部门之间的工资存在攀比效应,个别部门工资的增加往往会导致整个社会的工资水平上升,从而引起普遍性的物价上涨。这种通货膨胀一旦形成,还会形成工资—物价螺旋式上升运动,即工资提高引起物价上涨,物价上涨又引起工资提高,这样,工资与物价不断互相推动,加重通货膨胀的程度。

利润推动的通货膨胀是由于垄断企业和寡头企业利用市场势力谋取过高利润所引起的。在完全竞争的产品市场上,产品价格完全取决于市场供求,任何企业都不能通过控制产量来改变市场价格。而在不完全竞争的产品市场上,垄断企业和寡头企业为了获取更大的利润,可以减少产量,提高产品价格,致使价格上涨的速度超过成本增长的速度。

原材料成本推动的通货膨胀是由于厂商生产中所需的原材料价格上升所引起的。在现代经济中,某些能源或关键原材料供给不足会导致其价格上升,引起厂商生产成本增加,继而推动产品和劳务价格上升。

3. 供求混合型通货膨胀

由需求拉动和成本推动共同作用引起的通货膨胀称为供求混合型通货膨胀。现实经济中,通货膨胀通常是总需求与总供给共同作用的结果,二者互为因果。如果通货膨胀由需求拉动开始,需求的过度增长必然导致物价上升,继而推动工资上涨,工资上涨又会引起物价进一步上升。如果通货膨胀由成本推动开始,工资、利润的增加不仅导致物价上升,还会导致人们收入增加,继而带动消费增加,总需求增加会导致物价进一步上升。在大多数情况下,通货膨胀具有一种惯性,无论引起的原因如何,只要通货膨胀开始,需求拉动和成本推动就会交替发挥作用,使通货膨胀有不断持续下去的趋势。

4. 结构性通货膨胀

在总需求与总供给均衡的情况下,经济结构的变动也会引起一般价格水平的持续上涨,这称为结构性通货膨胀。

经济结构是指经济体系中各部门的比例关系。在一国的经济体系中,各部门发展不平衡,生产率也存在差异。例如一些部门发展迅速,一些部门日渐衰落;一些部门生产率增长快,一些部门生产率增长慢;一些部门与世界市场联系密切,一些部门与世界市场没有什么联系。那些发展迅速、生产率增长快或与世界市场联系密切的部门,工资增长相应较快。而那些日渐衰落、生产率增长慢或与世界市场没什么联系的部门,工资增长相应较慢,但是这些部门觉得不公平,在工资水平上要求向那些发展迅速、生产率增长快或与世界市场联系密切的部门看齐,这种攀比效应导致全社会工资增长率超过生产率的增长率,因而引发通货膨胀。

假定 A、B 为生产率增长速度不同的两个部门。A 部门的生产增长率 $\left(\dfrac{\Delta y}{y}\right)_A$ 为 4%,工资增长率 $\left(\dfrac{\Delta W}{W}\right)_A$ 也为 4%,这时全社会的一般价格水平不会因 A 部门工资的增长而上涨。B 部门的生产增长率 $\left(\dfrac{\Delta y}{y}\right)_B$ 只有 1%,但是工资增长率 $\left(\dfrac{\Delta W}{W}\right)_B$ 向 A 部门看齐达到 4%,这就使全社会的工资增长率超过生产增长率。

全社会的工资增长率为:

$$\frac{\Delta W}{W} = \left[\left(\frac{\Delta W}{W} \right)_A + \left(\frac{\Delta W}{W} \right)_B \right] \div 2 = 4\%$$

全社会的生产增长率为:

$$\frac{\Delta y}{y} = \left[\left(\frac{\Delta y}{y} \right)_A + \left(\frac{\Delta y}{y} \right)_B \right] \div 2 = (4\% + 1\%) \div 2 = 2.5\%$$

$$通货膨胀率 = 货币工资增长率 - 生产增长率 = 1.5\%$$

5. 货币型通货膨胀

货币型通货膨胀是指信用货币制度下货币供给过度增长导致流通中的货币数量超过经济需要所引起的一般价格水平的持续上涨。这种观点是以货币数量论为理论基础。

根据货币数量论,货币供给量乘以货币流通速度应该等于一个社会产品和劳务的总量乘以平均物价,用公式表示为:

$$mv = py$$

式中,m 为货币供给量;v 为货币流通速度;p 为价格水平;y 为实际产出;mv 反映的是经济中的总支出;py 反映的是名义收入水平。由于经济中对产品与劳务支出的货币总额就是产品与劳务的总销售价值,因而方程的两边相等。

由上述方程可以得到:

$$p = \frac{mv}{y}$$

由此可见,价格水平与货币供应量及货币流通速度成正比,与实际产出成反比,即货币供应量越大,货币流通速度越快,通货膨胀的机会越大。

现在对公式 $mv = py$ 两边都取自然对数,有:

$$\because mv = py$$

$$\therefore \ln m + \ln v = \ln p + \ln y$$

则

$$\frac{dm}{dt} \cdot \frac{1}{m} + \frac{dv}{dt} \cdot \frac{1}{v} = \frac{dp}{dt} \cdot \frac{1}{p} + \frac{dy}{dt} \cdot \frac{1}{y}$$

$$\frac{\dot{m}}{m} + \frac{\dot{v}}{v} = \frac{\dot{p}}{p} + \frac{\dot{y}}{y}$$

$$\frac{\dot{p}}{p} = \frac{\dot{m}}{m} + \frac{\dot{v}}{v} - \frac{\dot{y}}{y}$$

$$\therefore \pi = \hat{m} + \hat{v} - \hat{y}$$

式中,π 为通货膨胀率;$\hat{m}$ 为货币增长率;$\hat{v}$ 为货币流通速度变化率;$\hat{y}$ 为产出增长率,即

$$通货膨胀率 = 货币增长率 + 货币流通速度变化率 - 产出增长率$$

一般来说,在长期内,实际产出是基本不变的,货币流通速度也是基本不变的,那么就有通货膨胀率 = 货币增长率,即货币增长率的变化会直接导致通货膨胀率的变化。大部分情况下,通货膨胀都可以归结为钱印多了,货币供给增加是通货膨胀的基本原因。

现实经济中,通货膨胀通常不是由以上某一种原因引起的,往往是由几种原因共同引起的,这需要根据不同的实际情况进行具体分析。

三、通货膨胀的影响

通货膨胀对收入和财富的分配、产出、就业、资源配置效率等方面都会造成影响。

（一）通货膨胀的再分配效应

通货膨胀意味着人们手中持有的货币的购买力下降，从而影响不同经济主体的实际收入和财富。

1. 通货膨胀不利于货币持有者

在物价上涨的情况下，土地、房屋等实物资本的实际价值基本保持不变，持有者没有损失；而货币的购买力下降，持有者受损，特别是对于固定货币收入阶层来说，其实际收入会减少。例如，工薪阶层、公务员以及依靠保险金、救济金等维持生活的群体，比较容易受到通货膨胀的冲击。

2. 通货膨胀不利于储蓄者

随着物价上涨，存款的购买力下降，那些将钱存储在银行的人会遭受损失，因而人们会及时消费或投资。

3. 通货膨胀不利于债权人

如果借贷双方在借贷时没有考虑通货膨胀的影响，以固定利率发生借贷关系，一旦通货膨胀发生，实际利率＝名义利率－通货膨胀率，债务人因为所付的实际利息减少而受益，债权人则受损。例如 A 向 B 借款 10 万元，年利率为 10％，约定一年后归还。假定这一年内通货膨胀率为 5％，那么实际利率为 10％－5％＝5％，即一年后 A 付给 B 的利息 1 万元由于通货膨胀只相当于以前的 5 000 元。

4. 通货膨胀不利于雇员

在不可预期的通货膨胀下，由于名义工资增长率不能及时根据通货膨胀率来调整，实际工资率下降，雇主因为付出的实际工资减少而导致利润增加，雇员利益受损。所以人们经常感叹"物价涨了，工资不涨"。

5. 通货膨胀不利于纳税人

在通货膨胀期间，一些人的名义收入增加了，在累进税制下，一些本来缴税的人进入更高的纳税级别，需要缴纳更多的税；一些本来不缴税的人现在需要缴税了，意味着更多的人缴税。因此，政府的税收会增加。

此外，在现代经济中，政府一般把发行公债作为筹集资金和调控经济的手段，在通货膨胀的情况下，政府作为债务人所需要负担的实际利息减少了。

近些年，有经济学家提出了通货膨胀税的概念，即当政府通过发行货币来筹集资金时，物价上涨，人们所持有的货币贬值，就好像政府向每个持有货币的人征税，但没有人从政府那里收到税单。因此，通货膨胀税具有很强的隐蔽性。

研究表明，第二次世界大战以来，西方国家的政府通过通货膨胀从居民手中获得了大量再分配带来的财富。

(二)通货膨胀的产出效应

1. 温和的需求拉动型通货膨胀会导致产出增加

当一个经济体系尚存在闲置资源时,温和的通货膨胀会刺激人们的消费欲望,增加消费需求,而且通货膨胀降低了实际工资,增加了厂商利润。在需求和利润的激励下,厂商将增加投资,雇用更多工人,扩大生产规模,总产出和就业增加,失业减少。

2. 成本推动型通货膨胀会导致产出下降

假定在总需求水平下,经济体系已实现了充分就业,此时如果发生成本推动型通货膨胀,原来的总需求所能购买到的实际产品的数量将会减少,即当成本推动着价格上升时,既定的总需求只能对应一个更小的产出水平,总产出和就业减少,失业增加。

◆生活中的实例

20世纪70年代,石油输出国组织OPEC协商一致减少石油供给,使世界石油价格几乎翻了一番,这引发西方国家普遍出现了"滞胀"现象。当时的石油支出约占美国GDP的10%,1973—1975年间石油价格上涨引起美国的物价水平迅速上升,同时失业率从4.9%上升至8.5%,见表11-2。

表 11-2　1973—1977 年美国的统计数据

年份	石油价格变动率	CPI	失业率
1973	11.0%	6.2%	4.9%
1974	68.0%	11.0%	5.6%
1975	16.0%	9.1%	8.5%
1976	3.3%	5.8%	7.7%
1977	8.1%	6.5%	7.1%

3. 严重的通货膨胀会导致产出下降

当发生严重通货膨胀时,会产生三个方面的影响。其一,物价水平持续上升会使人们产生通货膨胀预期,即预计物价水平会进一步上升,这种预期会让人们增加当前消费,减少储蓄和投资。其二,物价水平持续上升会增加人们的生活费用,实际收入水平下降,劳动者会要求提高工资,厂商成本增加,生产规模缩小。其三,物价水平持续上升会导致银行紧缩银根,厂商因难以得到贷款而被迫收缩生产规模。这三个方面都会导致总产出和就业减少,失业增加。当出现恶性通货膨胀时,人们对货币完全失去信心,几乎没有人再愿意从事正常的投资和生产活动,更多人通过各种投机活动来让自己的财富保值增值,经济体系可能陷入崩溃,出现严重经济危机。

总之,通货膨胀有利有弊。从第二次世界大战后西方各国的实际情况来看,通货膨胀弊大于利。

四、通货膨胀的治理对策

严重的通货膨胀不利于经济发展和社会稳定,治理通货膨胀、稳定物价是各国政府面临的重要任务。针对不同原因引起的通货膨胀,相应的治理对策也不同。

(一)控制货币供应量

一般来说,货币供应量过多是引发通货膨胀最直接的因素。因此,控制货币供应量,使货币供应量与实际需求相符合,是抑制通货膨胀的有效手段。控制货币供应量主要依靠紧缩的货币政策来实现,例如控制货币发行量、提高法定存款准备金率和再贴现率、中央银行在公开市场出售公债等。

(二)抑制社会总需求

对于需求拉动型通货膨胀,需要抑制社会总需求,这一般通过紧缩的财政政策和货币政策来实现。在财政政策方面,通过减少政府对商品和劳务的支出来抑制政府购买需求;通过减少政府转移支付来降低社会福利费用,减少居民可支配收入,抑制居民消费需求;通过增加税收来抑制企业投资需求和居民消费需求。在货币政策方面,通过减少货币供应量、紧缩信贷、提高利率来抑制企业投资需求和居民消费需求。

(三)增加社会总供给

增加社会总供给也是治理通货膨胀的有效对策。其一,采取扩张的财政政策和货币政策,例如减税、给予财政补贴、降低利率等,可以增加厂商利润,刺激厂商扩大生产,增加总供给。其二,鼓励技术创新,厂商通过技术创新来提高资源利用率,降低生产成本,从而扩大生产。其三,减少或取消政府对某些行业的管制,鼓励竞争,可以促进私人投资,增加总供给。

(四)限制工资过快增长

对于成本推动型通货膨胀或者结构性通货膨胀,政府可以制定一些收入分配政策来限制货币工资过快增长,从而抑制物价上涨。具体手段包括出台工资增长管制措施或工资-价格指导管理政策,建立工资协商机制以实现合理的工资-价格增长。

第三节　失业与通货膨胀的关系

失业与通货膨胀一直是短期宏观经济运行中的两个主要问题,也是困扰各国政府的重大问题,实现充分就业和保持物价稳定一直是各国政府追求的目标。那么失业与通货膨胀之间存在什么关系呢? 这需要用菲利普斯曲线来分析。

一、菲利普斯曲线的提出

1958 年,在英国任教的新西兰经济学家威廉·菲利普斯发表了一篇论文《1861—1957 年英国失业与货币工资变动率之间的关系》,提出了一条反映失业率与货币工资变动率之间替换关系的曲线。

如图 11-4 所示,菲利普斯根据英国 1861—1957 年的统计数据标出了很多点,他把这些点串联起来,形成了一个向右下方倾斜的曲线,即失业率与货币工资变动率呈反方向变动。如果一个社会的货币工资增长率较高,人们就愿意出来工作,失业率就比较低;如果货币工资增长率较低,人们就更愿意停下来寻找更好的工作机会,失业率就比较高。

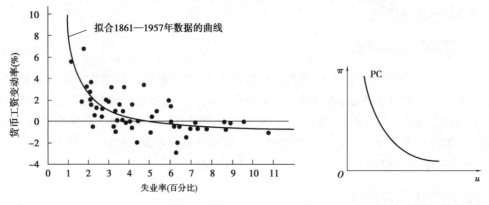

图 11-4　原始的菲利普斯曲线　　　　图 11-5　简单的菲利普斯曲线

以萨缪尔森为代表的新古典综合派认为,在工资和利润比例不变的情况下,通货膨胀率与货币工资增长率、劳动生产增长率之间存在如下关系:

通货膨胀率＝货币工资增长率－劳动生产增长率

根据这一等式,若劳动生产增长率为零,则通货膨胀率就与货币工资增长率一致。于是,萨缪尔森和索洛于 1960 年用通货膨胀率替换了货币工资变动率,把菲利普斯曲线改造为表示失业率与通货膨胀率之间的替代关系。如图 11-5 所示,横轴代表失业率 u,纵轴代表通货膨胀率 π,向右下方倾斜的曲线 PC 即为改造的菲利普斯曲线。它意味着通货膨胀率较高时,失业率较低;通货膨胀率较低时,失业率较高。

假定 u 为实际失业率,u^* 为自然失业率,则简单的菲利普斯曲线方程可以表示为:

$$\pi = -\alpha(u - u^*)$$

式中,参数 α 衡量价格对于失业率变动的反应程度。例如 $\alpha = 2$ 时,意味着实际失业率相对于自然失业率每增加 1 个百分点,通货膨胀率就下降 2 个百分点。当失业率超过自然失业率时,价格水平就下降;当失业率低于自然失业率时,价格水平就上升。

二、菲利普斯曲线的政策含义

失业率与通货膨胀率之间的替代关系让决策者进退两难:为降低通货膨胀率,必须接受一个较高的失业率;为降低失业率,又必须接受一个较高的通货膨胀率。如何在菲利普斯曲线上选择一个合适的失业率与通货膨胀率的组合点,取决于决策者对失业与通货膨胀利弊的权衡取舍。

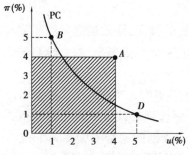

图 11-6　菲利普斯曲线与政策运用

如图 11-6 所示,假定一个经济社会的安全临界点为 A,即失业率与通货膨胀率都为 4% 是可以容忍的。图中阴影部分是由 A 点确定的一个失业率与通货膨胀率的组合区域,称为安全区域。如果实际的失业率与通货膨胀率的组合在该安全区域内,决策者就不用采取任何调节措施;如果实际的失业率与通货膨胀率的组合在该安全区域之外,决策者可以沿着菲利普斯曲线采取相应的调节措施,使失业率与通货膨胀率的组合回到安全区域以内。

如果实际通货膨胀率达到 5%,失业率为 1%,即图 11-6 中的 B 点,根据菲利普斯曲线,此时决策者可以采取紧缩的财政政策和货币政策,以提高失业率为代价将通货膨胀率降到 4% 以下可容忍的范围内。

如果失业率达到 5%,通货膨胀率为 1%,即图 11-6 中的 D 点,根据菲利普斯曲线,此时决策者可以采取扩张的财政政策和货币政策,以提高通货膨胀率为代价将失业率降到 4% 以下可容忍的范围内。

三、附加预期的菲利普斯曲线

1968 年,货币主义的代表人物弗里德曼认为菲利普斯曲线分析存在一个严重缺陷,即其忽略了劳动者对通货膨胀的预期这一影响工资变动的一个重要因素。弗里德曼认为,企业和工人考虑工资时会考虑通货膨胀的影响,其关注的并不是名义工资,而是实际工资。当劳资双方谈判新工资协议时,他们都会对新协议期的通货膨胀有一个预期,并根据预期的通货膨胀率相应地调整名义工资。人们预期的通货膨胀率越高,名义工资增加得越快。由此,弗里德曼等人提出了短期菲利普斯曲线的概念。这个"短期"是指从预期到需要根据通货膨胀做出调整的时间间隔。短期菲利普斯曲线反映的是预期通货膨胀率保持不变时通货膨胀率与失业率之间的关系。

加上预期的通货膨胀率,菲利普斯曲线方程可以改写为:

$$\pi - \pi^e = -\alpha(u - u^*)$$

式中,π^e 表示预期通货膨胀率。

当实际通货膨胀率等于预期通货膨胀率时,实际失业率等于自然失业率,即失业处于自然失业率水平,那么附加预期的菲利普斯曲线在预期通货膨胀水平上与自然失业率相交,如图 11-7 所示。这意味着,经济的通货膨胀既不加速也不减速时的失业率即为自然失业率。

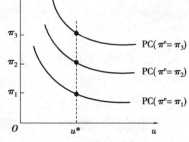

图 11-7　附加预期的菲利普斯曲线

四、长期菲利普斯曲线

在长期中,劳动者将会根据实际发生的情况不断调整自己的预期,使预期通货膨胀率与实际通货膨胀率相符,这时劳动者就会要求调整名义工资以使实际工资不变,那么较高的通货膨胀率就不会起到减少失业的作用。

如图 11-8 所示,假定经济处于自然失业率为 u^*、通货膨胀率为 3% 的 A 点。短期内政府采取扩张性财政政策或货币政策使失业率降到 u_1,但是扩张性财政政策或货币政策也会导致总需求增加,使通货膨胀率上升到 6%。在 A 点处劳动者预期的通货膨胀率为 3%,低于实际的通货膨胀率 6%,这会使实际工资下降,从而增加生产和就业,失业率减少至 u_1。

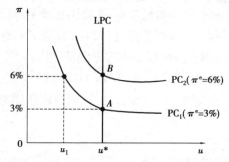

图 11-8　短期和长期菲利普斯曲线

但是经过一段时间后,劳动者发现了实际通货膨胀率高于预期通货膨胀率,实际工资下降,他们便要求提高货币工资。与此同时,劳动者将预期通货膨胀率从原来的 3% 调整到现在的 6%,经过调整之后,实际工资回到了原有的水平,相应地生产和就业也回到了原有的水平,失业率又回到原来的 u^*,与之前相比,经济此时已处于较高通货膨胀率预期的 B 点。

以上过程不断重复进行。在短期,由于劳动者不能及时改变预期,存在着失业率与通货膨胀率之间的替换关系,表现为短期菲利普斯曲线 PC_1、PC_2 上点的滑动;在长期,劳动者预期通货膨胀率不断上升,最终与实际通货膨胀率相符,这导致短期菲利普斯曲线也不断上升,经过调整之后,生产和就业不会增加,失业率也不会下降,从而在自然失业率处形成了一条垂直的长期菲利普斯曲线 LPC。垂直的长期菲利普斯曲线表明,长期中不存在失业率与通货膨胀率之间的替换关系,无论通货膨胀率是多少,失业率都是一个比较固定的常数(u^*)。

长期菲利普斯曲线的政策含义是,政府反复多次采用扩张性财政政策或货币政策不但不能降低失业率,还会使通货膨胀率不断上升,最终就可能出现高通胀率与高失业率并存的现象,这就是所谓的"滞胀"。

弗里德曼在 1968 年预言了滞胀的可能性,西方国家自 1970 年开始出现了普遍的滞胀现象,他因此名声大振,于 1976 年获得了诺贝尔经济学奖。

◆本章小结

失业率是指失业人数占劳动力人数的比率。自然失业率就是指经济处于充分就业时的失业率,或者是劳动市场处于供求均衡稳定状态时的失业率,它取决于离职率和就职率。

失业分为自愿性失业和非自愿性失业。非自愿性失业又可分为摩擦性失业、结构性失业和周期性失业。经济社会中只有摩擦性失业和结构性失业的就业状态可以视为充分就业。

失业的影响既有社会方面的,也有经济方面的。失业的社会影响虽然难以估计和衡量,但它最易为人们所感受到。失业的经济影响可以用机会成本的概念来理解。失业的治理对策包括控制自然失业率和减少周期性失业。

通货膨胀是指经济社会中的大多数商品和劳务的价格在一段时间内普遍、持续上涨的现象。描述通货膨胀的主要工具是通货膨胀率,通货膨胀率一般用价格指数来表示。

通货膨胀可以从不同角度进行划分。按照物价上涨的程度,通货膨胀可以分为温和的通货膨胀、奔腾的通货膨胀和恶性的通货膨胀。按照人们对通货膨胀的预期程度,通货膨胀可以分为预期的通货膨胀和非预期的通货膨胀。根据通货膨胀的形成原因,通货膨胀可以分为需求拉动型通货膨胀、成本推动型通货膨胀、供求混合型通货膨胀、结构性通货膨胀和货币型通货膨胀。

通货膨胀会对收入和财富产生再分配效应,对经济产生产出效应,总体上弊大于利,严重的通货膨胀不利于经济发展和社会稳定,因此,政府一般会通过控制货币供应量、抑制社会总需求、增加社会总供给、控制工资过快增长等途径来应对通货膨胀。

根据向右下方倾斜的短期菲利普斯曲线,短期内失业率与通货膨胀率之间存在替换关系,即失业与通货膨胀不会同时存在,但是长期菲利普斯曲线是垂直的,这表明长期内失业率与通货膨胀率之间不存在替代关系,可能会出现高通胀率与高失业率并存的"滞胀"现象。

第十二章

宏观经济政策

📖 学习目标

　　理解宏观经济政策的目标和工具;掌握各种财政政策工具及其运用方法和效果;掌握各种货币政策工具及其运用方法和效果;掌握财政政策与货币政策组合运用的各种策略;能够正确解读政府的宏观经济政策并分析其对经济的影响。

📖 思维导图

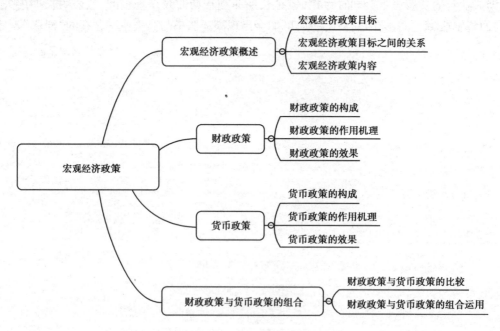

◆案例导入

2022年政府工作报告（节选）

2022年发展主要预期目标是：国内生产总值增长5.5%左右；城镇新增就业1100万人以上，城镇调查失业率全年控制在5.5%以内；居民消费价格涨幅3%左右；居民收入增长与经济增长基本同步；进出口保稳提质，国际收支基本平衡；粮食产量保持在1.3万亿斤以上；生态环境质量持续改善，主要污染物排放量继续下降；能耗强度目标在"十四五"规划期内统筹考核，并留有适当弹性，新增可再生能源和原料用能不纳入能源消费总量控制。

经济增速预期目标的设定，主要考虑稳就业保民生防风险的需要，并同近两年平均经济增速以及"十四五"规划目标要求相衔接。这是高基数上的中高速增长，体现了主动作为，需要付出艰苦努力才能实现。

完成今年发展目标任务，宏观政策要稳健有效，微观政策要持续激发市场主体活力，结构政策要着力畅通国民经济循环，科技政策要扎实落地，改革开放政策要激活发展动力，区域政策要增强发展的平衡性协调性，社会政策要兜住兜牢民生底线。各方面要围绕贯彻这些重大政策和要求，细化实化具体举措，形成推动发展的合力。

要保持宏观政策连续性，增强有效性。积极的财政政策要提升效能，更加注重精准、可持续。稳健的货币政策要灵活适度，保持流动性合理充裕。就业优先政策要提质加力。政策发力适当靠前，及时动用储备政策工具，确保经济平稳运行。

思考：1. 2022年我国宏观经济政策目标包括哪些？
　　　2. 2022年我国拟采取什么样的经济政策来应对？

第一节　宏观经济政策概述

宏观经济政策是指国家或政府为了达到一定经济目标而对宏观经济活动进行有意识干预和调控的各种措施和手段。

一、宏观经济政策目标

宏观经济政策目标一般有四个：经济增长、充分就业、物价稳定和国际收支平衡。其中，经济增长属于长期目标，充分就业、物价稳定和国际收支平衡属于短期目标；另外，经济增长、充分就业和物价稳定不涉及国外部门，属于内部目标，而国际收支平衡涉及国外部门，属于外部目标。

（一）经济增长

经济增长是指一定时期内经济社会的总产出持续稳定地增长，通常以一定时期内的GDP增长率、人均GDP增长率、人均可支配收入增长率等指标来衡量。经济增长与充分就业目标通常是一致的,如何维持较高的经济增长率以实现充分就业,是各国宏观经济政策追求的首要目标。

(二)充分就业

充分就业是指经济社会的一切生产要素(包括劳动)都有机会以自己愿意的报酬参加生产的状态,通常以失业率、自然失业率等指标来衡量。经济学中的失业是指非自愿失业,失业率是指失业者人数占劳动力人数的比率。充分就业就是经济社会中不存在周期性失业,只存在摩擦性失业和结构性失业的就业状态。充分就业状态下的失业率就是自然失业率,即摩擦性失业和结构性失业人数之和占劳动力人数的比率。随着经济结构的调整和生产技术的进步,人员流动导致的失业在任何一个社会都难以避免。国际上通常认为,失业率在5%以内是正常的。

(三)物价稳定

物价稳定是指经济社会的一般物价水平相对稳定,不出现较大幅度的通货膨胀,通常以价格指数的变化率来衡量。价格指数一般包括 GDP 折算指数、消费价格指数(CPI)和生产者价格指数(PPI)。实践证明,通货膨胀无法完全消除,许多国家都存在温和的通货膨胀。一些经济学家认为,温和的通货膨胀对产出和就业增长有适当的刺激作用,对经济发展是有利的,但是严重的通货膨胀会给经济发展和人民生活带来不利影响。

(四)国际收支平衡

国际收支平衡是指一国的国际收支净额(净出口与净资本流出的差额)为零。如果国际收入总额高于国际支出总额,就是国际收支顺差,又称为国际收支盈余;如果国际收入总额低于国际支出总额,就是国际收支逆差,又称为国际收支赤字。一般认为,国际收支顺差有利于刺激国内经济增长,增加外汇储备,但是会加剧国际贸易摩擦,增加本国货币升值的压力。而国际收支逆差可能导致失业增加,经济下滑,且需要动用外汇储备,本国货币贬值。因此,过多的顺差或逆差都不利于本国经济发展。

二、宏观经济政策目标之间的关系

宏观经济政策的四个目标之间既存在一致性,也存在矛盾性。

(一)宏观经济政策目标之间的一致性

一致性是指政府在实现某一政策目标的同时也能促进其他政策目标的实现。经济增长与充分就业之间就存在一致性,GDP 持续稳定增长,可以促进就业,降低失业率。经济增长与就业之间的一致性可以用奥肯定律来解释:即 GDP 增长率与失业率之间呈反方向变动的关系。

(二)宏观经济政策目标之间的矛盾性

矛盾性是指政府在实现某一政策目标的同时无法实现其他政策目标,甚至以牺牲另一目标为代价。具体表现为以下三方面。

1. 充分就业与物价稳定之间的矛盾

根据短期菲利普斯曲线,失业率与通货膨胀率之间存在替换关系。这意味着政府为了降低通货膨胀率,稳定物价,必须接受一个较高的失业率;为了降低失业率,实现充分就业,又必须接受一个较高的通货膨胀率,这样物价水平会上升。

2. 物价稳定与经济增长之间的矛盾

为了稳定物价,抑制通货膨胀,政府通常需要采取紧缩性的宏观经济政策,这势必会恶化投资环境,对经济增长产生不利影响;为了刺激经济增长,政府通常需要采取扩张性的宏观经济政策,这势必会带来物价上涨。

3. 经济增长与国际收支平衡之间的矛盾

随着经济增长,国民收入增加,本国对进口商品的需求通常也会增加,当进口大于出口时,会出现贸易逆差,导致国际收支失衡;为了消除贸易逆差,平衡国际收支,政府通常需要采取紧缩性货币政策,这又会导致经济增长放缓。

鉴于宏观经济政策目标之间的矛盾性,政府在制订目标时,不能只追求单一目标,而应该做整体性的统筹安排,在保证重点政策目标实现的同时,尽可能地协调和兼顾其他政策目标。

三、宏观经济政策内容

宏观经济政策总体上可以分为需求管理政策和供给管理政策。需求管理政策是指通过调节总需求来达到一定政策目标的宏观经济政策,以凯恩斯的总需求分析理论为基础,主要包括财政政策和货币政策。供给管理政策是指通过调节总供给来达到一定政策目标的宏观经济政策,以供给学派的理论为基础,主要包括收入政策、就业政策、指数化政策等。短期内,国民收入波动的影响因素主要来自需求方面。因此,短期经济政策主要是需求管理政策,即财政政策和货币政策。

第二节　财政政策

一、财政政策的构成

财政政策是指政府调整收入和支出以影响总需求进而影响就业和国民收入的政策。政府收入包括税收和公债,政府支出包括政府购买和政府转移支付。因此,税收、公债、政府购买和政府转移支付就成为政府调节社会总需求的财政政策工具。

(一)税收

税收是政府收入中最主要的部分,它是国家为了实现其职能按照法律预先规定的标准,强制地、无偿地取得财政收入的一种手段,因此税收具有强制性、无偿性、固定性三个基本特征。

税收依据不同标准可以有不同的分类。一是按照课税对象,税收可分为三类:财产税、所得税和流转税。财产税是对不动产即土地和土地上建筑物等所征收的税,例如房产税、车船税、遗产税等。所得税是对个人和公司的所得征税,例如个人所得税、企业所得税、社会保险税。流转税是对流通中产品和劳务交易的总额征税,例如增值税、营业税、消费税、关税等。二是按照税负能否转嫁,税收可分为两类:直接税和间接税。直接税是指纳税人不能或不便于将税收负担转嫁给他人,例如所得税、财产税。间接税是指纳税人能通过提高价格等方式将税收负担转嫁给他人,例如增值税、营业税、消费税、关税等。三是按照税率,税收可分为三类:累退税、累进税和比例税。累退税是指税率随征税客体总量增加而递减的税,多适用于营业税。累进税是指税率随征税客体总量增加而递增的税,多适用于所得税。比例税是指税率不随征税客体总量变动而变动的税,即按固定比率从收入中征税,多适用于流转税和财产税。

税收作为财政政策工具,政府可以通过调整税率或税收结构来调节社会总需求。一般来说,降低税率、减少税收会引起社会总需求和总产出增加,提高税率、增加税收则会引起社会总需求和总产出减少。因此,在总需求不足时政府可采取减税措施来抑制经济衰退,在总需求过旺时政府可采取增税措施来抑制通货膨胀。

(二)公债

当政府税收不足以弥补政府支出时,政府就会发行公债。公债是政府对公众的债务,具有自愿性和有偿性两个特征。其一,按照发行机构,公债可以分为中央政府发行的公债和地方政府发行的公债。中央政府发行的公债又称为国债。其二,按照偿还期限,公债可以分为短期公债、中期公债和长期公债三类。短期公债主要进入短期资金市场(即货币市场),利率因为时间短、风险小而较低,期限一般有3个月、6个月和1年三种。期限在1年以上10年以下的为中期债券,期限在10年以上的为长期债券。中长期债券主要进入长期资金市场(即资本市场),利率因为时间长、风险大而较高。

公债作为财政政策工具,政府可以通过调整公债发行数量或公债利率来调节社会总需求。政府发行公债,可以增加财政收入,还能引起货币市场或资本市场上的金融紧缩,减少货币供应量;政府回购公债,可以增加财政支出,并引起货币市场或资本市场上的金融扩张,增加货币供应量。

(三)政府购买

政府购买是指政府对商品和劳务的购买,包括用于国防、教育、机关办公、政府雇员报酬、公共项目工程等方面的支出。政府购买是一种实质性的支出,存在相应的商品和劳务的实际交换,直接形成社会需求和购买力。

政府购买作为财政政策工具,政府可以通过调整购买支出水平来调节社会总需求。在总需求过低时,政府可以提高购买支出水平,例如兴建公共工程,增加社会总需求,以此来增加就业和国民收入;当总需求过高时,政府可以减少购买支出,降低社会总需求,以此来抑制通货膨胀。

(四)政府转移支付

政府转移支付是指政府在社会福利保险、贫困救济、失业补助、农业补贴等方面的支出。政府转移支付是一种货币性支出,没有相应的产品和劳务的交换发生,仅仅是将收入在不同社会成员之间进行转移和重新分配,全社会的总收入并没有变化。

政府转移支付作为财政政策工具,政府可以通过调整转移支付水平来调节社会总需求。一般来说,在总需求不足时,失业会增加,政府可以提高转移支付水平,例如增加社会福利支出、失业补助等以增加个人可支配收入,消费需求增加导致社会总需求增加;在总需求过高时,通货膨胀率上升,政府可以降低转移支付水平,例如减少社会福利支出、失业补助等以降低个人可支配收入,消费需求减少导致社会总需求减少。

四大财政政策工具的使用见表 12-1。

表 12-1　四大财政政策工具

财政政策工具	政策的变动	变动的结果	政策类别
税收	增税	总需求减少	紧缩性
	减税	总需求增加	扩张性
公债	卖出	总需求减少	紧缩性
	买入	总需求增加	扩张性
政府购买	增加	总需求增加	扩张性
	减少	总需求减少	紧缩性
政府转移支付	增加	总需求增加	扩张性
	减少	总需求减少	紧缩性

二、财政政策的作用机理

政府的财政收支及其变动会直接或间接地影响宏观经济的运行。财政政策可以对经济进行自动调节,这表现为自动稳定的财政政策;也可以对经济进行主动调节,这表现为斟酌使用的财政政策和功能性财政政策。

(一)自动稳定的财政政策

自动稳定的财政政策是指财政政策本身有着自动调节经济波动的作用,能够在经济繁荣时自动抑制通货膨胀,在经济衰退时自动减轻萧条,因此,自动稳定的财政政策又称为内在稳定器。财政政策的自动稳定作用主要表现在以下三个方面。

1. 政府税收的自动变化

政府税收的自动变化主要指个人所得税和公司所得税的自动变化。以个人所得税为例,当经济繁荣时,总产出增长,失业率下降,个人收入自动增加,税收和个人可支配收入也会随着个人收入的增加而自动增加,但是在实行累进税的情况下,经济繁荣使纳税人的收入自动进入较高的纳税档次或者使纳税人的范围扩大,税收上升的幅度会超过个人可支配收入上升的幅度,自动抑制了个人可支配收入的增长,从而起到抑制通货膨胀的作用;当经济衰退时,总产出减少,失业人数增加,个人收入自动减少,税收和个人可支配收入也会自动减少,但是在实行累进税的情况下,经济衰退使纳税人的收入自动进入较低的纳税档次或使纳税人的范围缩小,税收下降的幅度会超过个人可支配收入下降的幅度,自动抑制了个人可支配收入的下降,从而起到抑制衰退的作用。

2. 政府转移支付的自动变化

政府转移支付包括政府在社会福利保险、贫困救济、失业补助、农业补贴等方面的支出。以失业补助为例,当经济繁荣时,失业人数减少,失业补助也会自动减少,自动抑制了个人可支配收入的增加,进而抑制消费和投资需求的增长。当经济衰退时,失业人数增多,失业补助也会相应增加,自动抑制了个人可支配收入的下降,进而抑制消费和投资需求的下降。

3. 农产品价格维持制度

当经济衰退时,国民收入减少,农产品价格下降,政府对农产品实施价格支持政策,按照高于市场均衡价格的支持价格收购农产品,从而抑制农民收入的下降,进而抑制总需求的减少。当经济繁荣时,国民收入增加,农产品价格上升,政府会减少对农产品的收购并抛售农产品,从而限制农产品价格上升,抑制农民收入的增长,进而抑制总需求的增加。

(二)斟酌使用的财政政策

斟酌使用的财政政策是指政府为了确保经济稳定发展,主动调整政府收入或支出以稳定社会总需求。斟酌使用的财政政策包括扩张性财政政策和紧缩性财政政策。

1. 扩张性财政政策

扩张性财政政策是指在经济衰退时,政府可以通过减税或增加政府支出来刺激总需求,抑制经济衰退。

2. 紧缩性财政政策

紧缩性财政政策是指在经济繁荣时会出现通货膨胀,政府可以通过增加税收或削减政府支出来抑制总需求,降低通货膨胀率。

具体什么时候采取扩张性财政政策,什么时候采取紧缩性财政政策,政府应根据经济发展形势来相机抉择、斟酌使用。当经济社会的总需求过低、产生衰退和失业时,政府应采取刺激总需求的扩张性财政政策;当总需求过高、产生通货膨胀时,政府应采取抑制总需求的紧缩性财政政策。这就是逆经济周期而行事。

(三)功能性财政政策

传统财政思想认为,财政政策追求的目标是实现财政收支平衡,主要包括年度财政收支平衡和周期财政收支平衡两种。

年度财政收支平衡要求政府收支在每个财政年度保持平衡,这是 20 世纪 30 年代大危机以前西方国家普遍采取的原则,后来受到凯恩斯主义者的批评。他们认为,在经济衰退时,税收必然会随着国民收入的减少而减少,出现财政赤字(财政收入小于财政支出),为了实现年度财政收支平衡,必须相应地减少财政支出或提高税率,这样会进一步加剧经济衰退;当经济过热时,税收必然会随着国民收入的增加而增加,出现财政盈余(财政收入大于财政支出),为了实现年度财政收支平衡,必须相应地增加财政支出或减少税收,这样会进一步加剧通货膨胀。因此,追求年度财政收支平衡只会使经济波动更加严重。

周期财政收支平衡要求政府收支在一个经济周期内保持平衡。在经济衰退时,实行扩张性财政政策,必然产生财政赤字;在经济繁荣时,实行紧缩性财政政策,必然产生财政盈余。再以繁荣时的财政盈余弥补衰退时的财政赤字,从而使整个经济周期的盈余与赤字相抵消而实现平衡。周期财政收支平衡思想在理论上很完美,但在现实中很难实行。在一个经济周期内,很难准确估计繁荣与衰退的时间和程度,繁荣时的财政盈余与衰退时的财政赤字也不完全相等,因此周期财政收支平衡无法实现。

而凯恩斯主义者提出的功能财政思想认为,财政政策追求的目标是实现无通货膨胀的充分就业。为了实现这一目标,政府应根据实际经济形势采取逆经济周期的扩张性财政政策或紧缩性财政政策。当国民收入低于充分就业水平时,政府应采取扩张性财政政策,增加政府支出或减少税收以实现充分就业,其结果往往表现为财政赤字,因此,扩张性财政政策又称为赤字财政政策。当国民收入高于充分就业水平时,政府应采取紧缩性财政政策,减少政府支出或增加税收以消除通货膨胀,其结果往往表现为财政盈余,因此,紧缩性财政政策又称为盈余财政政策。总之,政府为了实现无通货膨胀的充分就业目标,允许出现财政盈余或财政赤字。

三、财政政策的效果

财政政策的效果是指政府收支变化(税收、政府购买和转移支付变动等)对总需求进而对国民收入变动产生的影响,可以通过 IS-LM 图形进行分析。

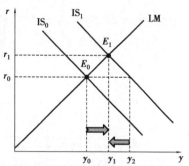

图 12-1 财政政策的挤出效应

如图 12-1 所示,在 IS-LM 模型中,IS_0 曲线与 LM 曲线初始相交于 E_0 点,决定了均衡的国民收入 y_0 和均衡利率 r_0。假定政府采取减税、增加政府支出等扩张性财政政策,总需求增加,使 IS_0 向右平移至 IS_1,r_0 利率水平上对应的国民收入原本应该增加至 y_2,但是由于 IS 曲线向右平移导致均衡利率上升至 r_1,利率上升导致人们的消费和投资减少,因此 r_1 利率水平上对应的国民收入实际上只增加至 y_1,国民收入减少的部分 y_1y_2 就称为"挤出效应"。"挤出效应"是指政府实行扩张性财政政策所引起的私人消费或投资减少对国民收入的影响。国民收入实际增加的部分 y_0y_1 就是财政政策的效果。挤出效应的大小直接影响财政政策的效果,这种影响的大小因 IS 曲线和 LM 曲线的斜率不同而有所区别。

(一)IS 曲线的斜率对财政政策效果的影响

如图 12-2 所示,当 LM 曲线斜率不变时,图 12-2(a)中 IS 曲线比较平坦,图 12-2(b)中 IS

曲线比较陡峭。假定两种情况下政府支出同样增加 Δg，两图中 IS 曲线都向右平移至 IS′，r_0 利率水平上对应的国民收入都增加 y_0y_3。其中图 12-2(a)中 y_1y_3 为利率上升对国民收入的"挤出效应"，y_0y_1 为该项财政政策带来的国民收入的实际增长，即财政政策效果；同理，图 12-2(b)中 y_2y_3 为"挤出效应"，y_0y_2 为财政政策效果。通过比较发现，$y_1y_3 > y_2y_3$，$y_0y_1 < y_0y_2$。由此可见，在 LM 曲线斜率不变的情况下，IS 曲线越平坦，财政政策的挤出效应越大，政策效果越小；IS 曲线越陡峭，财政政策的挤出效应越小，政策效果越大。

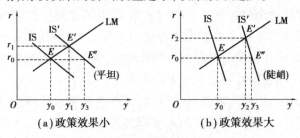

图 12-2　IS 曲线的斜率对财政政策效果的影响

(二)LM 曲线的斜率对财政政策效果的影响

如图 12-3 所示，有一条斜率从平坦逐渐变得陡峭的向右上方倾斜的 LM 曲线。当 IS 曲线斜率不变时，假定在 LM 曲线较为平坦的阶段，政府支出增加 Δg，使 IS_1 向右平移至 IS_2，国民收入增加 y_1y_2；在 LM 曲线较为陡峭的阶段，政府支出同样增加 Δg，使 IS_3 向右平移至 IS_4，国民收入增加 y_3y_4。通过比较发现，$y_1y_2 > y_3y_4$。由此可见，IS 曲线斜率不变的情况下，LM 曲线越平坦，财政政策的效果越大；LM 曲线越陡峭，财政政策的效果越小。

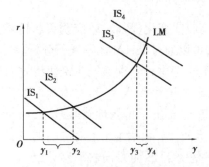

图 12-3　LM 曲线的斜率对财政政策效果的影响

一般来说，在经济萧条、国民收入和利率水平较低时，LM 曲线较平缓，增加政府支出使利率上升的幅度不大，对私人消费和投资产生的"挤出效应"较小，因而财政政策效果较大；而在经济繁荣、国民收入接近充分就业水平时，LM 曲线较陡峭，增加政府支出使利率上升的幅度较大，对私人消费和投资产生的"挤出效应"也较大，因而财政政策效果较小。

(三)凯恩斯极端和古典极端

如图 12-4 所示，一条特殊的 LM 曲线由三个阶段构成：平坦阶段、向右上方倾斜的阶段和垂直阶段。假定 IS 曲线的斜率不变，在 LM 曲线的三个阶段分别增加同样的政府支出 Δg，IS 曲线向右平移同样的距离。在 LM 起始的平坦阶段，政府支出增加 Δg 使 IS_1 向右平

移至 IS_2，国民收入增加 Δy_1，利率没有上升，此时完全无挤出效应，财政政策完全有效，这种情况称为凯恩斯极端。在 LM 向右上方倾斜的中间阶段，政府支出增加 Δg 使 IS_3 向右平移至 IS_4，国民收入增加 Δy_2，利率上升对国民收入产生部分挤出效应，财政政策的效果较小。在 LM 曲线的垂直阶段，政府支出增加 Δg 使 IS_5 向右平移至 IS_6，国民收入没有增加，利率大幅度上升，对国民收入具有完全挤出效应，此时财政政策完全无效，这种情况称为古典极端。

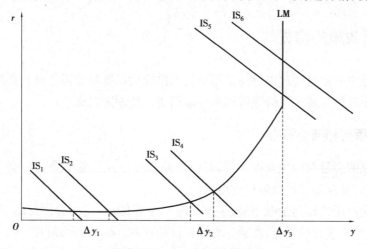

图 12-4　凯恩斯极端和古典极端

◆生活中的实例

为应对经济下行压力和疫情影响，2020—2022 年我国分别安排了新增专项债券额度 3.75 万亿元、3.65 万亿元、3.65 万亿元，持续保持较高规模。

相比起往年，作为落实积极财政政策的重要抓手，2022 年我国地方政府专项债发行和使用更加体现了财政政策靠前发力的特点，对带动扩大有效投资发挥了重要作用。2022 年地方债发行主要有以下几个特点。一是下达时间早，2021 年 12 月提前下达新增专项债券额度 1.46 万亿元，2022 年 3 月用于项目建设的新增专项债券额度全部下达完毕，比以前年度提早 3 个月左右。二是发行进度快，截至 6 月末，各地发行新增专项债券 3.41 万亿元，2022 年用于项目建设的新增专项债券额度基本发行完毕，比以往年度大大提前。三是优先支持重大项目，2022 年分两批储备专项债券项目 7.1 万个。1—6 月，已发行的新增专项债券共支持超过 2.38 万个项目。要求各地将资金优先用于支持纳入国家"十四五"规划纲要和重大区域发展战略的重点项目，坚决不"撒胡椒面"。四是撬动投资作用明显，1—6 月，各地共安排超过 2 400 亿元专项债券资金用作重大项目资本金，有效发挥政府投资"四两拨千斤"的撬动作用。

第三节 货币政策

一、货币政策的构成

货币政策是中央银行通过银行体系调整货币供应量以影响总需求进而影响国民收入的政策。了解货币政策需要先了解银行体系和信用货币的创造过程。

(一)中央银行和商业银行

大部分国家的金融机构主要由中央银行、商业银行以及储蓄和贷款协会、信用协会、保险公司、私人养老基金等其他金融机构组成。

中央银行是一国的最高金融当局,主要具有三个职能:一是作为发行的银行,代表国家发行货币;二是作为银行的银行,既接受商业银行的存款,又向商业银行发放贷款,并领导和监督商业银行的业务活动;三是作为国家的银行,代理国库的收入和支出业务,通过发行公债为政府提供所需资金,代表政府与外国发生金融业务关系,统筹管理全国的金融活动等。

中央银行具有以下特征:一是不以营利为目的;二是不经营普通银行的业务,只与政府和各类金融机构往来;三是具有服务和管理的双重性质,承担金融监管和金融发展的双重任务;四是处于超脱地位,与政府之间保持相对独立性,即中央银行可以独立地制定和实施货币政策,不受任何政府部门的干涉。

商业银行主要从事负债业务、资产业务和中间业务,并从中获取利润。负债业务主要是吸收存款,包括活期存款、定期存款和储蓄存款。资产业务主要包括贷款和投资两类,贷款业务是为企业提供票据贴现、抵押贷款等短期贷款,投资业务是购买有价证券以取得利息收入。中间业务是指为顾客代办支付事项及其他委托事项,从中收取手续费。

(二)货币和货币供应量

货币是人们普遍接受的、在商品和劳务的交换中充当交换媒介的一般商品。在现代社会,货币以多种形式存在,主要包括:①现金,又称为通货,包括纸币和硬币;②活期存款,即随时可以提取的存款;③定期存款,即在约定期限到期后才能提取的存款;④近似货币,即具有一定货币价值并易于转换为现金的资产,如股票、债券等;⑤货币替代物,即可在一定条件下执行货币交换职能的东西,如信用卡。

货币供应量是指经济社会在一定时点上流通的货币总量,是一个存量的概念。货币供应量有狭义与广义之分。狭义的货币供应量是指流通中的现金和活期存款的总和,用 M_1 表示,即 $M_1 = $ 现金+活期存款,反映经济中的现实购买力。广义的货币供应量用 M_2 表示,$M_2 = M_1 + $ 定期存款,不仅反映现实购买力,还反映潜在购买力。经济学中的货币供应量主要指狭义的货币供应量,即 M_1,其中活期存款占据着大部分。

（三）信用货币的创造

商业银行在吸收存款和发放贷款的活动中,具有创造货币从而增加货币供应量的功能。

根据现代银行体系的储备金制度,商业银行在吸收存款后,必须按照法律规定将吸收存款的一个固定比率提取出来存放在中央银行,用于银行间的资金清算以及保证客户取款的需要,这部分存款称为法定存款准备金,这样,商业银行的其余存款才能用于贷款或购买短期债券等盈利活动。中央银行规定的这种存款准备金占存款的最低比率称为法定准备金率。法定存款准备金主要是为了防范商业银行的经营风险,同时也可以作为中央银行调节经济的货币政策工具。

商业银行为了获取利润,会把法定存款准备金以外的那部分存款贷放出去或用于短期债券投资。根据现代银行体系的非现金结算制度,客户得到商业银行的贷款后,一般并不取出现金,而是直接当作活期存款存放在自己的商业银行账户,以便随时开具支票使用。因此,银行贷款的增加就意味着活期存款的增加,也就意味着货币供应量的增加。商业银行通过贷款而增加的存款就是它所创造的信用货币。这样,在中央银行货币发行量既定的情况下,商业银行通过贷款所创造的存款会使流通中的货币供应量增加。

现在我们举例来说明商业银行通过存款和贷款创造货币的过程。

例如,假定法定准备金率为20%,最初某商业银行 A 吸收存款1 000万元,A 银行按照法定准备金率提取200万元作为准备金存入中央银行,其余800万元全部贷给某厂商,该厂商得到这笔贷款后存入自己在 B 银行的账户;B 银行得到这800万元存款后提取160万元作为准备金存入中央银行,其余640万元贷放出去,得到这笔贷款的另一厂商又把它存入自己在 C 银行的账户;C 银行提取其中128万元作为准备金存入中央银行,然后贷出512万元……由此不断循环下去。

各银行的存款总和为:

$$1\ 000+1\ 000\times(1-20\%)+1\ 000\times(1-20\%)^2+1\ 000\times(1-20\%)^3+\cdots$$
$$=1\ 000\times(1+0.8+0.8^2+0.8^3+\cdots+0.8^{n-1}+\cdots)$$
$$=\frac{1\ 000}{1-0.8}=\frac{1\ 000}{0.2}=5\ 000(万元)$$

这就意味着1 000万元的原始存款创造了5 000万元的货币供应量。

假定原始存款用 R 表示,法定准备金率用 r_d 表示$(0<r_d<1)$,创造的存款总和用 D 表示,它们之间的关系可以表示为:

$$D=\frac{R}{r_d}$$

由此可见,商业银行创造的货币供应量与原始存款成正比,与法定准备金率成反比。在原始存款既定的情况下,法定准备金率越低,原始存款放大的倍数 $\frac{1}{r_d}$ 越大。$K=\frac{1}{r_d}$ 称为货币创造乘数,是法定准备金率的倒数。

这里货币创造乘数为法定准备金率的倒数必须有两个假定前提:其一是银行客户将贷款全部存入银行,不取出现金,完全以支票形式使用;其二是商业银行没有超额准备金。但在现实经济中,每一位银行客户都会考虑到日常生活中的零星支付而保留一部分现金不存入银行,这称为现金漏损。同时,每一个商业银行都会考虑到需要应付客户的经常性取款而保留一部分超额准备金。现金漏损和超额准备金必然会使货币创造乘数缩小。

假定现金漏损率为α,即银行客户从所得贷款中保留的现金占贷款总额的比率;超额准备金率为β,即商业银行提取的超额准备金占存款的比率。当存在现金漏损和超额准备金的情况下,货币创造乘数为:

$$K = \frac{1}{r_d + \alpha + \beta}$$

除此之外,货币创造乘数还与市场利率和再贴现率有关。市场利率和再贴现率都是通过影响超额准备金来影响货币创造乘数。

一般来说,市场贷款利率越高,商业银行越不愿意多保留超额准备金。因此,当市场利率上升时,超额准备金会减少,超额准备金率会下降,货币创造乘数就会增大;当市场利率下降时,超额准备金率会上升,货币创造乘数就会缩小。

再贴现率是商业银行向中央银行借款的利率。当再贴现率上升时,意味着商业银行向中央银行借款的成本上升,这会促使商业银行自己多保留超额准备金,超额准备金率上升,货币创造乘数缩小;反之,当再贴现率下降时,货币创造乘数增大。

总体来看,所有这些影响货币创造乘数的因素都会影响货币供应量,都可以成为中央银行调节货币供应量的政策工具。

(四)货币政策工具

各国中央银行常用的货币政策工具主要有以下三种。

1. 法定准备金率

中央银行有权决定商业银行的法定准备金率,可以通过调整法定准备金率来使商业银行的贷款规模发生变化,进而调节流通中的货币供应量。当中央银行认为需要增加货币供应量时,可以降低法定准备金率,增加商业银行的贷款规模,货币创造乘数增大;当中央银行认为需要减少货币供应量时,可以提高法定准备金率,削减商业银行的贷款规模,货币创造乘数缩小。

调整法定准备金率是中央银行调节货币供应量最简单最直接的政策手段,但是这种政策手段不宜经常使用。其一是它的作用十分猛烈,幅度很小的调整也会引起货币供应量的大幅扩张或收缩,对商业银行的整体影响很大;其二是它对不同种类的存款影响不一样,其效果可能会因为这些复杂情况而不易准确把握。如果法定准备金率变动频繁,商业银行的正常信贷业务会受到干扰而感到无所适从。

2. 再贴现率

贴现是指商业票据的持有人将未到期的票据转让给商业银行,商业银行扣除一定利息后将剩余资金支付给持票人的信用活动。再贴现是指商业银行在流动性不足时,将收到的未到期的商业票据转让给中央银行,中央银行扣除一定利息后再把剩余资金作为商业银行增加的存款准备金。由此可见,再贴现相当于商业银行向中央银行借款,再贴现率就是商业银行向中央银行借款的利率,或者说是中央银行向商业银行贷款的利率。

中央银行作为最后的贷款人,可以通过调整再贴现率来使商业银行的存款准备金发生变化,进而调节流通中的货币供应量。当中央银行提高再贴现率时,意味着商业银行的存款准备金减少,贷款规模需要收缩,通过贷款创造的货币供应量减少;当中央银行降低再贴现率时,意味着商业银行的存款准备金增加,贷款规模可以扩大,通过贷款创造的货币供应量增加。

再贴现率易于调整,但是对货币供应量的调节作用相当有限。其一是商业银行一般将再贴现作为一种临时紧急求援手段,平时尽量避免向中央银行的再贴现窗口借款,以免被人误认为财务状况不佳;其二是当商业银行十分缺乏存款准备金时,即使再贴现率很高,依然会通过再贴现向中央银行借款。

3.公开市场业务

公开市场业务是指中央银行在金融市场上公开买卖政府债券以调节货币供应量和市场利率的活动。

当中央银行在金融市场上出售政府债券时,商业银行的存款准备金会以两种方式减少:如果是个人或公司等非银行机构向中央银行购买债券,债券购买者的银行存款减少,该银行在中央银行的存款准备金减少;如果是商业银行向中央银行购买债券,则直接减少商业银行在中央银行的存款准备金。商业银行存款准备金减少,贷款规模缩减,货币供应量减少。当中央银行在金融市场上回购政府债券时,商业银行的存款准备金会以两种方式增加:如果中央银行向个人或公司等非银行机构买进债券,债券出售者的银行存款增加,该银行在中央银行的存款准备金增加;如果中央银行从商业银行买进债券,则可以直接增加商业银行在中央银行的存款准备金。商业银行存款准备金增加,贷款规模扩大,货币供应量增加。

公开市场业务也可以直接影响市场利率,进而影响社会总需求。一般来说,中央银行在金融市场上公开买卖政府债券的数量十分庞大,从而会影响债券市场的需求与供给,进而影响债券价格和市场利率。当中央银行出售债券时,债券市场的供给增加,债券价格下跌,意味着市场利率提高,借贷资金的成本增加,投资和消费就会减少,总需求得到抑制;当中央银行回购债券时,债券市场的需求增加,债券价格上升,意味着市场利率下降,借贷资金的成本降低,投资和消费就会增加,总需求扩大。

公开市场业务是中央银行调节货币供应量和市场利率最灵活的政策手段,也是各国中央银行最常使用的货币政策工具。其一是中央银行可以按照一定的政策目标灵活控制买卖政府债券的数量和方向,从而准确调控商业银行的存款准备金和流通中的货币供应量;其二是公开市场业务对货币供应量和市场利率的作用效果较为和缓,且影响范围广泛。

现实经济中,公开市场业务常常与再贴现率配合使用。如果中央银行在公开市场业务中出售政府债券使市场利率上升(即债券价格下降),再贴现率必须相应提高以防止商业银行增加借款,这样商业银行对客户的贷款利率才会提高,货币供应量才会减少;相反,当中央银行认为需要扩大货币供应量时,可以在公开市场业务中买进债券的同时降低再贴现率。

三大货币政策工具的使用见表12-2。

表12-2　三大货币政策工具

货币政策工具	政策的变动	变动的结果	政策类别
法定准备金率	提高	货币供应量减少,利率提高	紧缩性
	降低	货币供应量增加,利率下降	扩张性

续表

货币政策工具	政策的变动	变动的结果	政策类别
再贴现率	提高	货币供应量减少,利率提高	紧缩性
	降低	货币供应量增加,利率下降	扩张性
公开市场业务	卖出政府债券	货币供应量减少,利率提高	紧缩性
	买入政府债券	货币供应量增加,利率下降	扩张性

二、货币政策的作用机理

货币政策是中央银行通过各种政策工具调节货币供应量来影响利率进而影响经济的政策。那么货币政策的中介目标是什么?货币政策中介目标的概念最早是在 20 世纪 60 年代由美国经济学家提出,直到 20 世纪 70 年代中期,货币政策中介目标的思想才得到发展,中介目标逐渐成为各国中央银行货币政策传导机制的主要内容之一。西方国家货币政策的中介目标经历了一个演变过程。

20 世纪 50—60 年代,西方国家货币政策的最终目标强调充分就业和经济增长,一般以利率作为货币政策调控的中介目标。

20 世纪 70 年代货币主义兴起之后,西方国家货币政策的最终目标以稳定物价、控制通货膨胀率为主,于是美联储开始把货币供应量作为中介目标,并以长期名义 GDP 增长率为基础来确定货币供应量增长率。但在实践中,由于社会上充满了大量流动资金,这些资金并没有被包括在货币供应量的范围内,导致货币供应量与物价水平的关系越来越不密切,以货币供应量作为货币政策中介目标的操作体系遇到巨大挑战。

1993 年,美国斯坦福大学经济学教授约翰·泰勒通过对美国、英国、加拿大等国货币政策的实践研究发现,在各种影响物价水平和经济增长率的因素中,真实利率是能与物价水平和经济增长率保持长期稳定关系的唯一变量,因此要使货币政策能够真正调节物价水平(对应通货膨胀率)和产出增长率(对应失业率),中央银行应该把调节真实利率作为主要操作方式。为此,泰勒提出了针对通货膨胀率和产出增长率来调节利率的货币政策规则,简称为泰勒规则,即

$$i=i^*+a(p-p^*)-b(u-u^*)$$

式中,p 和 p^* 分别是实际通胀率和目标通胀率;u 和 u^* 分别是实际失业率和自然失业率;i 和 i^* 分别是名义利率和名义目标利率;a 和 b 是正的系数,表示中央银行对通货膨胀和失业的关心程度。

假定经济中存在一个"真实"利率,在真实利率水平上,就业率和物价均保持在由其自然法则决定的合理水平上。当真实利率、经济增长率和通货膨胀率的正常关系遭到破坏时,中央银行就应采取措施予以纠正。如果实际通胀率高于目标通胀率($p>p^*$),中央银行可以提高名义利率以抑制通货膨胀;如果实际失业率高于自然失业率($u>u^*$),中央银行可以降低名义利率以降低失业率。

以泰勒规则为依据,20 世纪 90 年代起,美联储又对货币政策操作体系做了重大调整,将

实际利率作为货币政策的中介目标。

而英国于1993年开始将货币政策中介目标盯住通货膨胀率,这称为通货膨胀目标制,它基于对未来通货膨胀的预期。有经济学家认为,通货膨胀目标制相对于泰勒规则有以下优势:一是透明的通货膨胀目标可以降低经济的不确定性;二是民众可以观察到实际通货膨胀率与目标通货膨胀率的差距,便于判断中央银行的货币政策是否有效。美国自2012年开始也宣布将货币政策目标确定为年通货膨胀率保持在2%以上。

三、货币政策的效果

货币政策的效果是指货币供应量的变动对总需求进而对国民收入的变动产生的影响,也可以通过 IS-LM 图形进行分析。

如图12-5所示,初始状态下,IS 曲线与 LM_0 曲线相交于 E_0,此时均衡利率为 r_0,均衡国民收入为 y_0。假定中央银行采取扩张性货币政策来增加货币供应量,使 LM_0 曲线右移到 LM_1,IS 曲线与 LM_1 曲线相交于 E_1,均衡利率下降至 r_1,均衡国民收入增加至 y_1,y_0y_1 为该项货币政策带来的国民收入的增加,即货币政策的效果。

货币政策效果也会因 IS 曲线和 LM 曲线的斜率不同而有所区别。

(一)IS 曲线的斜率对货币政策效果的影响

如图12-6所示,两条 IS 曲线的斜率不同,IS_1 较陡峭,IS_2 较平坦。假定中央银行采取扩张性货币政策来增加货币供应量,使 LM_1 曲线右移到 LM_2。从 IS_1 的角度来看,LM 曲线右移使均衡国民收入增加了 y_1y_2;从 IS_2 的角度来看,LM 曲线右移使均衡国民收入增加 y_1y_3。显然,$y_1y_3>y_1y_2$,由此可见,IS 曲线越平坦,LM 曲线的移动对国民收入变动的影响越大,货币政策效果越大;IS 曲线越陡峭,LM 曲线的移动对国民收入变动的影响越小,货币政策效果越小。

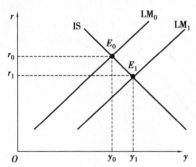

图 12-5　扩张性货币政策的效果

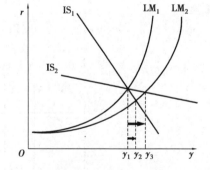

图 12-6　IS 曲线的斜率对货币政策效果的影响

(二)LM 曲线的斜率对货币政策效果的影响

如图12-7所示,两条 IS 曲线的斜率相同,IS_1 在 LM 曲线平坦处,IS_2 在 LM 曲线陡峭处。假定中央银行采取扩张性货币政策来增加货币供应量,使 LM_1 曲线右移到 LM_2。在 LM 平坦处,LM 曲线右移使均衡国民收入增加了 y_1y_2;在 LM 陡峭处,LM 曲线右移使均衡国民收

入增加 y_3y_4。显然，$y_3y_4 > y_1y_2$，由此可见，当 IS 曲线的斜率不变时，LM 曲线越平坦，LM 曲线的移动对国民收入变动的影响越小，货币政策效果越小；LM 曲线越陡峭，LM 曲线的移动对国民收入变动的影响越大，货币政策效果越大。

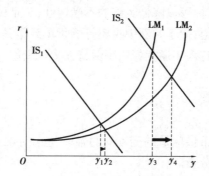

图 12-7 LM 曲线的斜率对货币政策效果的影响

(三)凯恩斯极端——水平 LM 曲线

如图 12-8 所示，LM 曲线由水平阶段和向右上方倾斜的阶段构成，两条垂直的 IS 曲线与 LM 曲线的水平阶段相交，这种情况称为凯恩斯极端。假定中央银行采取扩张性货币政策来增加货币供应量，只能使 LM 向右上方倾斜的阶段右移，而 LM 曲线的水平阶段没有任何变化，此时货币供应量的增加对利率和国民收入均没有任何影响，仿佛掉入了"流动性陷阱"，货币政策完全无效。这是因为当利率降到极低水平时，公众由于"流动性偏好"而愿意持有任何数量的货币，不愿意投资和消费。

此时如果增加政府支出或减税使 IS 曲线右移，不会引起利率上升，只会引起国民收入增加，挤出效应为零，财政政策完全有效。如果 IS 曲线不是垂直而是向右下方倾斜，该结论同样成立。

由此可见，在凯恩斯极端的情况下，利率已经降到极低水平，货币政策完全无效，财政政策完全有效。

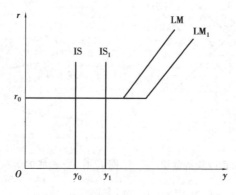

图 12-8 凯恩斯极端——水平 LM 曲线

(四)古典极端——垂直 LM 曲线

如图 12-9 所示，LM 曲线由水平、右上方倾斜和垂直的三个阶段构成，两条平行的 IS 曲线与 LM 曲线的垂直阶段相交,这种情况称为古典极端。假定中央银行采取扩张性货币政策来增加货币供应量,只能使 LM 向右上方倾斜和垂直的阶段右移,而 LM 曲线的水平阶段没有变化。此时货币供应量的增加对利率没有任何影响,只引起了国民收入增加,货币政策完全有效。这是因为当利率升到极高水平时,公众愿意投资不愿意持有货币。

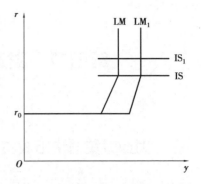

图 12-9 古典极端——垂直 LM 曲线

此时如果增加政府支出或减税使 IS 曲线上移,只会引起利率上升,不会引起国民收入增加,利率的上升使挤出效应非常大,财政政策完全无效。

由此可见,在古典极端的情况下,利率已经升到极高水平,货币政策完全有效,财政政策完全无效。

◆ 生活中的实例

中国人民银行近期公布的 2022 年上半年金融统计数据显示,金融机构加大对实体经济的信贷支持力度,实体经济融资需求显著回升。下半年,货币政策走向、政策发力重点是市场关注的焦点。

2022 年上半年,一系列政策加快落地,加大对实体经济的支持力度。人民银行降低准备金率 0.25 个百分点,上缴结存利润 9 000 亿元,合理增加流动性供给,金融机构加大对实体经济的信贷支持力度。6 月末,广义货币供应量(M_2)同比增长 11.4%,比上年同期高 2.8 个百分点;上半年,社会融资规模增量为 21 万亿元,同比多增 3.2 万亿元,人民币各项贷款增加 13.68 万亿元,比上年同期多增 9 192 亿元。

新型冠状病毒感染疫情以来,我国宏观杠杆率增幅明显低于其他主要经济体,以相对较少的新增债务支持了经济较快恢复。2022 年一季度,我国的宏观杠杆率是 277.1%,比上年末高 4.6 个百分点。宏观杠杆率是总债务与 GDP 的比率,经济增速放缓会推动宏观杠杆率上升。同时,为应对下行压力,着力稳定宏观经济大盘,进一步部署了稳经济的一揽子措施。这些逆周期的调控政策对债务增长的影响会在当期体现,但对产出的影响相对滞后,因此宏观杠杆率会出现阶段性上升。这既是外部冲击的客观反映,也是逆周期调控政策助力稳定宏观经济大盘的体现。

下半年,人民银行将继续实施好稳健的货币政策,加快落实已确定的政策措施。实施好前期出台的各项结构性货币政策工具,引导金融机构按照市场化、法治化原则,增强金融服务实体经济的能力;引导政策性开发性银行落实好新增 8 000 亿元信贷规模和设立 3 000 亿元金融工具,支持基础设施建设;提早完成全年向中央财政上缴结存利润,助力稳住经济大盘、稳就业保民生。

第四节　财政政策与货币政策的组合

一、财政政策与货币政策的比较

财政政策与货币政策作为宏观经济调控的两大政策手段,在制定和实施过程中各有特点,且都有一定的局限性。

其一,调节方式不同。财政政策与货币政策的目的相同,都是通过调节社会总需求来影响国民收入。不同的是,财政政策直接影响总需求的规模,没有任何中间变量;货币政策需要通过货币供应量、利率等中间变量来影响总需求的规模,间接地发挥作用。

其二,调节重点不同。财政政策与货币政策都可以调节社会总需求的规模和结构,但是财政政策比较灵活,更侧重于结构调整;货币政策灵活性差一些,更侧重于规模调整。

其三,调节效果不同。在经济衰退时期,公众普遍对经济前景悲观,即使中央银行增加货币供应量,降低利率,投资者也不愿增加贷款从事投资活动,消费者也不敢增加消费,银行为了资金安全也不愿轻易放贷。当利率降到极低水平时,甚至可能会出现"流动性陷阱",货币政策将完全无效。因此,扩张性货币政策反衰退的效果较差,而扩张性财政政策的效果更加显著。在经济过热时期,公众对经济前景信心高涨,消费和投资大幅增加,通货膨胀严重,此时紧缩性财政政策的效果较差,而紧缩性货币政策能有效抑制通货膨胀,效果更加显著。

其四,政策时滞性不同。政策的时滞性分为内部时滞性和外部时滞性。内部时滞性是指政策从制定到实施的时间,外部时滞性是指政策从实施到产生效果的时间。财政政策的变动需要通过立法机构的审批,因此从制定到实施的内部时滞性较长。但是财政政策一旦开始实施,会直接影响社会总需求,外部时滞性较短,对经济的影响比较及时。货币政策的变动不需要走立法程序,中央银行能自主决定,因此内部时滞性较短。但是货币政策开始实施后,需要通过调整货币供应量来影响利率,再通过利率的变化引导消费和投资活动的改变,对社会总需求的影响是间接的,外部时滞性较长,最终货币政策不一定符合已经发生变化的实际经济情况,这可能会削弱货币政策的效果。一般而言,在成熟的市场经济国家,货币政策发生明显作用需要 6~9 个月的时间,而且这些作用可以持续 2 年左右。

二、财政政策与货币政策的组合运用

财政政策与货币政策各自的特点和局限性决定了它们在调控经济的过程中可以相互补充,协调配合。政府可以根据不同的经济形势和各项政策的特点,机动地选择适当的政策组合来使用,以便更好地达到预期效果。

当失业率较高、经济出现衰退时,政府可以实施增加政府支出和减税等扩张性财政政策,也可以采取扩大信贷和降低利率等扩张性货币政策。如图 12-10 所示,假定经济最初处于 IS$_1$ 曲线和 LM$_1$ 曲线的交点 E_0 状态,现在为了实现充分就业,政府可以单独实施扩张性财政政策,使 IS$_1$ 曲线右移至 IS$_2$,国民收入增加至 y_1,但是利率上升至 r_1;政府也可以单独实施扩张性货币政策,使 LM$_1$ 曲线右移至 LM$_2$,国民收入增加至 y_2,但是利率下降至 r_2。由此可见,单一的财政政策或货币政策很难取得良好的效果。

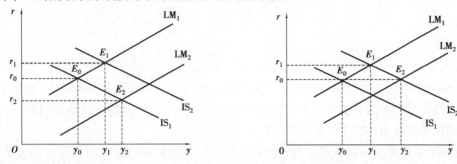

图 12-10 扩张性财政政策和扩张性货币政策 **图 12-11** 扩张性财政政策和扩张性货币政策的组合运用

政府如果既想增加国民收入又想使利率不变,可以将扩张性财政政策与扩张性货币政策组合起来。如图 12-11 所示,假定经济最初处于 IS$_1$ 曲线和 LM$_1$ 曲线的交点 E_0 状态,现在为了实现充分就业,政府可以通过增加政府支出和减税实施扩张性财政政策,使 IS$_1$ 曲线右移至 IS$_2$,国民收入增加至 y_1,利率上升至 r_1;同时实施扩张性货币政策,增加货币供应量,使 LM$_1$ 曲线右移至 LM$_2$(与 IS$_1$ 曲线移动幅度相同),国民收入继续增加至 y_2,而利率回落至原有水平 r_0。由此可见,财政政策与货币政策的组合运用可以避免各项政策的局限性,取得更好的政策效果。

财政政策与货币政策的组合方式不同,产生的政策效果也不同。二者的基本组合方式主要有四种,见表 12-3。

表 12-3 财政政策与货币政策组合运用的政策效果

序号	政策组合	产出	利率
1	扩张性财政政策+紧缩性货币政策	不确定	上升
2	紧缩性财政政策+紧缩性货币政策	减少	不确定
3	紧缩性财政政策+扩张性货币政策	不确定	下降
4	扩张性财政政策+扩张性货币政策	增加	不确定

政府究竟采取哪种组合方式,主要取决于客观经济形势和宏观经济政策目标。

当经济衰退不太严重时,政府可采用扩张性财政政策来刺激社会总需求,同时采用紧缩性货币政策来控制通货膨胀,防止物价上涨过多。这种组合会导致利率上升,但是对国民收入或总产出的影响不确定,取决于两种政策的力度。

当经济发生严重通货膨胀时,政府可采用紧缩性货币政策来提高利率,降低总需求,同时采用紧缩性财政政策来防止利率提高过多。这种组合会导致国民收入或总产出减少,但是对利率的影响不确定。

当通货膨胀不太严重时,政府可采用紧缩性财政政策来压缩总需求,同时采用扩张性货币政策来降低利率,防止财政过度紧缩而引起经济衰退。这种组合会导致利率下降,但是对国民收入或总产出的影响不确定。

当经济发生严重衰退时,政府可采用扩张性财政政策来增加总需求,同时采用扩张性货币政策来降低利率,克服"挤出效应"。这种组合会导致国民收入或总产出增加,但是对利率的影响不确定。

◆本章小结

宏观经济政策是指政府为了增进整体经济福利、改善整体经济运行状况,以达到一定的政策目标而对宏观经济领域进行的有意识的干预。宏观经济政策的目标有四个:充分就业、价格稳定、经济增长和国际收支平衡。从根本上来说,这四个目标是一致的,但在实际经济运行中,宏观经济政策的四个目标之间有时也存在冲突。

财政政策是政府变动税收和支出以便影响总需求进而影响就业和国民收入的政策。财政政策主要包括财政支出政策和财政收入政策。财政政策工具主要包括政府购买、政府转移支付、税收、公债等。财政政策对经济可以自动调节与主动调节。自动调节是指财政政策本身有着自动抑制经济波动的作用,即起着自动稳定器的作用;主动调节是指政府有意识地实施反周期的相机抉择的财政政策,对宏观经济进行调节。财政政策的效果取决于 IS 曲线和 LM 曲线的斜率。

货币政策是货币当局即中央银行通过银行体系变动货币供给量来调节总需求的政策。货币政策工具主要包括再贴现率、公开市场业务和法定准备金率,三大货币政策工具常常需要配合使用。货币政策的中介目标可以是利率,也可以是货币供应量,要根据实际情况来选择。货币政策的效果同样取决于 IS 曲线和 LM 曲线的斜率。

在实际经济中,政府应根据各项政策的特点、客观经济形势和宏观经济政策目标,机动地选择适当的政策形成不同的政策组合,达到预期的政策效果,起到稳定经济的作用。

参考文献

［1］高鸿业.西方经济学:微观部分［M］.8 版.北京:中国人民大学出版社,2021.

［2］高鸿业.西方经济学:宏观部分［M］.8 版.北京:中国人民大学出版社,2021.

［3］吴汉洪.经济学基础［M］.6 版.北京:中国人民大学出版社,2021.

［4］孙晶晶,黄志勇.经济学基础［M］.北京:高等教育出版社,2021.

［5］厉以宁.宏观经济学的产生和发展［M］.北京:商务印书馆,2021.

［6］尹伯成,刘江会.微观经济学简明教程［M］.3 版.上海:格致出版社,2020.

［7］《西方经济学》编写组.西方经济学:上册［M］.2 版.北京:高等教育出版社,2019.

［8］邓先娥,汪芳.经济学基础［M］.3 版.北京:人民邮电出版社,2019.

［9］段玉强.西方经济学［M］.郑州:河南大学出版社,2016.

［10］保罗·萨缪尔森,威廉·诺德豪斯.经济学［M］.萧琛,等译.19 版.北京:商务印书馆,2013.

［11］苏素.微观经济学［M］.北京:科学出版社,2012.

［12］约瑟夫·熊彼特.经济分析史:第三卷［M］.朱泱,等译.北京:商务印书馆,1994.

［13］约瑟夫·熊彼特.经济分析史:第一卷［M］.朱泱,等译.北京:商务印书馆,1991.